SEGUNDA EDIÇÃO 2024

AUGUSTINHO V **PALUDO**
ANTONIO G **OLIVEIRA**

GOVERNANÇA ORGANIZACIONAL PÚBLICA E PLANEJAMENTO ESTRATÉGICO

PARA ÓRGÃOS E ENTIDADES PÚBLICAS

**PRIMEIRO MODELO PARA
IMPLEMENTAÇÃO DO SISTEMA DE GOVERNANÇA
ORGANIZACIONAL PÚBLICA**

2024 © Editora Foco

Autores: Augustinho V Paludo e Antonio G Oliveira
Diretor Acadêmico: Leonardo Pereira
Editor: Roberta Densa
Assistente Editorial: Paula Morishita
Revisora Sênior: Georgia Renata Dias
Revisão: Daniela Malheiros Jerez
Capa Criação: Leonardo Hermano
Diagramação: Ladislau Lima
Impressão miolo e capa: FORMA CERTA

Dados Internacionais de Catalogação na Publicação (CIP) de acordo com ISBD

P184g

Paludo, Augustinho V.

Governança organizacional pública e planejamento estratégico: para órgãos e entidades públicas / Augustinho V. Paludo, Antonio G. Oliveira. – 2. ed. - Indaiatuba, SP : Editora Foco, 2024.

184 p. ; 17cm x 24cm.

Inclui bibliografia e índice.

ISBN: 978-65-6120-041-7

1. Administração pública. 2. Governança organizacional. 3. Planejamento estratégica. I. Oliveira, Antonio G. II. Título.

2024-337

CDD 350   CDU 35

Elaborado por Vagner Rodolfo da Silva - CRB-8/9410

Índices para Catálogo Sistemático:

1. Administração pública 350   2. Administração pública 35

Impresso no Brasil (2.2024)   Data de Fechamento (2.2024)

DIREITOS AUTORAIS: É proibida a reprodução parcial ou total desta publicação, por qualquer forma ou meio, sem a prévia autorização da Editora FOCO, com exceção do teor das legislações que, por serem atos oficiais, não são protegidas como Direitos Autorais, na forma do Artigo 8º, IV, da Lei 9.610/1998. Referida vedação se estende às características gráficas da obra e sua editoração. A punição para a violação dos Direitos Autorais é crime previsto no Artigo 184 do Código Penal e as sanções civis às violações dos Direitos Autorais estão previstas nos Artigos 101 a 110 da Lei 9.610/1998. Os comentários das questões são de responsabilidade dos autores.

NOTAS DA EDITORA:

Atualizações: A presente obra é vendida como está, atualizada até a data do seu fechamento, informação que consta na página II do livro. Havendo a publicação de legislação de suma relevância, a editora, de forma discricionária, se empenhará em disponibilizar atualização futura.

Bônus ou Capítulo *On-line*: Excepcionalmente, algumas obras da editora trazem conteúdo no *on-line*, que é parte integrante do livro, cujo acesso será disponibilizado durante a vigência da edição da obra.

Erratas: A Editora se compromete a disponibilizar no site www.editorafoco.com.br, na seção Atualizações, eventuais erratas por razões de erros técnicos ou de conteúdo. Solicitamos, outrossim, que o leitor faça a gentileza de colaborar com a perfeição da obra, comunicando eventual erro encontrado por meio de mensagem para contato@editorafoco.com.br. O acesso será disponibilizado durante a vigência da edição da obra.

2024
Todos os direitos reservados à
Editora Foco Jurídico Ltda.
Rua Antonio Brunetti, 593 – Jd. Morada do Sol
CEP 13348-533 – Indaiatuba – SP

E-mail: contato@editorafoco.com.br
www.editorafoco.com.br

DEDICATÓRIA

Dedico este livro
Aos **meus filhos** Luís Otávio, Ana Laísa e José Pedro;
E, também, a **todas as pessoas que são honestas e praticam o bem** –
independentemente da condição econômica, raça ou religião –,
pois são verdadeiras lâmpadas a iluminar a escuridão de um mundo egoísta.

AUGUSTINHO PALUDO

Àqueles que nos dão a luz, o caminho e a razão para vivermos: o grande arquiteto
da imensidão do universo, a família e os verdadeiros amigos.

ANTONIO OLIVEIRA

De tudo, ficam três coisas:
A certeza de que estamos sempre começando,
A certeza de que é preciso continuar,
A certeza de que seremos interrompidos antes de terminar.

Portanto devemos:
Fazer da interrupção um caminho novo,
Da queda, um passo de dança,
Do medo, uma escada,
Do sonho, uma ponte,
Da procura, um encontro.

Poema atribuído a **Fernando Sabino**

NOTA À 2ª EDIÇÃO

Preliminarmente, nosso muito obrigado aos estudantes acadêmicos, professores e profissionais que adquiriram este livro e que enviaram dezenas de e-mails elogiando a obra e nos incentivando a continuar.

Este livro foi escrito com muito zelo e dedicação, resultado de parceria entre os dois autores e a editora Juspodivm (que permitiu a utilização do conteúdo do Sistema de Planejamento e Orçamento Federal, Gestão Estratégica e BSC-Balanced Score Card). A experiência de 35 anos na administração federal, em diferentes órgãos, nos permitiu adentrar aspectos práticos e apontar diversas críticas relacionadas à gestão e ao funcionamento da administração pública, no sentido de contribuir para o seu aperfeiçoamento.

Todavia, mesmo sabendo da qualidade do conteúdo, e esperando que o livro fosse conhecido Brasil afora, não poderíamos sonhar com um sucesso desse nível:

Livro texto para os concursos de Mestrado e Doutorado em Planejamento e Governança Pública na UTFPR.

Eleito o *Melhor Livro* da Área Pública pelas páginas:

- https://www.bienaldolivrojf.com.br/gestao-publica-os-10-melhores-livros-para-ler-e-estudar-o-assunto/
- https://congressodireitoesaude.com.br/gestao-publica/
- https://meulivrobrasil.com/gestao-publica/
- https://www.vlibras.com.br/12-melhores-livros-sobre-gestao-publica-guia-completo-de-leituras/

Nesta segunda edição, não houve necessidade de atualização na parte de Governança Organizacional Pública (apenas pequenos ajustes ortográficos) nem quanto ao Planejamento Estratégico para Órgãos e Entidades Públicas. As atualizações foram no Sistema de Planejamento e Orçamento Federal (em face no novo PPA 2024-2027), e, acrescentamos algumas páginas acerca da ESG (Ambiental, Social e Governança), cujo conteúdo fará parte de novo livro a ser lançado em 2025.

Reforçamos nosso compromisso de manter o livro atualizado e de responder a todos os contatos/questionamentos encaminhados aos e-mails dos professores ou diretamente na página www.augustinhopaludo.com.br.

Augustinho Vicente Paludo
Antonio Gonçalves de Oliveira

SUMÁRIO

DEDICATÓRIA III

NOTA À 2ª EDIÇÃO VII

INTRODUÇÃO XI

1. GOVERNANÇA PÚBLICA 1

   1.1   Governança em órgãos e entidades públicas 6

       1.1.1   Administração e governança pública 6

       1.1.2   Esclarecendo o conceito e aspectos da governança organizacional pública . 15

       1.1.3   Funções da governança e da gestão públicas 19

   1.2   Implementação da governança 23

       1.2.1   Referencial acerca da implementação da governança pública 23

       1.2.2   Teorias e modelos específicos para implementação da governança pública — 28

              1.2.2.1   Código Federal de Governança Corporativa Pública da Alemanha (2009) 29

              1.2.2.2   Boa governança no setor público, IFAC (2014) 30

              1.2.2.3   Banco Mundial 31

              1.2.2.4   Projeto de políticas sobre boa governança pública da OCDE (2018) 32

              1.2.2.5   Referencial básico de governança-2 do TCU (2014) 34

              1.2.2.6   10 Passos para a boa governança, TCU (2014) 39

              1.2.2.7   Código das melhores práticas de governança corporativa do IBGC (2015) 42

              1.2.2.8   Manual de governança do CJF (2015) 46

              1.2.2.9   Decreto Federal 9.203/2017 48

              1.2.2.10 Guia da política de governança pública do Governo Federal (2018) 50

1.3	Modelo para implementação do sistema de governança	51
	1.3.1 Premissas e princípios para a boa governança em órgãos e entidades públicas	51
	1.3.2 O modelo: caminho e etapas para a implementação da governança	58
	1.3.3 Posicionamento, estrutura e funcionamento da governança organizacional em órgãos e entidades públicas	64
1.4	Considerações finais acerca da governança em órgãos e entidades públicas	69
1.5	*Environmental, social and governance*: Governança no ESG ou ESG na governança?	71

2. PLANEJAMENTO GOVERNAMENTAL		**75**
Introdução		75
2.1	Sistema de planejamento e orçamento federal	77
	2.1.1 Plano Plurianual – PPA	78
	2.1.2 Pilares do PPA 2024-2027	87
	2.1.3 Etapas do PPA	89
	2.1.4 Lei de Diretrizes Orçamentárias – LDO	98
	2.1.3 LOA – Lei Orçamentária Anual	103
2.2	Gestão e planejamento estratégico	112
	2.2.1 Gestão Estratégica	112
	2.2.2 Planejamento estratégico em órgãos e entidades públicas	115
	2.2.2.1 Etapas do planejamento estratégico	120
2.3	*Balanced Scorecard*	142

3. ALERTA, CRÍTICAS E REFLEXÃO		**151**
3.1	Alerta aos gestores públicos	151
3.2	Críticas a elaboração do planejamento estratégico	152
3.3	Críticas a implementação da governança	154
3.4	Questão para reflexão	156

REFERÊNCIAS	**159**

INTRODUÇÃO

Nas últimas décadas muito se tem falado em Governança; contudo, talvez pela sua jovialidade quanto ao ambiente organizacional público ela tem causado diversas interpretações, algumas delas até mesmo de forma equivocada.

No âmbito das organizações privadas são evidentes e significativos os avanços na implementação e efetivo emprego da Governança, entendida neste caso como governança corporativa, haja vista a elaboração, publicização e emprego de normas (como a lei Sarbanes-Oxley) e códigos de Governança, além, é claro, da criação de instituições específicas (como é o caso do Instituto Brasileiro de Governança Corporativa-IBGC). Não obstante, tratando-se do Setor Público, em nível de órgãos e entidades, têm-se ainda um longo caminho para essa evolução.

No ambiente organizacional público existe certa confusão acerca da Governança; quer pela ainda escassez de escritos específicos para esse ambiente, quer pela carência de competências técnicas relacionadas a administração pública em seu sentido subjetivo, e da pouca compreensão de suas inter-relações e de suas ferramentas de gestão.

É neste gap que surge a ideia desta obra com o intuito de contribuir com a Administração e gestores públicos para uma melhor compreensão acerca da Governança em seus diversos matizes, bem como sobre sua implementação no âmbito organizacional público em nível de entidades e/ou órgãos.

Dessa forma, o foco da primeira parte do livro é a **Governança Organizacional aplicada aos órgãos e entidades públicas** brasileiras, que, se bem implementada e em pleno funcionamento, pode contribuir para a melhoria dos serviços públicos e para a obtenção de resultados que atendam aos anseios dos stakeholders e, desta forma, contribuam para o bem-estar dos cidadãos que são os verdadeiros *shareholders* do Estado.

A primeira parte deste livro traz algo inédito: o **primeiro modelo de implementação da Governança organizacional em órgãos e entidades públicas** – desenvolvido, em parte, na dissertação de mestrado em Planejamento e Governança Pública da UTFPR. O termo "primeiro modelo" se deve ao fato de ampla pesquisa bibliográfica compreendendo 378 fontes (nacionais e internacionais), não ter identificado nenhum escrito específico contendo os termos "modelo, método, metodologia de implementação da governança).

Na **segunda parte do livro** falamos do planejamento estratégico, que já é bem conhecido na administração pública brasileira; contudo, ainda é escassa a literatura que trate com profundidade e sistematicidade o planejamento estratégico em nível de órgão ou entidade pública.

Essa carência de obras que reúnam e articulem sistematicamente conhecimentos e metodologias de planejamento estratégico adaptados ao ambiente da administração pública, força os gestores públicos a utilizarem abordagens desenvolvidas e pensadas para o ambiente das organizações privadas. Registre-se desde já que não é adequado simplesmente transplantar as técnicas privadas para o meio público; é preciso fazer as adaptações, pois a gestão pública tem alta complexidade e condicionantes próprios de um ambiente regulado com base em pressupostos públicos e diferentes da lógica de mercado.

Embora na segunda parte do livro se apresente primeiro os instrumentos formais de planejamento público estabelecidos na CF/1988: o Plano Plurianual (PPA), a Lei de Diretrizes Orçamentárias (LDO) e a Lei Orçamentária Anual (LOA), que são obrigatórios para toda a administração pública – e indispensáveis para a obtenção de créditos orçamentários para a realização dos planos; nosso **foco é o Planejamento Estratégico em nível de órgão e entidade** pública – haja vista que os instrumentos formais (PPA, LDO, LOA), embora importantes e indispensáveis, são insuficientes para dar conta da complexidade em que estão implexos os órgãos e unidades da administração pública, num ambiente de Governança organizacional.

Dessa forma, avançando para além do sistema legal de planejamento, propomos e defendemos o planejamento estratégico em órgãos e entidades públicas como **instrumento de Governança**, para que seja concebido e conduzido assertivamente de modo que se obtenha sucesso desde a concepção, na sua implementação, e na obtenção dos resultados pretendidos.

Registre-se que tanto a abordagem da Governança como a do Planejamento estarão **intimamente ligados com a Administração/Gestão**, num ambiente organizacional ao nível de órgãos e entidades públicas.

Por que tratar de Governança Organizacional, do Planejamento Estratégico e da Administração/Gestão em órgãos e entidades públicas – no mesmo livro? Simples assim: porque são temas inter-relacionados e complementares, formando uma simbiose que pode contribuir em muito para o atendimento aos diversos princípios aplicáveis à gestão da coisa pública, em especial, sem desmerecer nenhum outro, o mais amplo e aderente deles: o princípio da supremacia do interesse público.

A **Governança não existe por si, apenas**. Ela incide sobre os modelos de administração/gestão, posicionando-se no nível estratégico: ela decide e orienta o direcionamento organizacional por meio do Conselho de Administração ou da Alta Administração (Administração Estratégica).

E para tornar realidade suas pretensões ela se vale do planejamento estratégico e da gestão. O planejamento fará um "raio x" de como a Organização se encontra, indicará correções necessárias, e organizará a implementação das mudanças pretendidas pela Governança, que serão executadas pela gestão tática e operacional – sob o olhar atento da alta administração e da Governança.

Dessa forma, vê-se que a Governança organizacional em Órgãos e Entidades Públicas está intrinsicamente relacionada e com forte imbricação com o Planejamento Estratégico organizacional e com a administração/gestão: por isso são abordados neste mesmo livro.

No **terceiro capítulo** apresentamos um alerta para aqueles que fazem as coisas de fato acontecerem, os gestores públicos. Tecemos críticas construtivas acerca da elaboração do planejamento estratégico e da implementação da Governança, com a finalidade de trazer à tona particularidades dos órgãos e entidades públicos que de certa forma refreiam a eficiência da gestão; e propomos uma questão para ser refletida e pesquisada acerca das ideologias políticas e religiosas que influenciam a administração pública.

Não obstante o academicismo que sempre permeia os espectros de obras desta natureza, procuramos não adotar neste livro um estilo enfeitado, pomposo, e, pelo contrário, buscamos uma **linguagem objetiva e acessível** que permita clareza na articulação de conceitos, ideias e práticas; tanto no que se refere à Governança como em relação ao Planejamento, em seus aspectos e ambientes teórico e prático.

Público Alvo

O conteúdo deste livro é direcionado prioritariamente para os gestores dos órgãos e entidades públicas brasileiras, e também para profissionais que atuam nas áreas de Governança, planejamento, orçamento e gestão; para professores universitários, como livro-texto para suas disciplinas; para fundamentar pesquisas acadêmicas em todos os níveis; e, ainda, para críticos e demais interessados em refinar e aprofundar seus conhecimentos sobre esses temas.

É importante observar que o livro foi escrito tomando como norte direcionador os órgãos e entidades públicas federais; logo, a aplicação nos contextos de Estados e Municípios pode demandar adaptações às peculiaridades legais, estruturais e operacionais de cada um destes entes federativos – e de seus órgãos e entidades.

1

GOVERNANÇA PÚBLICA

Nosso foco é a Governança Organizacional em órgãos e entidades públicas, contudo, antes de abordar diretamente esse conteúdo, convém tecer breves comentários acerca da Governança pública num contexto nacional, onde ela efetivamente surgiu.

Em nível de União, Estados e Municípios a Governança pública é compreendida como a capacidade de governar, de decidir e implementar políticas públicas que atendam às necessidades da população, preservando o equilíbrio de poder e interesses entre governo, administração pública, sociedade e usuários-cidadãos. Segundo Bresser-Pereira (1998), "Governança é a capacidade financeira e administrativa, em sentido amplo, de um governo implementar políticas". O Banco Mundial (2015) tem quase o mesmo entendimento e se pauta no simples, porém amplo, conceito de que a governança é a "capacidade do governo de formular e implementar políticas sólidas de forma eficaz".

Essa mesma Governança pública pode ser entendida como o exercício do poder político-administrativo pelo Governo-Administração no gerenciamento e controle da utilização dos recursos (econômicos, sociais, técnicos, infraestrutura etc.) necessários à formulação e implementação de políticas públicas.

A Governança Pública (aplicada ao setor público) é ampla e envolve: o modo/forma pelo qual o Governo se organiza para prestar serviços à sociedade; o modo/forma de gestão dos recursos públicos; o modo/forma como como a Administração Pública divulga suas informações e se relaciona com a sociedade civil; e também, ao nível de governo, como se constrói os arranjos/acordos institucionais necessários à implementação das políticas públicas. Ou seja, a Governança aplicada ao setor público envolve estruturas, funções e atividades político-administrativas, sociais e legais, para assegurar que os resultados pretendidos pelos Governos e Administração Pública sejam alcançados e atendam as partes interessadas.

Governança relaciona-se com poder de decisão administrativa e com competências gerencial, financeira e técnica, e tem nos Governos, políticos e gestores públicos, em sentido amplo, e nos servidores públicos, em sentido estrito, a sua força de ação. "Existe Governança em um Estado quando seu governo tem as condições financeiras e administrativas para transformar em realidade as decisões que toma" (PDRAE, 1995).

Em nível de nação a Governança é instrumental; é o braço operacional da governabilidade[1], como se fossem as duas partes de um mesmo processo (Araujo, 2002). Por ser um instrumento da governabilidade para a realização dos fins do Estado, a Governança pressupõe condições mínimas de governabilidade, ou seja, em situações de crise grave

---

1. A **governabilidade** refere-se ao poder **político em si**, que deve ser legítimo e contar com o apoio da população e de seus representantes; ou no dizer de Bresser-Pereira (1998), significa a capacidade **política** de governar, derivada da relação de legitimidade do Estado e do seu governo com a sociedade (PALUDO, 2020, p. 218).

ou de ruptura institucional, que afetem a governabilidade, a Governança restará comprometida, haja vista o seu caráter instrumental, pois "sem governabilidade é impossível Governança" (*Caderno MARE 01*).

O TCU (Brasil, 2014) afirma que a efetiva Governança pública pressupõe que exista: um Estado de Direito, uma sociedade civil participativa, uma burocracia ética e profissional, políticas planejadas, previsíveis e transparentes; e braço executivo/administrativo responsável pelas ações. "Os países não alcançarão uma boa Governança sem que haja instituições sólidas, um forte sistema legal e um judiciário independente" (BM, 2002, p. 12).

A Governança em nível de nação evoluiu e surgiu uma "nova Governança pública" de caráter mais amplo, que inclui a participação do mercado e da sociedade civil nas decisões. Nesse caso, a nova Governança se torna uma espécie de "ponte" entre os interesses do mercado e da sociedade civil e a governabilidade. O fato é que, essa nova Governança ultrapassou os aspectos operacionais das políticas e incluiu mecanismos de agregação de interesses, de decisões políticas, de redes informacionais e de definições estratégicas (Araujo e Gomes, 2006).

Esta nova Governança entendida por Araujo e Gomes (2006) contempla a possibilidade de múltiplas participações do mercado e da sociedade, e parcerias intra e interorganizacionais na tomada de decisão e na implementação e controle das políticas públicas, gerando corresponsabilidade. Essa nova Governança possui um conceito mais amplo. Segundo Eduardo Grin (2008),

> O que as novas formas de Governança participativa buscam é a construção de uma esfera pública não estatal e uma prática política que fortaleça a auto-organização da sociedade civil. A legitimidade se desloca do poder constituído e autorreferenciado para os canais institucionalizados de participação popular. É esse processo de "cogestão" que combina democracia direta e democracia representativa e faz a sociedade civil chancelar a legitimação do Estado e seu papel de ente regulador da relação dos diversos atores sociais e políticos.

Nesse contexto participativo as novas tecnologias proporcionaram, nas duas primeiras décadas deste milênio, um ambiente que permitiu e facilitou o inter-relacionamento de Governos e gestores com usuários, cidadãos e sociedade; momento em que o associativismo civil cresceu em número e em tamanho, atuando em parceria ou com o fomento do Estado, num ambiente democrático. Contudo, registra-se atualmente um caminho com menos interação e menos participação societal no meio público.

A Governança Pública em nível nacional foca no desenvolvimento da nação e no alcance de resultados desejados pela sociedade e pelo mercado, com a finalidade de gerar valor público que satisfaça as partes interessadas; e também traz consigo a ideia de conter a expansão do tamanho do Estado, ao mesmo tempo em que propõe a ampliação do papel da sociedade civil organizada no meio público.

Em que pese a magnitude da importância dessa Governança em nível de nação – visto que, se houver um Governo com boas intenções, pode resultar num país mais organizado, com instituições mais sólidas, mais participativo e mais justo do ponto de vista social, mais estável financeiramente e com um projeto de futuro que motive a todos;

isso tudo somente será concretizado se a Governança também for efetiva em todos os Órgãos e Entidades que compõem a administração pública do referido País.

A Governança neste nível nacional poderá ser avaliada como "efetiva e positiva" se os seus resultados forem satisfatórios para toda a sociedade, de forma a aumentar o bem-estar de todos os cidadãos – visto que esse é o objetivo maior do Estado, Governo e Administração, culminando esse resultado da somatória dos resultados de todos os órgãos e entidades públicas.

Por isso, nesta obra **nosso foco pontual é a Governança Organizacional pública em Órgãos e Entidades Públicas,** cuja soma das ações e resultados culmina na realidade nacional em nível de Estado, a qual será abordada a partir do próximo item, em que contextualizamos a administração (onde a Governança incide) num ambiente paradigmático evolutivo marcado por contínuos aperfeiçoamentos e mudanças.

Teorias Aplicáveis

A Governança corporativa privada encontra amparo na "teoria da agência", utilizada para minimizar conflitos e monitorar e controlar a atuação dos "agentes (gestores)", com vistas a assegurar que suas decisões e ações estejam alinhadas com os interesses dos "principais (proprietários)" (NESPOLO et al., 2011; SIMÃO, 2014; RETOLAZA et al., 2015; CUNHA; RODRIGUES, 2015; CASTRO; SILVA, 2017; VIEIRA; BARRETO, 2019).

No meio público a teoria da agência também pode ser aplicada. Para Simão (2014, p. 20), "As organizações púbicas e as privadas têm como ponto em comum a separação entre a propriedade e a gestão, que caracteriza os conflitos de agência". Existe uma relação entre os principais (sociedade/cidadãos) e os agentes (governos, políticos e gestores), em que a Governança contribui para assegurar que os interesses da sociedade sejam considerados nas decisões (PALUDO, 2019; VIEIRA; BARRETO, 2019).

No entanto, na área pública, além da teoria agência (bastante difundida), existem outras duas teorias robustas que fundamentam e sustentam a implementação da Governança nas instituições públicas: são as teorias do *institucionalismo* e da *escolha pública*.

Quanto ao institucionalismo, numa linguagem direta e objetiva, tem-se na mais simples evidenciação do senso comum que o estudo das instituições é importante, visto que a partir do seu funcionamento e da sua efetividade é possível compreender a dinâmica da sociedade e analisar as funções econômicas, políticas, sociais e culturais – que interferem no comportamento de cada indivíduo e no desenvolvimento das nações.

Do relacionamento das instituições com a sociedade e o desenvolvimento surgiu a teoria institucionalista, que coloca as instituições em evidência. As instituições precedem a ação dos indivíduos: elas delimitam sua ação, podendo "potencializá-la, neutralizá-la ou constrangê-la", enquanto os indivíduos podem "reforçar ou desafiar as instituições" com suas ações (GRIGOLETTO; ALVES, 2019).

No institucionalismo histórico as teorias eram formalistas e normativas; as instituições eram "poderosas" e sua relação com os demais atores era assimétrica (HALL; TAYLOR, 2003). As instituições eram tidas como estáveis e sustentáveis, o que assegurava estabilidade ao sistema político e social (TROIANO; RISCADO, 2016).

A partir da década de 1970 a teoria institucionalista prossegue com o neoinstitucionalismo, incorporando novos conceitos e relações causais que influenciam o processo decisório das instituições. A escolha racional surgiu a partir de estudos do comportamento do Congresso dos Estados Unidos. Nessa teoria os indivíduos agem para maximizar a satisfação de suas próprias preferências, produzindo um resultado subótimo para a coletividade (HALL; TAYLOR, 2003).

Essa maior racionalidade logo passou a ser questionada, e a racionalidade limitada mais aceita (MOSCA, 2006). O neoinstitucionalismo se contrapõe à racionalidade exacerbada e dá mais atenção às redes relacionais e sistemas culturais que modelam e sustentam a estrutura e a ação das organizações (FONSECA, 2003).

No neoinstitucionalismo permite-se uma análise dinâmica fundamentada na interação entre atores e instituições (TROIANO; RISCADO, 2016). As decisões não são somente das instituições; elas são influenciadas pelos demais atores políticos e sociais. Dessa forma, há que se levar em conta as mediações entre estruturas sociais e indivíduos (DIMAGGIO; POWELL, 1991).

Da mesma forma, mudanças institucionais podem ocorrer sem prejuízo para a estabilidade das instituições; podem ser estrategicamente planejadas ou provocadas pelos demais atores (NORTH, 1990). Uma inovação, que provoca mudanças na forma de administrar as instituições, é a Governança.

Rezende (2009, p. 348), apoiado em vários autores, entende que "a qualidade do desempenho da intervenção pública depende fundamentalmente dos mecanismos institucionais que articulam as relações entre a sociedade, o Estado e o mercado". "Os países não alcançarão uma boa Governança sem que haja instituições sólidas, um forte sistema legal e um judiciário independente." (BM, 2002, p. 12). A OCDE (2018, p. 10), por sua vez, destaca ainda que instituições democráticas eficientes estão no cerne de uma boa Governança pública.

Como visto, as instituições têm importância vital na vida econômica, política, social e cultural das nações; a Governança fortalece as instituições; e o bom funcionamento das instituições públicas resulta em estabilidade para o Estado, Governo, Administração Pública e Sociedade.

Não obstante as racionalidades evidenciadas pelo institucionalismo, o que não poderia ser diferente em face da materialização das necessidades e vontades dos atores interessados (stakeholders) se dar no âmbito institucional, seja ele público ou privado; no âmbito público enquanto objeto desta obra, tem relevância também a teoria da ESCOLHA PÚBLICA, a qual preconiza que os diversos atores (políticos, contribuintes, eleitores, burocratas, governos etc.) buscam na sua coexistência maximizar benefícios pessoais.

Para essa teoria, partidos e candidatos não estão interessados em promover o bem comum, mas em ganhar as eleições e, depois de eleitos, implementar políticas segundo seus interesses (DYE, 2011). Nesse sentido, Thaméya Silva et al. (2019) apontam que as decisões tomadas por burocratas públicos geralmente atendem a seus próprios interesses ou de poderosos grupos, e não o interesse público. O comportamento e as decisões de homens de governo são orientados por princípios utilitários e não pelo altruísmo ou interesse público (BORGES, 2001).

De outro lado, os eleitores também têm seus próprios interesses quando analisam e votam em partidos cujas propostas tenham utilidades individuais para eles num futuro próximo. Os cidadãos também se unem em associações e grupos diversos como forma de se fazer ouvir e influenciar nas decisões de políticas públicas (PEREIRA, 1997; BORGES, 2001).

Como os governos não têm certeza das preferências dos cidadãos, acabam por aceitar intermediários como grupos de interesses e agências descentralizadas da administração pública (PEREIRA, 1997), e muitas de suas decisões e ações não agradam aos eleitores e cidadãos. Como justificativa, governos, políticos e burocratas afirmam que a racionalidade limitada[2] não permite uma decisão ideal (THAMÉYA SILVA et al., 2019).

Em regimes democráticos ocorre a participação de representantes de grupos sociais na tomada de decisão nas instituições públicas, apresentando suas necessidades e anseios. O paradoxo é que a teoria da escolha pública é mais debatida no modelo neoliberal e centralizador, e menos em modelos democráticos participativos, haja vista que a livre expressão de assuntos que afetam a comunidade é rejeitada e considerada incompatível com a eficiência econômica (PEREIRA, 1997).

De acordo com Pereira (1997), a teoria da escolha pública trouxe à tona problemas inerentes à tomada de decisão coletiva, demonstrando problemas do setor público e do sistema político, como a ineficiência da administração e o financiamento de campanhas eleitorais, entre outros.

No meio público agir não é uma faculdade: é um dever! O gestor público tem o dever de agir, e suas decisões têm impacto na vida dos cidadãos, pois uma vez prestado um serviço, produzido um bem público ou estabelecida alguma norma, **não é possível excluir ninguém** do seu consumo (bens e serviços), nem de suas consequências (normas) – visto que os bens públicos puros são de consumo coletivo e têm características de indivisibilidade e de não exclusão (PALUDO, 2019).

Todos os cidadãos, contribuintes ou não, "serão afetados pelas decisões dos gestores" (SOUZA; FARIA, 2017, p. 14). O fato de serem afetados por essas decisões dá legitimidade aos cidadãos, associações e entidades para participarem da tomada de decisões públicas.

Sintetizando: a teoria INSTITUCIONAL se aplica a Governança Organizacional de Órgãos e Entidades públicas porque amplia o olhar das instituições públicas, direciona suas ações e monitora e avalia os seus resultados, para que sejam sustentáveis e agreguem valor para toda a sociedade; e a teoria da ESCOLHA PÚBLICA da mesma foram se aplica porque no contexto da Governança as partes interessadas têm espaço para participar das decisões das instituições públicas; mais que isso: elas devem participar, e suas sugestões devem ser consideradas na tomada de decisão pelos gestores públicos.

---

2. A decisão racional limitada ocorre quando o decisor não tem acesso a todas as informações e nem dispõe de todas as condições necessárias para tomar a decisão ideal/ótima: em face disso sua decisão é limitada (PALUDO, 2017).

1.1 GOVERNANÇA EM ÓRGÃOS E ENTIDADES PÚBLICAS

1.1.1 Administração e governança pública

Preliminarmente, registre-se que embora existam diferenças entre os termos "administração e gestão", sendo administração um termo mais amplo e tradicional, que compreende desde a estrutura administrativa até as funções estratégicas, táticas e operacionais; e gestão um termo mais moderno e ligado a parte tática e operacional de "fazer acontecer" – existem também inúmeros escritos que utilizam as duas palavras com o mesmo sentido. É possível dizer assertivamente administração de empresas ou gestão de empresas, administração de RH ou gestão de RH, dentre outros.

Em face disso, e considerando que o principal destinatário deste livro são os gestores públicos, neste livro os termos **administração pública e gestão pública são utilizados como sinônimos** quando se referirem a funções administrativas estratégicas, táticas e operacionais.

A Administração Pública tem sido alvo de críticas constantes que vão desde a estrutura excessiva, passando pelo pouco profissionalismo e baixa qualidade dos serviços públicos, altos custos de manutenção e funcionamento, pouca participação social, até os insatisfatórios resultados apresentados por Instituições Públicas dos três poderes: executivo, legislativo e judiciário (LORENTE, 2017; NEVES *et al.*, 2017; NOVATO, 2019).

No entanto, é essa mesma administração pública que pode fazer "mais com menos" e melhorar a qualidade e os resultados dos serviços públicos para os seus administrados, que são de fato os *shareholders*, os principais da relação simbiótica com o Estado.

A administração pública também se insere num contexto da evolução e das mudanças frequentes – que afetaram e afetam toda a ordem mundial, visto que a evolução coloca em xeque o paradigma da estabilidade e impõe a necessidade de mudanças.

Desde os primeiros registros da história da humanidade constata-se uma constante evolução/revolução paradigmática do conhecimento em todas as áreas e nos mais diversos aspectos possíveis, que têm provocado mudanças significativas (LE GOFF, 1990; LUSTOSA, 2012). Num passado distante o poder estava com quem possuía armas, um exército, no estágio seguinte esse poder migrou para os grandes proprietários de terras, e numa época mais recente para os industriais, com nova migração nos últimos séculos para quem tem muito dinheiro; mas para desafiar essa lógica surgiu nas últimas décadas a era do conhecimento, na qual o poder está atrelado a quem controla a informação e o conhecimento (PALUDO, 2019, p. 257).

De forma semelhante, a administração pública também tem passado por significativas evoluções e mudanças, na tentativa de implantar a melhor gestão pública possível (SOUZA; FARIA, 2017). Vale dizer que, numa perspectiva histórica a Administração Pública é descrita por meio de três modelos consagrados na literatura: a administração patrimonialista, a administração burocrática e a administração gerencial (BRESSER-PEREIRA, 2001; COSTA, 2008; PALUDO, 2020).

A **administração Patrimonialista**, embora desorganizada, foi o primeiro modelo de administração pública. Trata-se da época de suas majestades (reis, príncipes), em que o soberano era uma espécie de "deus", que se considerava dono de tudo, sem qualquer tipo de prestação de contas de suas ações (BOBBIO, 1981; DI PIETRO, 2016; PALUDO, 2020).

As principais características que definiam a administração patrimonialista eram: poder oriundo da tradição/hereditariedade; confusão entre a propriedade privada e a pública; impermeabilidade à participação social-privada; endeusamento do soberano; corrupção e nepotismo; decisões discricionárias e arbitrárias; ausência de carreiras administrativas; desorganização do Estado e da Administração; descaso pelo cidadão e pelas demandas sociais (PALUDO, 2020).

Como consequências mais visíveis do modelo patrimonialista e de suas ações registra-se o descaso pelas demandas sociais, o nepotismo e a corrupção (PDRAE, 1995; VIEIRA *et al.*, 2012).

Em face da evolução natural das coisas, na segunda metade do século XIX, época do Estado liberal, surge a **administração Burocrática** como o primeiro modelo organizado de administração pública. Ela veio para suplantar o modelo patrimonialista, combater a corrupção e o nepotismo (PDRAE, 1995; VIEIRA; BARRETO, 2019), dar suporte as organizações industriais de grande porte (TAVARES *et al.*, 2014), e auxiliar na organização da Administração Pública das Nações.

O principal expoente da Administração Burocrática foi Max Weber (SOUZA; FARIA, 2017). Weber não conceituou a Burocracia, mas ela pode ser identificada a partir de suas características como: caráter legal das normas; caráter formal das comunicações; caráter racional e divisão do trabalho; hierarquia da autoridade; rotinas e procedimentos padronizados; impessoalidade nas relações; competência técnica e meritocracia; especialização da administração; profissionalização dos funcionários; previsibilidade de funcionamento (PALUDO, 2020).

No Brasil, o Departamento de Administração do Serviço Público-DASP foi o responsável pela organização da administração pública, com base nos preceitos burocráticos. No entanto, logo viriam grandes alterações promovidas pelo Decreto-Lei 200/1967, que aliadas à crise econômica mundial, levariam ao esgotamento do estado burocrático na década de 1980 (SOUZA; FARIA, 2017), abrindo espaço para nova reforma da administração pública.

A burocracia ideal de Weber não se consolidou no Estado Brasileiro[3] (BRESSER-PEREIRA, 2001), porque as normas legais deixavam brechas contrárias à burocracia racional-legal; e, consequentemente, ela falhou em seus propósitos (COSTA, 2008), pois não conseguiu ser eficiente nem se manter impessoal, além de ser considerada cara e inflexível (SOUZA; FARIA, 2017; PALUDO, 2020).

Em face da incapacidade de atender as demandas dos cidadãos, dos resultados tidos como insatisfatórios e da crise fiscal do Estado, a burocracia cedeu espaço para a **administração Gerencial**, orientada pelo desempenho, onde se intensificou a delegação

---

3. Em termos mundiais, o resultado foi outro. Em países onde a burocracia foi plenamente implantada, a corrupção diminuiu e houve crescimento econômico "a relação entre a pontuação na Escala de Weberianismo e o crescimento econômico continua forte e significativa [...] um poderoso e significativo impacto sobre o crescimento econômico." (EVANS; RAUCH, 2014, p. 422).

para as agências implementadoras de políticas públicas, e a *accountability* passou a ser reconfigurada em termos de resultados (REZENDE, 2009). Para Vieira e Barreto (2019), o modelo burocrático orientou a fundação da moderna administração pública.

No Brasil, o Plano Diretor da Reforma do Estado (PDRAE, 1995) foi o guia da reforma gerencial da administração pública. "As reformas gerenciais partem do pressuposto de fazer a burocracia pública funcionar melhor, a um menor custo" (REZENDE, 2009, p. 351).

A nova gestão pública focada no cliente usuário dos serviços públicos, chegou para aprimorar o desempenho da administração pública segundo critérios da iniciativa privada, e com o compromisso de encontrar soluções para os problemas sociais.

Como questão central, buscava-se a redefinição do modelo de gestão pública para um modelo institucional que permitisse "ampliar a capacidade de governar, a legitimidade política e a eficiência na provisão de bens e serviços para a sociedade" (REZENDE, 2009, p. 345). Delineou-se um novo padrão de relacionamento entre o Estado, administração pública, mercado e sociedade civil; agora sob a ótica gerencial, em que o Estado regula, controla e fomenta e o mercado se encarrega da execução (PDRAE, 1995).

A reforma gerencial de 1995 foi orientada pelos princípios da busca por resultados, descentralização e delegação, flexibilização da gestão, transparência, *accountability*, inclusão social, eficiência fiscal, e foco no cidadão (REZENDE, 2009; GONÇALVES *et al.*, 2018).

Essa nova gestão pública utiliza formas de gerenciamento oriundas de organizações privadas, com o objetivo de alcançar a eficiência, reduzir os gastos e melhorar os serviços oferecidos à população, juntamente com maior participação da sociedade nas decisões, mais transparência acerca da tomada de decisão e da gestão dos recursos públicos, e orientação para o cidadão (IMASATO *et al.*, 2011; SILVA *et al.*, 2013; GONÇALVES *et al.*, 2018).

Apesar das mudanças, os resultados alcançados pela reforma gerencial do PDRAE foram limitados (VIEIRA; BARRETO, 2019). A reforma gerencial de Bresser-Pereira alcançou apenas parte de seus objetivos, mas foi positiva ao promover mudanças na administração pública federal, e "inspirar governos de estados e municípios a inovar suas administrações, tornando-as mais gerenciais, mais modernas e mais eficientes na prestação de serviços aos cidadãos" (PALUDO, 2020, p. 206).

A criação desse novo modelo institucional, dotado de maior capacidade gerencial, *accountability* e credibilidade seria decisivo para adentrar ao sistema de Governança. A ampliação da esfera pública para acolher novos atores, envolvendo Estado, administração, mercado e sociedade também é fruto da influência da Governança, que começa a ser aceita pelos Governos e fomentada na administração pública (REZENDE, 2009, p. 361).

Nesse contexto, a Governança pública brasileira chegou para influenciar e expandir a administração gerencial (nova gestão pública) numa via de mão dupla; de um lado há maior preocupação das Instituições Públicas com resultados para os cidadãos e demais partes interessadas, e, de outro, dos cidadãos e da sociedade com a eficiência, eficácia, controle e melhoria da administração pública.

Governança Pública

O mundo globalizado contemporâneo continua em constante evolução, fato que continua provocando mudanças de toda ordem (SANDER *et al.,* 2014), "políticas, econômicas e sociais" (NEVES *et al.,* 2017, p. 4), geradas pelo "processo de globalização, privatização e desregulamentação da economia" (EISSMANN, 2017, p. 2), incluindo o aumento na competitividade entre as empresas e entre as nações.

Houve e há uma intensa busca por inovações que levem a melhoria de produtos, redução de custos, melhoria da qualidade, aumento da eficiência; e principalmente, melhores resultados para a organização e demais partes interessadas.

Os modelos de administração/gestão também foram fortemente influenciados e alterados, principalmente nas últimas décadas, face a globalização da economia e a crise fiscal do Estado (SILVA *et al.,* 2013); com modificações benéficas na forma de pensar, na estrutura organizacional e no modo de administrar (SANDER, *et al.,* 2014).

Essas mudanças atingiram também as organizações públicas (NEVES, *et al.,* 2017); que, em face das "amarras" ao rigor da lei, têm-se a impressão de que estão sempre atrasadas. No entanto, influenciadas pelas novas tecnologias e pressionadas pela escassez de recursos, e, ainda, para dar conta das novas demandas impostas pela sociedade, as organizações públicas efetivamente mudaram. Segundo a OCDE (2018) dois terços dos serviços públicos tiveram inovações nos últimos anos.

A Governança pública faz parte dessas mudanças institucionais recentes, visto que as relações entre governos, cidadãos e iniciativa privada também mudaram consideravelmente (IVAN, 2017). No meio público, "do nível local ao mundial, a Governança encontra-se no coração desta mudança" (CALAME, 2004, p. 20).

No Brasil, houve um fato novo a partir da Constituição Federal de 1988, que ganhou impulso com a reforma gerencial de 1995: com a redemocratização, os cidadãos e associações da sociedade civil conquistaram o direito de participar das decisões públicas. Há uma mudança do Estado/Administração hierárquico para o modelo cooperativo/participativo, que decide e atua em conjunto com a sociedade (KISSLER; HEIDEMANN, 2006).

Nesse contexto surge a Governança organizacional pública oriunda e adaptada da iniciativa privada (LINCZUK; OLIVEIRA, 2012; SOUZA, 2017), na qual é assegurada a participação das partes interessadas. Matias-Pereira (2010) reforça que, para existir uma boa Governança, é essencial a participação de diversos atores, em especial, da sociedade organizada; ou no dizer de Souza e Faria (2017, p. 275) "sem participação não há Governança efetiva".

Registre-se que essa participação não é obrigatória, visto que não decorre de imposição legal; os cidadãos e a sociedade são livres para decidir se participam ou não da Governança nas instituições públicas[4]. Contudo, mesmo que a sociedade e os cidadãos não venham a participar, **o espaço para a participação deve permanecer aberto**, e os

---

4. Consoante à Teoria do Órgão, tendo em vista o escopo desta obra, mesmo reconhecidas suas diferenças de cunho teórico, os termos entidades públicas, instituições públicas, organizações públicas e órgão públicos são aqui adotados como sinônimos.

princípios, as práticas e o interesse público-social devem ser incorporados na Governança e praticados pela administração pública e seus agentes.

A Governança pública surgiu, então, com "forte conotação positiva" e uma nova retórica para o processo de governar (MARTINS *et al.*, 2017, p. 54); e como um sistema capaz de fortalecer a legitimidade do Estado perante a sociedade, fomentando a ação conjunta e compartilhada para a solução de problemas sociais (LINCZUK; OLIVEIRA, 2012). Governança significa tomada de decisões em conjunto, considerando princípios da parceria, equidade, responsabilidade e propriedade do ponto de vista dos serviços (KAH, 2014).

Os esforços no Brasil, "para aplicação dos princípios e metodologias de Governança em organizações públicas", começaram ainda na década de 1990 (UFCE, 2018, p. 12), ou como dizem Neves *et al.* (2017), o paradigma da Governança Pública surgiu no final do século passado. E a Governança logo se tornou "popular" e aceita como positiva, tanto é que está em franca expansão e cada vez mais as organizações estão criando estruturas robustas de Governança (SANDER *et al.*, 2014).

Falar de Governança pública também implica em falar de "novas ferramentas de gestão capazes de integrar os esforços por meio de processos colaborativos" (EYERKAU-FER *et al.*, 2016, p. 10). No contexto democrático, a Governança pública é orientada para as partes interessadas. Ela é exercida por esses múltiplos atores, por meio de instituições, processos, regulamentos, normas, costumes, que delineiam o processo de tomada de decisão e implementação de ações para alcance dos objetivos (VIEIRA; BARRETO, 2019).

Contudo, está-se na era do marketing, em que as "propagandas institucionais" se multiplicam e nem sempre retratam a realidade (DIAS, 2010; SAUERBRONN; LODI, 2012), às vezes as organizações mal conseguem fazer o básico e já estão se autoproclamando como "organizações de excelência"[5]. Parte dos gestores públicos nem conseguem entender o conceito de Governança, mas o termo é frequentemente utilizado, quando não é tida como implementada e seus princípios obedecidos.

De outro lado, o cidadão e as organizações da sociedade civil, tanto não dispõem do tempo necessário para fiscalizar ou contestar os argumentos e os resultados das instituições públicas, como se encontram carentes de conhecimentos específicos para fazê-los (ARAÚJO, 2012; PINHEIRO, 2015; AZEVEDO *et al.*, 2015). Isso facilita que as organizações continuem a utilizar esse tipo de marketing tendencioso.

Parte dessa confusão do gestor público é causada pelos múltiplos e divergentes conceitos de Governança; com abordagem multifacetada (REZENDE, 2003), que causam dúvidas e confundem, ou no dizer Alcântara (1998 *apud* KAH, 2014, p. 168) "o conceito tem sido apropriado por diferentes grupos para distintas orientações ideológicas e fins contraditórios". O conceito de Governança "vem sendo atualizado e adjetivado, em diferentes interpretações e análises das práticas que nomeia" (RIBEIRO *et al.*, 2017, p. 1077).

---

5. Mesmo as empresas vencedoras do Prêmio Nacional de Excelência em Gestão ficam distante da pontuação máxima, que é de mil pontos, e que significa a "excelência". Disponível em: https://fnq.org.br/news/confira-a-lista-das-melhores-em-gestao-de-2018/. Acesso em: 24.12.2019.

Nessa mesma direção crítica, Kissler & Heidemann (2006, p. 481), também entendem que no setor público "a governança tornou-se um conceito-chave, que todos utilizam sem saber exatamente o que é".

Diversas dessas diferentes definições de Governança e de Governança pública estão demonstradas no quadro a seguir.

QUADRO 01 – DEFINIÇÕES DE GOVERNANÇA E GOVERNANÇA PÚBLICA

AUTOR	DEFINIÇÃO
Bresser-Pereira (1998, p. 33)	Capacidade financeira e gerencial de formular e implementar políticas públicas.
Rezende (2003, p. 147)	A nova Governança pública também pode ser chamada de *New Public Management* (NPM).
Silva (2006, p. 3)	Governança está relacionada a governo; assim, Governança corporativa, refere-se ao sistema pelo qual os órgãos e os poderes são organizados dentro de uma empresa.
Bursztyn *et al.*, (2010, p. 79)	Ferramenta de análise de políticas públicas, a Governança ajuda a entender os fatores que organizam a interação entre os atores envolvidos, a dinâmica dos processos e as regras de jogo político, na formulação e implementação de políticas.
Ivanyna e Shah (2011, p. 62).	Governança é um método ou sistema de governo, é o exercício de autoridade e controle para preservar e proteger o interesse público e melhorar a qualidade de vida dos cidadãos.
Nespolo, *et al.*, (2011, p. 1)	Governança pode ser vista como uma ferramenta de gestão que contribui para a transparência das demonstrações contábeis de uma companhia, agregando confiabilidade.
De Sá *et al.* (2017, p. 206)	Em termos atuais, Governança seria a necessidade de diminuir riscos, reduzir complexidades, controlar e governar os fatos naturalmente necessários e contingentes, transformando a complexidade desorganizada em organizada.
Silva, *et al.* (2013, p. 251)	Destaca-se a temática da Governança, um modelo de gestão que enfatiza a transparência e *accountability*.
Kah (2014, p. 168)	Governança é a soma das várias formas pelas quais indivíduos e instituições, públicas e privadas, administram seus assuntos comuns.
IFAC (2014, p. 8)	A Governança consiste nos arranjos estabelecidos para garantir que os resultados pretendidos para as partes interessadas sejam definidos e alcançados.
Santos e Giovanella (2014, p. 624)	A Governança deve envolver o modo de exercício de autoridade e os processos para inserir os interesses sociais na agenda.
IBGP (2014)	Sistema que compreende os mecanismos institucionais para o desenvolvimento de políticas públicas que garantam que os resultados desejados pelos cidadãos, e demais entes da vida pública, sejam definidos e alcançados.
TCU (2014)	Conjunto de mecanismos de liderança, estratégia e controle postos em prática para avaliar, direcionar e monitorar a atuação da gestão, com vistas à condução de políticas públicas e à prestação de serviços de interesse da sociedade.
Mendes *et al.* (2015, p. 3)	Governança não se restringe a cumprir regulamentos, pois constitui um sistema de valores pelo qual organizações são dirigidas e controladas.

AUTOR	DEFINIÇÃO
Eyerkaufer *et al.* (2016, p. 2)	A Governança pública, ou a também chamada New *Public Management* – NPM, procura imprimir maior eficiência e agilidade à administração pública.
CJF (2016, p. 41)	Governança é um conjunto de práticas de gestão que permite às organizações melhorar sua capacidade transformar suas políticas públicas em ação concreta, com melhores serviços para a sociedade.
IBGC (2016)	Sistema pelo qual as empresas e demais organizações são dirigidas, monitoradas e incentivadas, envolvendo os relacionamentos entre sócios, conselho de administração, diretoria, órgãos de fiscalização e controle, e demais partes interessadas.
Ribeiro *et al.,* (2017, p. 1077)	O conceito de Governança é associado a processos político-negociais de identificação de necessidades e construção de objetivos e/ou políticas, onde a efetiva implantação e a garantia de influência e conhecimento sobre os resultados a seus legítimos interessados são condições fundamentais.
GPGP (2018, p. 16)	Governança pública compreende tudo o que uma instituição pública faz para assegurar que sua ação esteja direcionada para objetivos alinhados aos interesses da sociedade.
Reis (2018, p. 39)	É uma ideia que pode ser aplicada na gestão pública, porém tem um caráter mais conceitual do que prático, pois não apresenta um passo a passo de como deve ser realizada.
Vieira e Barreto (2019, p. 12)	É a estrutura que abarca os processos de direção e controle, que estabelece os modos de interação entre os gestores (agentes), os proprietários (*shareholders*) e as partes interessadas (*stakeholders*) visando garantir o respeito dos agentes aos interesses dos proprietários e das partes interessadas.
Paludo (2020, p. 229)	A Governança representa o sistema que assegura às partes interessadas o governo estratégico dos Órgãos e Entidades, o monitoramento do desempenho da alta administração, a busca por resultados e a garantia de accountability.

FONTE: Elaborado pelos autores, a partir das fontes pesquisadas.

NOTA: Foram desconsideradas e não inclusas nesse quadro as definições exclusivamente privadas (exceto a do IBCG), as que se referem a governos nacionais, e frações da Governança em áreas como TI, RH, arranjos locais, entre outras.

Olhando para as definições apresentadas no quadro 1, fica evidenciada a confusão quanto aos conceitos de Governança inerente ao setor público. Dois a confundem com a gestão, um a trata como modelo de gestão, dois a definem como ferramenta, um como práticas, cinco a definem como sistema, três a vinculam à promoção do interesse público, e vários a entendem como forma de unir as partes interessadas nas decisões públicas; e as demais definições também têm suas particularidades.

Em face dessa confusão e na tentativa de indicar um conceito mais assertivo, entende-se que a **Governança organizacional aplicada aos Órgãos e Entidades públicas** é o sistema que, em harmonia com as normas e princípios vigentes e preservando o interesse público-social, assegura às partes interessadas o governo e o direcionamento estratégico da sua instituição, o monitoramento e controle do desempenho da administração, o gerenciamento dos riscos, a busca e avaliação dos resultados, a garantia de transparência e *accountability*, e a responsabilização dos agentes com poder de decisão.

O estudo da Governança é amplo, inclui aspectos formais, processos, atores, práticas e normas que conformam sua estrutura e funcionamento (BURSZTYN *et al.*, 2010), no entanto, neste livro utiliza-se apenas escritos que corroborem para o entendimento da Governança e a sua implementação em Instituições Públicas Brasileiras.

Embora não seja um fim, mas um meio para indicar o caminho e assegurar que a Instituição pública possa cumprir o seu papel, muito se questiona acerca das características da boa Governança. Diversos autores e instituições registraram seus entendimentos a esse respeito, como exemplo, têm-se:

A boa Governança está fundada no pleno exercício da democracia, e os seus pressupostos básicos são: identidade coletiva; deliberação para a legitimação das ações estatais; sistema político eficiente e responsável; ética na gestão dos recursos públicos; reconhecimento de uma responsabilidade compartilhada por parte da comunidade política; e outorga de competências aos órgãos incumbidos de prevenir e combater a corrupção (SOARES, 2011).

A boa Governança existe quando e onde há responsabilidade e ética na tomada de decisão e execução, transparência e previsibilidade, decisões e ações legais, capacidade de resposta e uma visão de longo prazo do interesse público (KAH, 2014, p. 170).

Boa Governança no Setor Público incentiva a tomada de decisão mais informada e de longo prazo, fortalece a responsabilidade (accountability) para administração e uso eficiente dos recursos. Boa Governança coloca pressões para melhorar o desempenho do setor público e combater a corrupção. A boa Governança pode melhorar liderança organizacional, gerenciamento e supervisão, resultando em intervenções mais eficazes e, no final das contas, a vida das pessoas é melhorada (IFAC, 2014, p. 6).

Uma boa Governança depende fundamentalmente da definição e implantação de um sistema de Governança ao mesmo tempo simples e robusto, com poderes de decisão balanceados e funções críticas segregadas (10 Passos TCU, 2014, p. 12).

Os princípios são o alicerce que permeia todas as práticas para a implementação de uma boa Governança, e sua adoção fortalece a confiança na organização (IBGC, 2015, p. 18).

A boa Governança promove a equidade, participação, pluralismo, transparência, accountability em um Estado democrático, de forma eficaz, eficiente e duradoura (FERREIRA, 2016, p. 44).

A boa Governança requer meios para responsabilizar os dirigentes pelo desempenho de todas essas atividades e assegurar que o setor público seja suficientemente transparente para permitir que a sociedade e a mídia observem o que está sendo feito e por quê (GPGP 2018, p. 13).

A boa Governança pública tem como propósitos conquistar e preservar a confiança da sociedade, por meio de conjunto eficiente de mecanismos, a fim de assegurar que as ações executadas estejam sempre alinhadas ao interesse público (UFCE, 2018, p. 14).

A boa Governança pública consiste em regras, procedimentos, práticas e interações formais e informais entre o Estado, instituições não estatais e cidadãos, que enquadram o exercício da autoridade pública e a tomada de decisões no interesse público (OCDE, 2018, p. 10).

A boa Governança cumpre seu papel de avaliar, direcionar, orientar e controlar; escolhe lideranças capacitadas para a função que a desempenham com ética e competência; planeja as ações ouvindo as partes interessadas e incorporando seus anseios nas decisões, transformando-os em objetivos a serem perseguidos; adota a melhor estratégia em face dos recursos e competências que possui; assegura estrutura adequada e suficiente para a prestação de serviços e implementação de políticas públicas; provê recursos orçamentários suficientes a execução do planejamento; predominam postura e agir corretos na condução das atividades; tem um controle interno independente e atuante; monitora os principais riscos; divulga informações íntegras e transparentes e promove a accountability de forma ampla e com responsabilidade (PALUDO, 2019, p. 189).

A boa Governança alia o atingimento de critérios satisfatórios de desempenho à promoção das exigências de conformidade, e orienta as decisões dos agentes públicos por um *ethos* constituído por três pilares: o estratégico, o ético e o legal (VIEIRA e BARRETO, 2019, p. 14).

> A boa Governança ajuda a criar um ambiente de confiança, transparência e prestação de contas necessário para promover investimentos a longo prazo, estabilidade financeira e integridade dos negócios, apoiando, assim, um crescimento mais forte e sociedades mais inclusivas (OCDE, 2019) [6].

Registre-se, no entanto, que a implementação da Governança também **encontra problemas e resistências**. O conflito entre o interesse público e o privado é apontado como o problema principal para a conquista da boa Governança, pois os atores têm seus próprios interesses, muitos de cunho econômico, e utilizam de seu cargo e poder para persegui-los: o resultado tem sido a corrupção. O segundo problema vem do excesso de regras da burocracia, que dificultam o bom funcionamento da Governança. O terceiro problema está na ausência de um quadro de pessoal adequado, treinado, recompensado e supervisionado. Por fim existe a dificuldade de coordenação, que é ao mesmo tempo falha e indispensável para o bom funcionamento de programas e instituições (BRASIL, GPGP, 2018, p. 24).

Souza e Faria (2017, p. 13) entendem que o maior desafio para a Governança pode ser "retirar o ranço da gestão patrimonialista e burocrática que ainda permeia a Administração", para aproximar o Estado da sociedade e deslocar o foco da atuação da administração para o interesse público expressado pelos cidadãos.

Embora os autores apresentem diversas visões acerca da boa Governança, assim como as dificuldades para implementá-la, em última instância **serão os resultados obtidos que definirão se existe ou não uma "boa Governança"** na instituição pública, porque são "os resultados que dão ao setor público seu significado e importância" (IFAC, 2014, p. 5).

Em face disso, ganhou destaque na última década o termo "Governança para resultados", pois todo o esforço da Governança deve estar direcionado para resultados que agreguem valor às organizações públicas (UFCE, 2018). A Governança para resultados apoia-se no regime democrático e caracteriza-se pela capacidade da instituição de criar valor público, de ordem social, para a sociedade (RODRIGUES, 2015).

No processo para gerar esses bons resultados e de forma sustentável, a Governança, assertivamente, utiliza-se do planejamento estratégico, pois como afirmam Paludo e Procopiuck (2014, p. 7-8) nada é realizado da melhor forma sem que antes exista um planejamento organizando de forma racional as principais ações.

Da mesma forma que a gestão estratégica é a base para a implantação da Governança (EISSMANN *et al.*, 2017), **o planejamento estratégico é a base da Governança para resultados.** É esse planejamento institucional – guiado pela Governança – que faz os órgãos e entidades públicas direcionarem seus esforços para a busca de bons resultados para a instituição e para a maioria das partes interessadas, bem como para o crescimento e o desenvolvimento econômico.

Com o direcionamento e a orientação da Governança o planejamento estratégico é elaborado, desmembrado em planos de ações, estabelecidas metas para alcançar os objetivos, e escolhidos indicadores para medição. Durante a execução incidirá o monitoramento e em seguida virá a prestação de contas: das decisões, ações e resultados.

Ao final, deve ser feita a avaliação de todo o processo, que servirá de instrumento para correções e ajustes necessários com vistas ao seu contínuo aperfeiçoamento (CHIA-

---

6.   Disponível em: http://www.oecd.org/corporate/, página inicial. Acesso em 30.12.2019.

VENATTO, 2007), pois a Governança para resultados também visa a sustentabilidade das instituições no longo prazo (UFCE, 2018).

Máxime assim que não se trata de um modismo passageiro; a **Governança Organizacional para Órgãos e Entidades Públicas veio para ficar** e oferece instrumentos para alavancar as instituições públicas a novos patamares de eficiência, eficácia e efetividade; ao mesmo tempo em que direciona a administração para resultados que agreguem valor público[7] e atendam a maioria das partes interessadas, em especial os interesses da sociedade.

1.1.2 Esclarecendo o conceito e aspectos da governança organizacional pública

Mesmo com a exclusão de diversas definições de Governança, como as exclusivamente privadas (exceto a do IBGC), as que se referem a governos nacionais, as frações da Governança em áreas como TI, RH, as de arranjos locais, entre outras, e concentrando na Governança pública institucional em nível de órgãos e entidades, ficou demonstrado, no item 1.1, que existe confusão acerca do conceito de Governança.

Em face disso, e visando auxiliar o gestor público na compreensão desse tema, conceitua-se a Governança aplicada aos Órgãos e Entidades públicas, ou seja, a **Governança Organizacional Pública**, como o sistema que, em harmonia com as normas e princípios vigentes e preservando o interesse público-social, assegura às partes interessadas o governo e o direcionamento estratégico da sua instituição, o monitoramento e controle do desempenho da administração, o gerenciamento dos riscos, a busca e avaliação dos resultados, a garantia de transparência e accountability, e a responsabilização dos agentes com poder de decisão.

Registre-se que esse conceito considera a Governança implementada e em pleno funcionamento, o que se traduz como a "boa Governança", visto que somente esta Governança tem a capacidade de "assegurar" todos os aspectos positivos elencados no conceito.

Em nível de órgão/entidade pública o termo "Governança organizacional" é adequado, pois embora divergentes quanto aos principais objetivos, na ótica da administração/gestão há muitas semelhanças entre instituições públicas e organizações privadas (PALUDO, 2019, p. 77-81).

Nesse sentido, Teixeira e Gomes (2019, p. 525), afirmam que a "governança é aplicável a diversas formas organizacionais, inclusive às organizações públicas". Correio e Correio (2019, p. 4) também entendem que "vários elementos de Governança são comuns tanto no setor público como no privado, assim como Madhani (2014), para quem os princípios da Governança corporativa privada devem ser igualmente aplicados no setor público.

No entanto, é importante compreender que a Governança organizacional pública é semelhante, porém **não é a mesma** da Governança Corporativa privada; para tal, a Governança privada deve ser adaptada às particularidades das instituições públicas, em especial ao interesse público-social, traduzindo-se, assim, na Governança Organizacional Pública como tratada neste livro.

---

7. Para o Decreto da Governança (9.203/2017) **valor público são** produtos e resultados gerados como respostas efetivas e úteis às necessidades ou às demandas de interesse público.

A Governança assegura o "governo estratégico"; ela não trata apenas de estabelecer requisitos para o bom funcionamento e controle das organizações. Esse "governo estratégico" também assegura que as partes interessadas tenham voz e vez, que a estrutura, recursos e competências sejam adequados e suficientes, que os serviços atendam às necessidades dos cidadãos, e que os resultados sejam satisfatórios para a maioria das partes interessadas e contribuam para o bem-estar dos cidadãos.

Entendimento similar foi expressado pelo GPGP (2018, p. 40) ao afirmar que a Governança não se limita a controlar os atores ou estabelecer as condições para que os negócios funcionem com o mínimo de interferência: é mais sobre a criação de capacidade para governar e entregar programas de interesse público que melhorem as condições dos cidadãos.

"Governança é equiparada a governo, definida como um método ou sistema de governo e administração ou como o ato, processo ou poder de governar" (IVANYNA e SHAH, 2011, p. 60-61). O TCU (2014, p. 35) também expressa em uma de suas diretrizes "desenvolver a capacidade de pessoas com responsabilidades de governo". Ainda nesse sentido, o Código Federal de Governança Corporativa Pública da Alemanha determina que o relatório anual de Governança deve se pronunciar acerca do "governo corporativo" da instituição (CGPA, 2009, p. 24).

Outros autores também compartilham esse entendimento. Para Stoker, 1998, a Governança é uma "forma reinventada de governo" que é melhor administrada. Governança envolve o "regime de leis, regras administrativas, decisões judiciais e práticas que restringem, prescrevem e habilitam a atividade de governo" (LYNN JR., HEINRICH E HILL, 2000). Governança "é o governo visando objetivos coletivos de uma sociedade" (STREIT e KLERING, 2004, p. 4). A Governança consiste no exercício da autoridade, do controle, da administração e do poder do governo (BM, 2008). Tavares (2009, p. 231), sugere a Governança como "a capacidade governativa".

Esse governo, no entanto, difere dos Governos Nacionais, pois na Governança em nível de órgão e entidade ele não é exercido predominantemente por um agente apenas (o governo), mas compartilhado pelas partes. Quando se fala em Governança, "significa dizer que o governo não governa sozinho, mas traz outros atores interessados para participar do processo decisório". (SOUZA e FARIA, 2017, p. 287).

Ainda nesse sentido, reforçando os argumentos apresentados, acreditamos que somente na condição de "governo" é que a Governança Organizacional Pública terá o poder e a competência necessários para decidir, direcionar, orientar e controlar os órgãos e entidades públicas, e exercer as demais funções que lhes são atribuídas.

Mesmo se referindo ao governo dos órgãos e entidades, a Governança não se restringe exclusivamente a questões estratégicas; ela estende seu braço ao primeiro escalão da gestão tática a fim de assegurar o alinhamento das ações da gestão com as orientações da Governança – pois as decisões da Governança serão conduzidas mediante a atuação do primeiro escalão da gestão tática.

Considerando que Governança se refere ao governo, torna-se **temerário e de difícil aceitação** o "fracionamento" e a utilização exagerada do termo Governança como se verifica atualmente em escritos e nas organizações: como é possível dizer "Governança de compras", "Governança de RH", "governança de TI", entre outras, se a Governança vem de governo e "compras, RH, entre outros" são típicos da gestão e/ou gerenciamento específicos?

Há ainda, outras duas questões a serem esclarecidas quanto a Governança. A primeira é que **Governança não é administração ou gestão**. A Governança está acima da gestão; ela interfere, "manda" nos aspectos principais da gestão, direcionando, orientando, monitorando, controlando e avaliando a gestão e os gestores. Contudo, se retirar a administração, a Governança não se sustenta, enquanto que a gestão continua, porque a Governança não é operacional: ela é estratégica e, social-democrática, e faz o imbricamento entre a administração e a gestão.

Este entendimento é compartilhado por Correio e Correio (2019, p. 3) que consideram a Governança pública um novo paradigma, "distinto da nova gestão pública e da administração pública burocrática ortodoxa", e pelo Guia da Política de Governança Pública (2018, p. 83), para o qual a política de Governança não supera todas as características da administração, que podem ser atribuídas a outros modelos teóricos. A Governança "não se origina da mesma bagagem ideológica que o New Public Management". (IVAN, 2017, p. 350).

Dessa forma, a Governança organizacional agrega valor ao que a administração faz, mas isoladamente e sem a administração ela não é capaz de gerar esse valor (MARQUES, 2007), porque ela depende da gestão para executar e fazer acontecer. Nesse cenário, a figura 6 (evidenciada no item 1.3.3), acrescida de explicações, ajuda a compreender como ocorre o funcionamento integrado da Governança e da gestão.

A segunda questão é que, em órgãos e entidades públicas, a **Governança não é um modelo: ela é um sistema**, cuja implementação pode ser modelada; e um sistema é mais complexo que um modelo (considerado o conceito geral de modelo e de sistema, e descartados conceitos específicos resultantes de casos concretos que não guardam similaridade com o contexto organizacional das Instituições públicas brasileiras). Streit e Klering (2004, p. 5), também entendem que "a governança é um sistema complexo".

Modelos são construções de teorias, hipóteses, modos, que servem para análise e explicação de uma realidade (GOUVEA Jr, 1999, p. 1). No entanto, para Donald Winkler, os modelos são representações sempre limitadas de uma realidade, e presumem que a realidade é que deverá se ajustar ao modelo (HEIDEMANN; SALM, 2009, p. 42). No senso comum trazido dos dicionários Houaiss (2009) e Aurélio (2014), por exemplo, modelo está relacionado a algo "quase perfeito" que pode ser imitado ou copiado.

Sistema, por sua vez, é um conjunto de elementos inter-relacionados e interdependentes (FERNANDES, 2003). Para o Instituto de Pesquisas Espaciais (1972) sistema é um conjunto de partes que interagem de modo a atingir um determinado fim. Nessa mesma linha de entendimentos se encontra Bertalanffy (1975) e os dicionários Houaiss (2009) e Aurélio (2014).

A Teoria Geral dos Sistemas (TGS) também oferece seu apoio, pois em ambientes complexos, composto por várias partes, não se perde a visão do todo e o inter-relacionamento entre elas (Rezende, 2003, apud OLIVEIRA, 2004, p. 57).

O TCU (BRASIL, 2014, p. 28) também entende que se trata de um sistema que demonstra como os atores se organizam, interagem e atuam para promover uma boa

Governança. Também consideram a Governança como um sistema: Silva (2006, p. 3); Ivanyna e Shah (2011, p. 62); IBGP (2014); Mendes *et al.* (2015, p. 3); IBGC (2015, p. 19); OCDE (2018, p. 12;26).

Sistema é um conceito dos mais simples de escrever, dos mais abrangentes para aplicar, e dos mais difíceis de compreender plenamente (FERNANDES, 2003, p. 1); talvez por isso é que o termo "sistema" se aplica tão bem a Governança organizacional pública como tratado neste livro.

O sistema de Governança organizacional em órgãos e entidades públicas é do tipo complexo, porque não poderá reunir e realizar todas as possibilidades de inter-relacionamento entre os elementos; em face disso, ele fixa seus próprios limites, restringindo-o às possibilidades que estão ao seu alcance, e não tenta abarcar tudo que se relaciona com o ambiente: ele seleciona as possibilidades mais importantes de acordo com a função que deve desempenhar (Luhmann (1997) apud KUNZLER 2004, p. 124-125).

Dessa forma, o sistema de Governança organiza e harmoniza o funcionamento dos diversos elementos (interessados, normas, recursos, competências, dentre outros) que se inter-relacionam num ambiente organizacional, respeitando as limitações de cada órgão ou entidade pública, e, diferente do modelo, cabe ao sistema a maior parcela de adaptação à realidade de cada Instituição pública, em face de suas particularidades; e a esta cabe uma parcela menor de adaptação ao sistema.

As organizações públicas podem utilizar distintos modelos administração/gestão, mas independentemente do modelo adotado, o sistema de Governança organizacional em órgãos e entidades públicas vai incidir sobre ele, para assegurar o interesse público--social e demais aspectos que considera essenciais.

FIGURA 1 – MODELO PARA IMPLEMENTAÇÃO (X) SISTEMA DE GOVERNANÇA ORGANIZACIONAL

Fonte: elaborado pelos autores (2020).

A figura 1 esclarece visualmente dois pontos: i) que a Governança é um sistema, pois é complexa e composta por um conjunto de elementos inter-relacionados envolvendo os responsáveis pela organização (Conselho e Administração/gestão) e sua interação com os stakeholders/shareholders, que será influenciada por elementos internos como normas, princípios e valores; e, ainda, pelos recursos (financeiros, tecnológicos, quadro de pessoal etc.) e pelas competências institucionais; e ii) que a proposta de "modelo para implementação" é um meio para guiar a implementação do sistema de Governança em órgãos e entidades públicas brasileiras.

A delimitação do universo onde a organização atua (e seus elementos), e a demonstração do ambiente fora da Instituição pública, está em sintonia com a teoria de Kunzler (2004), pois não podendo abarcar todas as possibilidades de inter-relacionamento, o sistema de Governança organizacional em órgãos e entidades públicas fixa, prioritariamente, seus limites no âmbito organizacional, envolvendo os elementos que são essenciais: os responsáveis pela organização, os interessados, as normas, princípios e valores, os recursos e as competências.

Portanto, a proposta de "modelo para" implementação não é e nem se confunde com um "modelo de" Governança, pois um modelo é insuficiente para descrever o sistema de Governança, haja vista sua maior complexidade: o modelo apresentado no item 1.3.2 (à frente) apenas indica um caminho a ser seguido na difícil tarefa de implementar o sistema de Governança organizacional em órgãos e entidades públicas.

1.1.3 Funções da governança e da gestão públicas

Na vasta bibliografia pesquisada, que dá substrato a esta obra, foram identificadas e analisadas diversas funções atribuídas à Governança Pública, à secretaria de Governança, e a administração/gestão pública, que se encontram agrupadas nos quadros 2 e 3.

QUADRO 2 – FUNÇÕES ATRIBUÍDAS À GOVERNANÇA PÚBLICA

Funções da Governança Organizacional Pública
Funções da Governança
• avaliar o ambiente, os cenários, o desempenho e os resultados;
• alinhar as funções organizacionais às necessidades das partes interessadas;
• assegura às partes interessadas o governo estratégico da organização;
• assegurar o alcance dos objetivos estabelecidos;
• auditar e avaliar o sistema de gestão e controle;
• confrontar os resultados com as metas estabelecidas e as expectativas das partes interessadas;
• definir o direcionamento estratégico;
• determinar o gerenciamento de riscos estratégicos;
• direcionar e orientar a preparação, a articulação e a coordenação de políticas e planos;
• envolver as partes interessadas nas decisões;
• garantir que as ações estejam alinhadas com o interesse público;
• instituir mecanismos de gestão para melhorar o desempenho;
• monitorar o desempenho, os resultados e o cumprimento de políticas e planos;
• orientar aspectos essenciais da gestão;
• promover a coordenação entre agências (públicas, sociais ou privadas);
• promover a transparência e a accountability;
• resolver conflitos internos;
• responsabilizar os agentes com poder de decisão;
• supervisionar a gestão.

Funções da Governança Organizacional Pública
Funções da Secretaria de Governança: • apoiar os membros do conselho de administração no desempenho de suas funções e assisti-los em sua integração na organização; • auxiliar o presidente do conselho na definição dos temas relevantes a serem incluídos na agenda das reuniões; • apoiar os processos de Governança; • administrar o portal de Governança da organização, zelando pela sua atualização, segurança e fluxo de informações; • assegurar equidade e acesso permanente dos usuários às informações; • elaborar, registrar e publicar as atas de reunião do conselho de acordo com a legislação aplicável; • encaminhar a agenda e o material de apoio às reuniões do conselho; • interagir com os membros da diretoria para assegurar a qualidade e a tempestividade das informações; • manter os membros do conselho de administração atualizados quanto às melhores práticas, propondo o seu aprimoramento.

Fonte: elaborado pelos autores a partir de: Brasil, TCU (2014); IFAC (2014); IBGC (2015); VIEIRA; BARRETO (2019).

O quadro 2 evidencia as funções localizadas nos conteúdos pesquisados e atribuídas diretamente à Governança e a secretaria de Governança pelos órgãos e autores referenciados, e pelas funções descritas no conceito de Governança organizacional pública adotado.

Acredita-se que as principais funções da Governança foram identificadas e listadas, contudo, não se trata de uma relação exaustiva, visto que devem existir outras funções da Governança além das aqui relacionadas.

QUADRO 3 – FUNÇÕES ATRIBUÍDAS À ADMINISTRAÇÃO / GESTÃO

Funções da Administração / Gestão
Funções Estratégicas (Conselho e Alta Administração): • aperfeiçoar e inovar a gestão; • assegurar o equilíbrio entre as expectativas das partes; • assegurar que as partes recebam benefício proporcional ao vínculo e ao risco a que estão expostas; • assegurar que as partes possam expressar pensamentos dissonantes e discutir questões éticas; • assegurar que a organização cumpra a sua missão institucional e sua função social; • avaliar, direcionar e monitorar o seu órgão ou entidade; • decidir sobre medidas corretivas e punitivas para desvios de conduta; • decidir acerca de questões estratégicas; • definir objetivos estratégicos e táticos; • definir estratégias e tomar decisões que protejam e valorizem a organização no longo prazo; • direcionar estrategicamente a organização; • estabelecer os valores e princípios da organização; • estabelecer políticas e estratégias de coordenação; • estabelecer formas de monitorar se as decisões, ações e impactos estão em harmonia com os princípios e valores da instituição; • formular políticas e diretrizes para a gestão; • implantar e manter estrutura e práticas de Governança; • monitorar a atuação da diretoria; • organizar a estrutura organizacional; • organizar cargos e funções; • organizar o funcionamento da gestão; • promover a cultura centrada em valores e princípios; • servir de elo entre os cidadãos e a organização; • zelar pelos princípios, valores, objeto social e sistema de Governança.

> **Funções Táticas e Operacionais:**
> - administrar os ativos;
> - assegurar o bom funcionamento da organização;
> - assegurar o cumprimento das normas e diretrizes internas;
> - assegurar o cumprimento das normas inerentes a organização;
> - avaliar o desempenho, e aprender;
> - conduzir os negócios da organização;
> - coordenar a execução dos processos, projetos e ações;
> - definir, executar e melhorar os processos organizacionais;
> - disseminar os propósitos, princípios e valores da organização;
> - divulgar as informações da organização;
> - executar a estratégia e as diretrizes superiores aprovadas;
> - executar os processos gerenciais, de apoio e finalísticos;
> - executar projetos e ações visando o alcance dos objetivos;
> - focar nos resultados estabelecidos;
> - garantir que as normas sejam observadas pelas demais atores;
> - garantir a eficiência administrativa;
> - gerir a organização;
> - instituir gerenciamento de controle de riscos organizacionais;
> - implementar os programas previamente aprovados;
> - manter a comunicação com as partes interessadas;
> - planejar, organizar, dirigir, coordenar e controlar;
> - revisar e reportar o progresso de ações;
> - traduzir as estratégias e políticas em diretrizes;
> - utilizar os recursos e poderes recebidos.

Fonte: elaborado pelos autores a partir de: CHIAVENATO (2007); CGPA (2009); Brasil, TCU (2014); CJF (2015); IBGC (2015); GPGP (2018); PALUDO (2019); VIEIRA; BARRETO (2019).

O quadro 3 demonstra as funções localizadas nos conteúdos pesquisados e atribuídas diretamente à administração/gestão pelos órgãos e autores referenciados. Embora acredite-se que as principais funções foram identificadas e listadas, é preciso reconhecer que não se trata de uma relação exaustiva, visto que devem existir outras funções da administração além das aqui relacionadas.

Importante registrar que os quadros 2 e 3 – tanto para a Governança como para a Gestão – **devem servir mais como orientação** para a organização das funções e responsabilidades, do que como uma regra rígida a ser obrigatoriamente seguida. Quando comparados esses quadros, percebe-se que muitas das funções da Governança também se encontram descritas como funções estratégicas da administração. Isso ocorre porque a Governança utiliza-se do Conselho de Administração e da Alta Administração para exercer as suas principais funções.

A segregação em funções estratégicas atribuídas ao Conselho e a Alta Administração, que serão desempenhadas integralmente pela Alta Administração nas entidades e órgãos públicos onde não existir o Conselho (colegiados máximos institucionais) na estrutura organizacional; e em funções táticas e operacionais, que são desempenhadas na condução, na coordenação e na execução das ações no dia a dia das organizações – também serve de base para mais explicações envolvendo a Governança e a gestão.

Reprise-se, a Governança é estratégica e a gestão é operacional, assim as funções estratégicas encontram-se vinculadas a Governança e as funções operacionais ficam a cargo da gestão. Desta forma, quando surgir dúvida a quem deve ser atribuída a função, sugere-se a seguinte análise: se a função duvidosa for estratégica provavelmente estará vinculada a Governança, mas se a função duvidosa for operacional certamente estará vinculada a gestão.

Quanto às funções de nível intermediário ou tático é necessária uma análise maior, visto que a Governança, eventualmente, poderá atuar na administração tática por meio da diretoria de primeiro escalão; e dessa forma, tanto a Governança como a gestão atuam nesse nível, embora a gestão atue de forma predominante.

Assim, no nível tático também deve-se perguntar se a função está mais relacionada com questões estratégicas ou se refere à coordenação da execução. De acordo com a resposta obtida será o enquadramento da função, como sendo da Governança ou da gestão.

FIGURA 2 – POSICIONAMENTO DA GOVERNANÇA E DA GESTÃO NO AMBIENTE ORGANIZACIONAL

Fonte: Elaborado pelos autores (2020).

A figura 2 mostra, de forma simplificada, o posicionamento da Governança e da gestão na estrutura organizacional. A parte superior da figura não está contornada por linhas para mostrar que a Governança abre espaço para os usuários, cidadãos e outras partes interessadas que se encontram fora da instituição.

Embora esteja claro que as funções estratégicas sejam da Governança e as operacionais da gestão, bem como que as funções de nível tático podem gerar dúvidas dependendo da forma como foram organizadas em cada órgão ou entidade pública; o maior espaço para a gestão no nível tático, na figura 2, indica que essas atribuições são da gestão, e apenas eventualmente a Governança exercerá função nesse nível por meio dos diretores de primeiro escalão.

Outra forma de verificar a quem se deve atribuir uma função é a seguinte: se a decisão em nível tático impactar apenas uma área da instituição (TI, RH etc.) ela será da gestão, mas se ela impactar também em outras áreas deverá ser da Governança. Dessa forma evita-se que a gestão de uma área, resolvendo o seu problema, tome uma decisão que possa causar impacto negativo em outras áreas da organização ou para as demais partes interessadas.

Também é possível que funções sejam atribuídas e realizadas simultaneamente pela Governança e pela gestão: é o caso do planejamento estratégico, em que a Governança orienta a sua elaboração, mas quem o elabora é a gestão: há uma constante troca de informações entre Governança e gestão para a elaboração desse planejamento. Trata-se, portanto, de atribuição compartilhada visto que o planejamento estratégico é único para o órgão ou entidade pública.

Numa espécie de síntese, a Governança provê o direcionamento estratégico, monitora, supervisiona e avalia a gestão e a atuação dos gestores, e a partir desse direcionamento a gestão é responsável pelo planejamento, execução e controle das ações, pela utilização dos recursos e pela gestão dos processos organizacionais, para consecução dos objetivos previamente estabelecidos – sendo controlada/avaliada pela Governança com base no desempenho e resultados obtidos (TCU, 2014; PALUDO, 2019).

Registre-se, ainda, que cabe ao conselho de administração ou a alta administração decidir ou não pela implementação da Governança; e que, se a decisão for não implementar, as funções descritas para a Governança também deverão ser desempenhadas pela gestão.

1.2 IMPLEMENTAÇÃO DA GOVERNANÇA

1.2.1 Referencial acerca da implementação[8] da governança pública

Para a implementação de uma boa Governança em órgãos e entidades públicas **é necessário um entendimento amplo acerca "do que realmente é a Governança Organizacional Pública"**, que, além de aspectos gerais, conceitos e funções já abordados, compreende princípios, estrutura e ensinamentos mais completos oriundos de instituições organizacionais e de autores diversos.

Para Di Pietro (2016, p. 94), os princípios de uma ciência são as "proposições básicas, fundamentais, típicas, que condicionam as estruturas subsequentes". Os princípios

---

8. Foram desconsideradas as metodologias/modelos exclusivamente privadas (exceto a do IBGC), e as que se referem a frações da Governança em áreas como TI, RH, arranjos locais, entre outras.

são o alicerce que permeia todas as práticas para a implementação de uma boa Governança, e sua adoção fortalece a confiança na organização (IBGC, 2015).

Os princípios da Governança (junto com as diretrizes) servem como arcabouço normativo-prescritivo para o desenvolvimento da Governança, auxiliando na delimitação das competências dos atores e estruturas envolvidos, e no cumprimento da missão pública (BRASIL, GPGP 2018, p. 37-38).

O IFAC (2001, p. 20) descreve três princípios aplicáveis à Governança no âmbito público: i) transparência, para transmitir segurança às partes interessadas acerca do processo decisório e das ações de gestão e dos agentes; ii) integridade, que envolve honestidade, objetividade e padrões elevados de probidade na gestão e aplicação dos recursos públicos; iii) responsividade (*accountability*), no qual a instituição e os agentes respondem de acordo com o grau de competência e autoridade que possuem: prestam contas de suas ações, da aplicação dos recursos e dos resultados obtidos.

O TCU (BRASIL, 2014, p. 33) adota os princípios para uma boa Governança sugeridos pelo Banco Mundial, quais são: legitimidade, equidade, responsabilidade, eficiência, probidade, transparência e *accountability*, compreendidos conforme conceitos evidenciados no quadro 4.

QUADRO 4 – PRINCÍPIOS DA GOVERNANÇA PÚBLICA DO TCU

PRINCÍPIOS ADOTADOS	CONCEITOS UTILIZADOS PELO TCU
Legitimidade	A legitimidade é um princípio fundamental do Estado Democrático de Direito, que vai além da mera legalidade e serve de critério para o controle externo. A administração pública para ser legítima não basta estar em sintonia com a lei, é preciso considerar também se o interesse público e o bem comum foram alcançados.
Equidade	A equidade visa garantir condições para que todos tenham acesso ao exercício de seus direitos civis, políticos e sociais, como a liberdade de expressão, o acesso à informação, a igualdade, e ainda, educação, saúde, moradia e segurança.
Responsabilidade	A responsabilidade compreende o zelo que os agentes da Governança devem ter pela sustentabilidade das organizações no longo prazo, incorporando questões de ordem social e ambiental na tomada de decisão e na condução dos negócios.
Eficiência	A eficiência é a capacidade de transformar insumos em bens e serviço, com qualidade e economicidade. Trata-se de encontrar a melhor relação entre produtividade, qualidade e custo; ou no dizer do TCU, obter "a melhor relação entre qualidade do serviço e qualidade do gasto".
Probidade	A probidade traduz-se no dever que os gestores e servidores públicos têm de demonstrar que são dignos de confiança, atuando com zelo, de forma econômica e observando as normas e procedimentos vigentes, sempre que se trate de utilizar, arrecadar, gerenciar e administrar bens e valores públicos.
Transparência	A transparência demonstra-se pela possibilidade de acesso a todas as informações referentes à instituição pública, sendo tanto um requisito como um meio de controle do Estado pela sociedade civil. Uma instituição transparente melhora o clima de confiança interno e fortalece sua relação com terceiros.
Accountability	A *accountability* é tida como a obrigação de pessoas ou entidades de assumir as responsabilidades de ordem fiscal, gerencial ou programática, prestando contas dos recursos utilizados. Dessa forma, os agentes de Governança devem assumir as consequências de seus atos e omissões, e prestar contas de sua atuação aos órgãos de controle e a sociedade.

FONTE: TCU (BRASIL, 2014, p. 33-34).

Nessa mesma direção, o quadro 5 evidencia os princípios da boa Governança adotados pelo IBGC (2015): transparência, equidade, prestação de contas (*accountability*) e responsabilidade corporativa; acrescido das definições.

QUADRO 5 – PRINCÍPIOS DA GOVERNANÇA CORPORATIVA DO IBGC

PRINCÍPIOS ADOTADOS	CONCEITOS UTILIZADOS PELO IBGC
Transparência	A transparência demonstra o desejo de disponibilizar as informações para as partes interessadas. Inclui aquelas impostas pelas normas e outras de interesse das partes. Dessa forma, a transparência vai além das informações de desempenho econômico-financeiro, contemplando outros fatores da ação gerencial relacionados à sustentabilidade ou otimização de valor para a organização.
Equidade	O princípio da equidade é caracterizado pelo tratamento justo e isonômico a todos os sócios e demais partes interessadas, considerando seus direitos, deveres, necessidades, interesses e expectativas.
Prestação de Contas	A prestação de contas (*accountability*) consiste na obrigação dos agentes de Governança prestarem contas de sua atuação de forma clara, concisa e tempestiva, assumindo as consequências de seus atos e omissões.
Responsabilidade Corporativa	Responsabilidade corporativa é o princípio que impõem aos agentes de Governança o dever de zelar pela viabilidade das organizações (no curto, médio e longo prazos), reduzindo externalidades negativas e aumentando as positivas, considerando as particularidades de sua organização (privada, terceiro setor ou pública), os recursos e as competências.

FONTE: IBGC (2015, p. 20-21).

Numa linha mais regulatória, para o Decreto 9.023/2017, a Governança em órgãos e entidades públicas é orientada pelos princípios: capacidade de resposta, integridade, confiabilidade, melhoria regulatória, prestação de contas e responsabilidade, e transparência.

O GPGP (BRASIL, 2018) adotou os mesmos princípios de Governança contidos no Decreto 9.203/2017, acrescido de explicações complementares que facilitam o seu entendimento e a sua implementação. O quadro 6 evidencia analiticamente os princípios aqui referidos.

QUADRO 6 – PRINCÍPIOS DA GOVERNANÇA PÚBLICA
DO DECRETO 9.203/2017 E DO GPGP

PRINCÍPIOS ADOTADOS	CONCEITOS UTILIZADOS PELO DECRETO 9.023/17 E PELO GPGP
Capacidade de Resposta	É considerada o princípio mais importante e representa a competência que a instituição pública dispõe para atender com eficiência e eficácia às necessidades dos cidadãos, inclusive antevendo interesses e antecipando aspirações.
Integridade	A integridade se traduz na luta pela prevenção da corrupção e no fortalecimento dos padrões morais de conduta; mas ela vai além de questões éticas: na Governança corporativa ela contribui para a eficiência administrativa e para a inclusão social.
Confiabilidade	Em nível institucional, a confiabilidade significa reduzir incertezas do cidadão e da sociedade quanto a atuação organizacional nos aspectos administrativos, sociais e políticos. Para isso, as ações da instituição devem assegurar o cumprimento da missão institucional, de acordo com o planejamento, as diretrizes e objetivos estabelecidos após ouvir os anseios e necessidades da sociedade.

Melhoria Regulatória	Este princípio indica que o desenvolvimento e a avaliação de políticas e de atos normativos deve ser um processo transparente, orientado pelos cidadãos e demais partes interessadas, com evidências que demonstrem essa participação.
Prestação de contas e responsabilidade	Prestação de contas e responsabilidade (*accountability*) é a consequência natural dos agentes com poder de decisão, que além de justificativas devem demonstrar de forma clara os resultados de sua atuação administrativa. Essas informações devem ser divulgadas para fomentar o controle social, permitindo que o cidadão possa fiscalizar e apontar eventuais desvios.
Transparência	A transparência demonstra o compromisso da administração pública com a divulgação ampla, fidedigna e tempestiva de suas atividades, prestando informações confiáveis e relevantes à sociedade. É um dos pilares para a construção de um governo aberto. [1]

FONTES: Decreto 9.023/2017; GPGP (BRASIL, 2018).

NOTA: [1] O Governo aberto (*Open-Gov*) é uma iniciativa que congrega nações democráticas e organizações da sociedade civil, para promover/difundir práticas que tornem os governos mais transparentes e abertos aos cidadãos, visto que na democracia os cidadãos devem ter livre acesso a dados públicos (PALUDO, 2019, p. 222).

O GPGP (BRASIL, 2018) apresenta explicações complementares para cada um dos princípios elencados no quadro acima:

a) **Capacidade de resposta**. Esse princípio demonstra o compromisso da instituição em servir o cidadão, e sua implementação é orientada por duas diretrizes, previstas no Decreto 9.023/2017: direcionar ações para a busca de resultados para a sociedade, encontrando soluções tempestivas e inovadoras para lidar com a limitação de recursos e as mudanças de prioridades; e promover a simplificação administrativa, a modernização da gestão pública e a integração dos serviços públicos, especialmente aqueles prestados por meio eletrônico.

O guia registra que, para aumentar a capacidade de resposta, a inovação é essencial. Nesse sentido, as instituições devem estar abertas a inovação, utilizando, por exemplo, redes de boas práticas, que são um canal importante para difusão de novas ideias e de arranjos mais eficientes (BRASIL, GPGP, 2018, p. 41).

b) A **integridade** permite que os cidadãos estejam no centro das decisões e ações da administração pública, ajudando a combater a corrupção e os desvios de conduta, abrindo espaço para soluções e práticas inovadoras na gestão pública, e aumentando a capacidade de resposta tempestiva aos eventuais problemas (BRASIL, GPGP, 2018, p. 42).

A instituição deve encontrar o equilíbrio entre a punição de gestores e o espaço para buscar soluções inovadoras para os problemas sociais. O Controle Interno contribui para a integridade, ao mesmo tempo em que tem papel importante na busca do equilíbrio; pois não deve ser rígido demais a ponto de inibir práticas inovadoras de gestão pública (BRASIL, GPGP, 2018, p. 42).

c) A **confiabilidade** está em harmonia com a diretriz contida no Decreto 9.023/2017, a instituição deve monitorar o desempenho e avaliar a concepção, a implementação e os resultados das políticas e das ações prioritárias para assegurar que as diretrizes estratégicas sejam observadas, mediante estabelecimento de indicadores de desempenho, com o monitoramento e avaliação dos efeitos dos serviços e das políticas públicas.

Outra diretriz que se aplica a este princípio, consiste em articular instituições e coordenar processos para melhorar a integração entre os diferentes níveis e esferas do setor público, com vistas a gerar, preservar e entregar valor público. Portanto, não há espaço para isolacionismo em uma política de Governança, cujo foco é centrar as ações no cidadão, vencendo barreiras institucionais e promovendo o diálogo constante entre as instituições em seus diferentes níveis e esferas, e a sociedade (BRASIL, GPGP, 2018, p. 47).

d) Para conquistar a **melhoria regulatória** as instituições devem: avaliar propostas de criação, expansão ou aperfeiçoamento de políticas públicas ou de concessão de incentivos fiscais, aferindo seu custo-benefício; manter processo decisório baseado em evidências e na conformidade legal, e apoiando a participação da sociedade; editar, revisar e atualizar atos normativos amparado em boas práticas regulatórias e na legitimidade e coerência do ordenamento jurídico (BRASIL, GPGP, 2018, p. 48).

O guia enfatiza que as decisões devem estar fundamentadas em evidências, mesmo que não impliquem em alocação de recursos públicos; e que, é preciso "incorporar nos processos e procedimentos administrativos uma cultura de evidências" (BRASIL, GPGP, 2018, p. 48); ou seja, a decisão deve ser racional, participativa, fundamentada e transparente.

e) A **accountability** deve ocorrer em todos os níveis, sendo orientada pela diretriz contida no Decreto 9.023/2017: definir formalmente as funções, as competências e as responsabilidades das estruturas e dos arranjos institucionais. Definidas as competências e as responsabilidades, a estes cabem realizar a prestação de contas.

f) **Transparência**. É indiscutível a importância da transparência para a Governança pública, sendo considerada como um dos princípios centrais. O Decreto 9.203/2017 prevê uma diretriz específica para esse princípio, que consiste na necessidade de promover a comunicação aberta, voluntária e transparente das atividades e dos resultados da organização, de maneira a fortalecer o acesso público à informação.

Conforme os entendimentos expressados, os princípios antecedem e, juntamente com as diretrizes ou premissas, são a base para a estruturação e implementação da Governança. O **passo seguinte é a sua estruturação**, cuja responsabilidade é atribuída à alta administração (BRASIL, TCU, 2014; BRASIL, GPGP, 2018), visto que cabe a ela estruturar, implantar e manter os mecanismos, instâncias e práticas da Governança.

Organização e estrutura são complementares; a organização dá racionalidade e a estrutura fornece os meios para implementar os planos e desempenhar as demais funções e atividades. Assim, a função de "organização" assegura que a estrutura seja adequada incluindo os três grupos principais de sistema: de autoridade, de atividade e de comunicação (PALUDO, 2019).

Num contexto em que devem trabalhar em cooperação o governo, demais agentes públicos, sociedade e partes interessadas, Vieira e Barreto (2019, p. 14) indicam que na estruturação da Governança pública deve-se: determinar os procedimentos para definição e alcance dos objetivos das partes interessadas; garantir a responsividade dos agentes no estabelecimento de incentivos à ação (competências, recompensas e sanções); instituir procedimentos de desempenho visando o cumprimento dos objetivos, e de conformidade para assegurar a integridade.

Vieira e Barreto (2019, p. 46) entendem que é preciso estabelecer um conselho ou órgão, para direcionar e supervisionar estrategicamente a Instituição e assegurar a observância dos princípios da Governança. Para esses autores o órgão de Governança atua com independência e separado do conselho supervisor e dos diretores executivos.

Da mesma forma que os conceitos e/ou definições de boa Governança apresentam variações, as estruturas de Governança também são diferentes. Não é adequado simplesmente replicar a estrutura de Governança encontrada em normativo legal ou em manuais e guias de diferentes instituições: a estrutura também carece de adaptação (IBGC, 2015; BRASIL, GPGP, 2018; VIEIRA; BARRETO, 2019).

Uma vez definida a estrutura, devem ser mapeados os processos com atribuição de responsabilidades, estabelecidos os códigos de conduta para quem exerce liderança, e as formas de monitoramento e controle. A definição de reponsabilidades é ampla e envolve tanto os membros de conselho, bem como os diretores executivos responsáveis pela utilização dos recursos públicos, e também as demais lideranças da instituição; e o controle compreende tanto a gestão de riscos como a auditoria interna utilizada como meio de monitoramento e controle da Instituição (IFAC, 2001).

Dois pontos são, ainda, destacados como importantes na Governança: i) o estabelecimento da auditoria interna independente e vinculado ao conselho de administração ou ao dirigente máximo, encarregada de avaliar e melhorar a eficácia da Governança e dos processos de controle e de gerenciamento de riscos; e ii) um sistema de gerenciamento de riscos a ser implementado pela alta administração, para assegurar que os principais riscos sejam monitorados e tenham respostas adequadas, de forma que não prejudiquem o alcance dos objetivos (BRASIL, TCU, 2014; IBGC, 2015; BRASIL, GPGP, 2018).

Para complementar este referencial e melhor compreender a estrutura e as funções da Governança, bem como outros aspectos importantes como auditoria interna e gerenciamento de riscos, e ainda, o conjunto de ensinamentos, recomendações e/ou medidas necessárias para a implementação da Governança em nível de órgão e entidade pública – permitindo assim uma visão holística e um entendimento amplo –, apresentamos a seguir, individualmente, diversos modelos e teorias bem específicos acerca da implementação da Governança.

1.2.2 Teorias e modelos específicos para implementação da governança pública

Utilizados como instrumentos de apoio a elaboração de modelo para a implementação da Governança organizacional em órgãos e entidades públicas, os conteúdos a seguir – são estudos específicos e mais amplos – que reúnem teorias, orientações e práticas acerca da implementação da Governança.

Os primeiros quatro conteúdos são internacionais e os últimos seis referem-se aos nacionais; ambos abordados em ordem crescente de antiguidade.

1.2.2.1 Código Federal de Governança Corporativa Pública da Alemanha (2009)

O modelo de Governança e gestão corporativa do Governo da Alemanha está amparada no "Código Federal de Governança Corporativa Pública (2009)", aplicado às empresas privadas em que o Governo participa e também às empresas públicas (salvo disposição legal em contrário). Entenda-se "empresas" em sentido amplo: tanto as privadas de caráter econômico como as públicas (semelhante as agências no Brasil); no entanto, as empresas públicas que participam da bolsa de valores orientam-se por outro código denominado "Código de Governança Corporativa Alemão".

O código contém padrões de boa Governança corporativa na forma de recomendações e sugestões, visando tornar a gestão e o monitoramento mais transparentes e compreensíveis; contudo, aderente ao escopo deste livro foi desconsiderado o conteúdo destinado as empresas que podem gerar lucro financeiro, e utilizado apenas aqueles que podem ser aplicados aos órgãos e entidades públicas brasileiras.

O conselho e a administração devem trabalhar em conjunto para o benefício da instituição, mas as decisões fundamentais devem ser previamente aprovadas pelo conselho. Para isso, é indispensável a confiança mútua, criada e fortalecida mediante o cumprimento das obrigações de transparência, divulgação e confidencialidade (CGPA, 2009, p. 7).

A confidencialidade é crucial para uma boa Governança corporativa, visto que exige uma constante e aberta discussão entre o conselho e a administração, bem como internamente em cada um desses órgãos. Tanto a administração como o conselho devem observar as regras de Governança corporativa. Em caso de violação eles devem ser responsabilizados pelos seus atos (CGPA, 2009, p. 10-11).

A administração tem a responsabilidade original pela gestão da organização vinculada à sua missão ou ao negócio. Dessa forma, deve assegurar o cumprimento das normas e diretrizes internas e agir para garantir que sejam observadas pelas demais atores. Deve, ainda, instituir um adequado gerenciamento de controle dos riscos da organização (CGPA, 2009, p. 12-13).

O órgão de fiscalização (similar a auditoria interna no Brasil) é responsável pelo monitoramento e aconselhamento da alta administração. Deve monitorar e avaliar a regularidade, a conveniência e eficiência das decisões e atos de gestão, verificando, ainda, a implementação das decisões (CGPA, 2009, p. 17).

A transparência no código alemão está mais ligada as práticas em que os administradores divulgam essas informações ao conselho. No relatório de Governança Corporativa a administração e a auditoria interna devem relatar acerca do governo corporativo da empresa, que deve incluir declaração acerca do cumprimento das recomendações contidas no Código de Governança Pública (CGPA, 2009, p. 24).

As informações importantes da empresa também devem ser disponibilizadas em seu site na internet. Isso inclui o Relatório de Governança Corporativa e as demonstrações financeiras, o relatório da administração, além de outras informações importantes da empresa para as demais partes interessadas (CGPA, 2009, p. 24-25).

1.2.2.2   Boa governança no setor público, IFAC (2014)

Para a *International Federation of Accountants* (IFAC), o objetivo principal das entidades do setor público é alcançar os resultados pretendidos para manter ou melhorar o bem-estar de cidadãos. As partes interessadas nas instituições públicas, por sua vez, estão de olho nas entregas e nos resultados, e se isso foi feito de maneira eficiente, equitativa e eficaz (IFAC, 2014, p. 6).

A IFAC (2014, p. 7) define Governança como "arranjos estabelecidos para garantir que os resultados pretendidos para as partes interessadas sejam definidos e alcançados", porém alerta que não existe uma definição universal para Governança do setor público, visto que há diversidade de legislação, estrutura, formas e tamanho das instituições.

A separação de poderes é crucial para a estruturação dos arranjos de Governança, assim como as lideranças têm um papel crucial na sua implementação, avaliação e melhoria (IFAC, 2014, p. 9).

A IFAC considera essencial para as instituições alcançarem os resultados pretendidos: atuar sempre no interesse público, adotar a integridade, valores éticos e respeitar o estado de direito, e garantir abertura e envolvimento abrangente das partes interessadas (IFAC, 2014, p. 10).

O Interesse público é a coisa mais valorizada pelos cidadãos e pela sociedade, incluindo direitos, acesso ao governo, liberdades econômicas e poder político, que incluem também: informações, tomadas de decisões sólidas e transparentes; boa Governança e gerenciamento de desempenho; e uso eficiente e sustentável dos recursos naturais, melhorando assim o bem-estar da sociedade por sua maior disponibilidade e acessibilidade (IFAC, 2014, p. 12).

Os agentes do corpo governante devem se comportar com integridade, e a instituição deve promover a cultura de agir sempre no interesse público, com foco no alcance dos objetivos da entidade, assegurando o cumprimento de valores comunicados, compreendidos e compartilhados (IFAC, 2014, p. 13).

A IFAC afirma que o exemplo deve vir do corpo diretor, e deve ser estabelecido pelo código de conduta como meio para promover uma cultura ética. Deve ser instituído mecanismo de feedback para denunciar comportamentos que se desviam do interesse público, que devem ser apurados pelo corpo diretor (IFAC, 2014, p. 13). Nesse sentido, a instituição demonstra forte compromisso com valores éticos quando eles permeiam todos os aspectos da entidade do setor público.

O respeito ao Estado de Direito inclui a aplicação da lei de forma imparcial, que junto com um sistema judicial independente, ajudam a construir uma sociedade melhor para todos os indivíduos. Isso inclui assegurar direitos, reparar danos aos prejudicados e proteger contra a corrupção e outros crimes antiéticos (IFAC, 2014, p. 15).

A garantia de abertura e o envolvimento das partes interessadas deve ser assegurada pelas instituições mediante canais claros e confiáveis de comunicação e consulta para envolver todas as partes interessadas, como cidadãos, usuários dos serviços e outros grupos. A abertura demonstra que a instituição está agindo sempre no interesse público, o que fortalece a confiança pública. As decisões devem ter critérios explícitos, justificativas, e consequências, dando-se ampla transparência (IFAC, 2014, p. 16).

O envolvimento das partes interessadas deve ser eficaz, incluindo cidadãos e usuários de serviços. As instituições devem ter uma política clara acerca da consulta de todas as partes interessadas (individuais ou em grupos), e instituir processo para coletar e avaliar as ideias/visões de pessoas e organizações, permitindo que todos possam expressar suas opiniões livremente (IFAC, 2014, p. 16-17).

As partes interessadas ajudarão a instituição a alcançar os resultados pretendidos, que sozinha talvez não alcançasse. Parcerias formais e informais com outras entidades permitem usar os recursos com eficiência e alcançar melhores resultados (IFAC, 2014, p. 17).

Tendo como base a: i) atuação sempre no interesse público; ii) adoção da integridade, de valores éticos e do respeito ao estado de direito; e, iii) garantia de abertura e envolvimento abrangente das partes interessadas; a boa Governança pública deve constituir arranjos que incluam:

> definir resultados econômicos, sociais e ambientais sustentáveis; promover as ações necessárias para otimizar os resultados pretendidos; desenvolver a capacidade das lideranças e dos colaboradores internos; gerenciar os riscos e o desempenho por meio de controle interno robusto e de boa gestão financeira; e implementar boas práticas em transparência, relatórios e auditoria, para assegurar uma prestação de contas eficaz (IFAC, 2014, p. 10).

Para a IFAC-CIPFA, o verdadeiro desafio para as entidades do setor público, continua sendo a implementação, pois as decisões, códigos e orientações, muitas vezes, tem falha na aplicação prática. Portanto, embora as estruturas sejam essenciais, "é preciso pessoas que façam as estruturas funcionarem." (CIPFA, 2017).

1.2.2.3 Banco Mundial

a) Boa Governança (2002)

O Banco Mundial (BM) vincula a Governança a arte de governar, e definiu a boa Governança como a maneira pela qual o poder é exercido na gestão dos recursos econômicos e sociais de um país (BM, 2002, p. 4-7).

Dentre as muitas visões acerca da boa Governança, a maioria argumenta que deve incluir: i) aumento da responsabilidade pública e transparência; ii) respeito e fortalecimento do Estado de direito e medidas anticorrupção; iii) democratização, descentralização e reforma do governo local; iv) maior participação da sociedade civil; e, v) respeito pelos direitos humanos e pelo meio ambiente (BM, 2002, p. 4).

Em sentido contrário o BM indica que a "má Governança" nos países em desenvolvimento ou transição, vem de falha no ajuste estrutural: "estruturas jurídicas inadequadas, sistemas financeiros ineficientes, mecanismos reguladores insuficientes, interferência política excessiva e corrupção generalizada." (BM, 2002, p. 7).

Para o BM, os países não alcançarão uma boa Governança sem que haja instituições sólidas, um forte sistema legal e um judiciário independente. Como um dos principais problemas considera que a corrupção é um "câncer" que precisa ser fortemente combatido (BM, 2002, p. 12-20).

A participação na Governança é entendida como o processo por meio do qual as partes interessadas influenciam e compartilham o controle sobre as decisões, os recursos e as iniciativas de desenvolvimento. O BM incentiva os Estados a considerar a opinião dos excluídos do processo de formulação de políticas: os pobres, os vulneráveis e as minorias (BM, 2002, p. 21-22).

No entendimento do BM a Governança também se preocupa com os direitos humanos e em fazer com que "a voz dos pobres" seja ouvida. Nesse sentido, a descentralização e a participação popular podem levar a uma boa Governança local, com o empoderamento dos pobres e consequente contribuição para o desenvolvimento socioeconômico.

b) Governança e a lei (2017)

A Governança voltada para o desenvolvimento é definida como um processo no qual atores estatais e não estatais interagem para planejar e implementar políticas, respeitando as regras formais e informais que moldam e são moldadas pelo poder (BM, 2017, p. 3).

A Governança para o desenvolvimento não se apoia apenas nas "melhores práticas", mas em ajustes institucionais e reformas bem-sucedidas, para resolver problemas que impedem o desenvolvimento. Três pensamentos orientam as reformas no Estado/Administração: pensar não apenas sobre a forma das instituições, mas também sobre as funções que desempenham; pensar não apenas na capacitação, mas também nas assimetrias de poder; e pensar não apenas no estado de direito, mas também sobre o papel das leis (BM, 2017, p. 29).

Para o Banco Mundial, uma boa Governança ajuda a alcançar os objetivos de segurança, crescimento e equidade. A Governança envolve três questões que devem ser trabalhadas: a forma de elaboração das políticas; a capacidade de implementá-las; e a aplicação impessoal das regras (BM, 2017, p. 32).

Para um progresso sustentado, a Governança precisa responder a todos os grupos da sociedade, independentemente de suas circunstâncias. Embora o poder seja distribuído de forma desigual em todas as sociedades - um fato inevitável, promover a Governança para a metade inferior significa promover um processo por meio do qual os dividendos do desenvolvimento ainda possam ser distribuídos equitativamente (BM, 2017, p. 48).

1.2.2.4 *Projeto de políticas sobre boa governança pública da OCDE (2018)*

O projeto de políticas sobre boa Governança da OCDE (2018) está direcionado para governos, agências e instituições públicas e também para o legislativo e executivo. A OCDE afirma que não se trata de receita única para a Governança pública, pois os contextos onde será aplicada serão diferentes (país, governo, instituições, serviço público etc.).

A finalidade do projeto é orientar quanto à implementação da Governança, reformas da Governança e outras reformas necessárias para o "aumento e sustentabilidade da prosperidade em seu país e do bem-estar de seus cidadãos." (OCDE, 2018, p. 7).

Para a OCDE a ausência ou má Governança leva a problemas como "corrupção, excesso de burocracia, ineficiência nos gastos e falta de competência", que dificultam ou impedem uma coordenação eficaz. A má administração das instituições e o mau uso de instrumentos e ferramentas impedem que os governos alcancem seus objetivos, incluindo o dos cidadãos (OCDE, 2018, p. 7-8).

Abordagens inovadoras de Governança pública, em conjunto com estratégias holísticas e integradas, são necessárias para responder efetivamente aos desafios multidimensionais que a sociedade enfrenta. Do outro lado, os cidadãos e a sociedade civil exigem uma Governança mais equitativa, aberta e inclusiva, em que "as decisões sejam tomadas no interesse público e não sob a influência indevida de poderosos grupos de interesse." (OCDE, 2018, p. 8).

As lições aprendidas em duas décadas acerca da concepção e implementação de reformas de Governança pública são: i) existe uma lacuna de como a Governança pública pode melhorar os resultados do crescimento inclusivo; ii) existe dificuldades em construir um plano para engajar uma reforma abrangente da Governança pública, pois as reformas são feitas para reduzir despesas, e não para resolver desafios complexos; iii) as abordagens são verticais e desprovidas de envolvimento com os cidadãos e a sociedade civil, o que limita o seu sucesso; iv) uma abordagem coerente e integrada pode levar a reforma a melhores resultados (OCDE, 2018, p. 9).

A boa Governança resulta da combinação de três elementos interconectados: i) valores: princípios de comportamento que guiam a Governança pública para que avance e defenda o interesse público; ii) facilitadores: integração de práticas que apoiam a definição e implementação de reformas; iii) instrumentos e ferramentas: conjunto de políticas e práticas de gerenciamento para melhorar a eficiência da Governança e a implementação de políticas (OCDE, 2018, p. 10).

O projeto de políticas de boa Governança pública da OCDE está dividido em duas partes: os valores e facilitadores da boa Governança pública; e boa Governança na formulação, implementação e avaliação de políticas.

A primeira parte destaca a importância dos valores-chave da Governança, que influenciam positivamente a seleção e priorização de políticas, considerando as partes interessadas e os cidadãos; bem como os facilitadores da boa Governança pública que podem ser adotados para obter decisões efetivas e equitativas e reformas bem-sucedidas (OCDE, 2018, p. 14).

A construção de cultura baseada em valores de boa Governança pública é um processo contínuo que deve considerar: integridade; abertura e transparência; inclusão, baseada na igualdade de gênero e diversidade; e prestação de contas e respeito ao estado de direito (OCDE, 2018, p. 14-15).

Os facilitadores da boa Governança visam preparar os governos (e instituições) para lidar com reformas complexas de Governança, que inclui: compromisso, visão e liderança; formulação de políticas equitativas e informadas por evidências; coordenação de todo o governo (ou instituição); inovação e gerenciamento de mudanças (OCDE, 2018, p. 16-17).

Na segunda parte a OCDE lembra que a Governança também se refere à forma como se formulam, implementam, comunicam e avaliam decisões quanto ao seu impacto na vida dos cidadãos. Para isso é necessário o envolvimento de partes interessadas e cidadãos, desde a definição do problema (OCDE, 2018, p. 17-18).

Na parte gerencial a OCDE sugere o uso de ferramentas para melhorar a qualidade de formulação e modelagem das políticas públicas. São elas: planejamento estratégico; habilidades para o desenvolvimento de políticas; capacidades digitais; uso de dados (OCDE, 2018, p. 17-18).

A OCDE registra, ainda, as dificuldades de implementação e destaca a importância da gestão e dos servidores públicos para que ocorra uma boa execução. Da mesma forma, o monitoramento é essencial para uma adequada implementação de política pública, acompanhando o progresso e fazendo os ajustes necessários para assegurar o alcance dos objetivos. Tanto os mecanismos internos, como a sociedade civil e os cidadãos devem participar do monitoramento (OCDE, 2018, p. 19-20).

Concluindo o ciclo das políticas, avaliar o desempenho e os resultados ajuda a entender por que alguns resultados são obtidos e outros não, bem como serve para melhorar a qualidade da tomada de decisões. Deve-se construir um sistema robusto de avaliação, e promover a qualidade e o uso das avaliações. As instituições superiores de auditoria também desempenham papel crítico no processo de avaliação por meio de suas auditorias, avaliações e pareceres, responsabilizando os agentes pelo uso de recursos públicos (OCDE, 2018, p. 21-22).

Por fim, a prestação de contas e o respeito pelo Estado Democrático de Direito incluem: responsabilidade do Estado, responsabilização administrativa, responsabilização financeira, e responsabilização social (OCDE, 2018, p. 42-43).

A OCDE ainda destaca que: instituições democráticas eficientes estão no cerne de uma boa Governança pública; integridade é a pedra angular de qualquer sistema de Governança pública sólida; a transparência é fundamental para incluir os cidadãos na formulação de políticas e criar confiança nas instituições públicas; a liderança também é fundamental para alcançar reformas bem-sucedidas e uma boa Governança pública (OCDE, 2018, p. 10, 26;34,51).

1.2.2.5 *Referencial básico de governança-2 do TCU (2014)*

O referencial do TCU (2014), na parte que trata de Órgãos e Entidades públicas, considera a Governança um sistema, cuja estrutura é formada por: instâncias externas de Governança; instâncias externas de apoio à Governança; instâncias internas de Governança; e instâncias internas de apoio à Governança. As instâncias externas, por se encontrarem fora e/ou distantes da organização, não são abordadas como referencial neste livro.

FIGURA 3 – SISTEMA DE GOVERNANÇA DO TCU PARA ÓRGÃOS E ENTIDADES PÚBLICAS

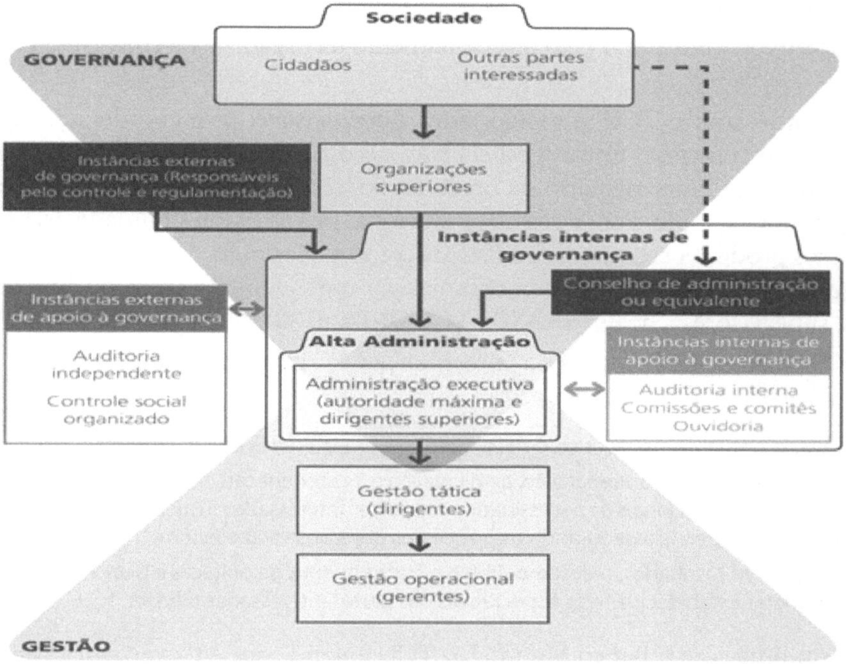

FONTE: Referencial de Governança-2 do TCU (BRASIL, 2014).

A figura 3 mostra o Sistema de Governança em Órgãos e Entidades Públicas, na visão do TCU. Observa-se que as instâncias internas de Governança são responsáveis por definir e avaliar a estratégia e as políticas, bem como monitorar a conformidade e o desempenho destas, devendo agir nos casos em que desvios forem identificados. São, também, responsáveis por garantir que a estratégia e as políticas formuladas atendam ao interesse público, servindo de elo entre principal e agente. Exemplos típicos dessas estruturas são os conselhos de administração ou equivalentes e, na falta desses, a alta administração (BRASIL, TCU, 2014, p. 29).

As instâncias internas de apoio à Governança, por sua vez, realizam a comunicação entre partes interessadas internas e externas à administração, bem como auditorias internas que avaliam e monitoram riscos e controles internos, comunicando quaisquer disfunções identificadas à alta administração. Exemplos típicos dessas estruturas são a ouvidoria, a auditoria interna, o conselho fiscal, as comissões e os comitês (BRASIL, TCU, 2014, p. 29).

Além dessas instâncias, a estrutura da Administração dos órgãos e entidades públicas, na qual incide a Governança, também desempenha importante papel para a construção, implementação e aperfeiçoamento da boa Governança organizacional: trata-se da administração estratégica, da gestão tática e da gestão operacional.

A administração estratégica é a responsável por avaliar, direcionar e monitorar o seu órgão ou entidade. É composta pela autoridade máxima da organização e pelos dirigentes superiores. De forma geral, a autoridade máxima é a principal responsável pela gestão da organização, e os dirigentes superiores são os responsáveis pelo estabelecimento de políticas e objetivos, bem como pelo direcionamento da organização (BRASIL, TCU, 2014, p. 30).

De acordo com o TCU, a gestão tática é responsável pela coordenação da gestão operacional em áreas e/ou funções específicas. Os dirigentes que integram essa estrutura e compõem o nível intermediário da organização, são os agentes em nível de Secretaria ou Direção, por exemplo. Para a gestão operacional fica a responsabilidade pela execução de processos produtivos: tanto os finalísticos como os de apoio. Sua estrutura é composta pelos agentes públicos membros da organização que ocupam cargos ou funções como gerentes, supervisores, chefes (BRASIL, TCU, 2014, p. 30).

Para o TCU (BRASIL, 2014), a Governança de órgãos e entidades da administração pública envolve três funções básicas:

a) avaliar o ambiente, os cenários, o desempenho e os resultados atuais e futuros;

b) direcionar e orientar a preparação, a articulação e a coordenação de políticas e planos, alinhando as funções organizacionais às necessidades das partes interessadas (usuários dos serviços, cidadãos e sociedade em geral), assegurando o alcance dos objetivos estabelecidos;

c) monitorar os resultados, o desempenho e o cumprimento de políticas e planos, confrontando-os com as metas estabelecidas e as expectativas das partes interessadas (BRASIL, TCU, 2014, p. 30).

Em sintonia com o Banco Mundial, o TCU entende que a Governança compreende estruturas, funções, processos e tradições organizacionais utilizados para garantir a execução do planejamento e o alcance dos objetivos e resultados de forma transparente. Para assegurar maior efetividade quanto aos resultados e maior economicidade na implementação das ações, são indicadas diversas outras funções da Governança, como:

definir o direcionamento estratégico; supervisionar a gestão; envolver as partes interessadas; gerenciar riscos estratégicos; gerenciar conflitos internos; auditar e avaliar o sistema de gestão e controle; e promover a *accountability* e a transparência (BRASIL, TCU, 2014, p. 31).

Essas funções complementares da Governança relacionam-se com os processos organizacionais de comunicação; de análise e avaliação; de liderança, tomada de decisão e direção; de controle, monitoramento e prestação de contas.

A gestão é considerada pelo TCU como a responsável pelo funcionamento da organização no seu dia a dia, observando as estratégias, políticas, processos e procedimentos estabelecidos pelo órgão. A gestão busca a eficiência de suas ações e procura alcançar a eficácia, cumprindo as metas estabelecidas. Assim, também são funções atribuídas a gestão:

implementar programas; garantir a conformidade com as regulamentações; revisar e reportar o progresso de ações; garantir a eficiência administrativa; manter a comunicação com as partes interessadas; e avaliar o desempenho e aprender (BRASIL, TCU, 2014, p. 31).

Enquanto a Governança provê o direcionamento estratégico, monitora, supervisiona e avalia a atuação da gestão, de forma a assegurar o atendimento das necessidades e expectativas dos cidadãos e demais partes interessadas; a gestão se preocupa com os processos organizacionais, sendo a responsável pelo planejamento, execução e controle, e pela utilização dos recursos e poderes colocados à sua disposição, visando o alcance dos objetivos estabelecidos (BRASIL, TCU, 2014, p. 32).

Para o TCU, a Governança se preocupa com a qualidade do processo decisório, para que tenha efetividade e possa gerar o maior valor possível. Por isso quer saber como, por quem e por que as decisões foram tomadas, e se os resultados esperados foram alcançados. A gestão, por sua vez, apoia-se num direcionamento superior já estabelecido, cabendo a ela, por meio de seus agentes, garantir que as ações sejam executadas com eficiência e da melhor maneira possível (BRASIL, TCU, 2014, p. 32).

- **Princípios**. O TCU adota os princípios para uma boa Governança sugeridos pelo Banco Mundial; são eles: a legitimidade, a equidade, a responsabilidade, a eficiência, a probidade, a transparência e a *accountability*. Os conceitos desses princípios, assim como de outros empregados neste livro, encontram-se no início do item 1.2.1.

- **Diretrizes**. O Referencial do TCU considera que, para órgãos e entidades públicas alcançarem uma boa Governança, é importante observar um conjunto de diretrizes, e adota aquelas apresentadas pelo CIPFA (2004), cuja síntese é demonstrada no quadro 7 a seguir.

QUADRO 7 – DIRETRIZES DE GOVERNANÇA DO CIPFA

DIRETRIZES DE GOVERNANÇA PÚBLICA INDICADAS PELO CIPFA
• Desempenhar as funções e papéis definidos;
• Decidir apoiado em informações de qualidade;
• Instituir gerenciamento de riscos;
• Desenvolver e capacitar os dirigentes da organização;
• Prestar contas da atuação e dos resultados;
• Efetivamente envolver as partes interessadas;
• Definir propósitos claros para a organização;
• Entregar aos usuários serviços de qualidade;
• Entregar algo aos contribuintes que pagam impostos;
• Definir as funções da organização e as responsabilidades da alta administração e demais gestores;
• Instituir relações entre a alta administração e a sociedade;
• Dar transparência ao processo de tomada de decisão;
• Instituir, manter e usar estruturas de apoio, informação e aconselhamento;
• Assegurar que o sistema de gestão de riscos esteja em funcionamento;
• Certificar-se que as lideranças tenham habilidade, conhecimento e experiência necessários para um bom desempenho;
• Capacitar os agentes responsáveis e avaliar seu desempenho;
• Equilibrar a composição do corpo diretivo, assegurando continuidade e renovação;
• Compreender as relações formais e informais de prestação de contas;
• Promover ações ativas e planejadas no diálogo e prestação de contas à sociedade, com engajamento de organizações e partes interessadas;

DIRETRIZES DE GOVERNANÇA PÚBLICA INDICADAS PELO CIPFA
• Instituir ações ativas e planejadas de responsabilização dos agentes;
• Assegurar que a alta administração tenha comportamento exemplar, promovendo, sustentando e garantindo a efetividade da Governança;
• Assegurar os meios para colocar em prática os valores organizacionais.
FONTE: Referencial de Governança-2 (BRASIL, TCU, 2014, p. 34).

Para assegurar o cumprimento satisfatório das funções da Governança, de avaliar, direcionar e monitorar, devem ser adotados os mecanismos de liderança, estratégia e controle.

A liderança compreende as práticas necessárias para assegurar as condições para uma boa Governança. As pessoas designadas para ocupar os principais cargos na instituição e liderar os processos de trabalho devem ser "íntegras, capacitadas, competentes, responsáveis e motivadas". São esses líderes que irão conduzir o processo de definição da estratégia para a conquista da boa Governança, após a escuta atenta das necessidades e expectativas das partes interessadas, da avaliação interna e externa com prospecção de cenários, da definição de objetivos, e do alinhamento da estratégia com as operações das unidades e com as demais organizações envolvidas ou afetadas. No entanto, para que os processos sejam executados conforme definidos é preciso identificar, avaliar e tratar os riscos; sendo, assim, necessário estabelecer controles, para zelar pela transparência e promover a *accountability* (BRASIL, TCU, 2014, p. 37).

Esses mecanismos de Governança, isoladamente não são capazes de produzir todos os resultados potencialmente esperados; assim, para cada mecanismo são associados componentes, que contribuem para o alcance dos objetivos propostos.

QUADRO 8 – MECANISMOS E COMPONENTES DA GOVERNANÇA

MECANISMOS	LIDERANÇA	ESTRATÉGIA	CONTROLE
Componentes	pessoas e competências	relacionamento com partes interessadas	gestão de riscos e controle interno
	princípios e comportamentos	estratégia organizacional	auditoria interna
	liderança organizacional	alinhamento transorganizacional	*accountability* e transparência
	sistema de Governança		

FONTE: Referencial de Governança-2 (BRASIL, TCU, 2014).

O quadro 8 mostra os Mecanismos e Componentes da Governança, na visão do TCU. A liderança compreende: i) pessoas, que devem ser íntegras e responsáveis, e competências, que são indispensáveis para o exercício da liderança; ii) princípios e comportamentos para orientar os dirigentes, que devem demonstrar elevados padrões de conduta ética; iii) liderança organizacional, que reflete o sistema de liderança, a delegação de competência e a responsabilização por resultados; e iv) sistema de Governança, que demonstra o modo como os atores se organizam, interagem e procedem para alcançar a boa Governança, cujos líderes tem papel essencial na sua implementação e manutenção.

A estratégia envolve: i) relacionamento com as partes para alinhamento das ações institucionais com as expectativas dos demais interessados, visando obtenção de resultados equilibrados e o alcance de objetivos políticos, econômicos e sociais; ii) estratégia organizacional construída em conjunto com as partes interessadas a partir da missão institucional, visão de futuro, análise dos ambientes interno e externo; iii) alinhamento transorganizacional para integração horizontal das políticas públicas com as diversas entidades, para que atuem de forma integrada e colaborativa visando melhores resultados e o bem comum de toda a sociedade.

O mecanismo controle, por sua vez, abarca: i) gestão de riscos e controle interno, determinando o limite de riscos na busca dos melhores resultados, mitigado pelas ações do gerenciamento de riscos; ii) auditoria interna para avaliar a eficácia dos controles internos, do processo de gestão de riscos e da própria Governança; iii) *accountability* e transparência, com prestação de contas que demonstre, além do aspecto econômico, os demais fatores utilizados para a geração de valor – aos quais deve ser dada ampla transparência, assim como a outras informações de interesse das partes e da sociedade.

1.2.2.6   *10 Passos para a boa governança, TCU (2014)*

Os "10 passos" divulgados pelo TCU (2014) são um instrumento para promover a avaliação e melhoria da Governança nas Instituições Públicas brasileiras. A partir das informações nele contidas a organização pode avaliar o funcionamento da sua Governança e promover ações que otimizem seu desempenho econômico, social e ambiental.

QUADRO 9 – DEZ PASSOS PARA A BOA GOVERNANÇA

PASSOS	EXPLICAÇÕES	AÇÕES
1) Escolher líderes competentes e avaliar seus desempenhos.	Os resultados da organização dependem de seus líderes, que devem ser competentes, ter idoneidade moral, experiência em funções semelhantes, e estarem livres de impedimentos e conflitos de interesses.	Estabelecer e dar transparência ao "processo de seleção" dos membros da Alta Administração e de colegiados ou conselhos; capacitar os membros da Alta Administração; avaliar o desempenho dos membros da Alta Administração; e garantir que os benefícios a eles concedidos sejam adequados, dando-lhes transparência.
2) Liderar com ética e combater os desvios.	A atuação dos agentes públicos deve observar a dignidade, o decoro, o zelo, a eficácia e os princípios morais; ou seja, deve ser considerado o elemento ético. Para isso, as instituições devem estabelecer mecanismos que promovam e reforcem o comportamento ético de suas lideranças e demais agentes.	As instituições devem adotar código de ética e conduta para membros da Alta Administração, colegiado ou conselhos; estabelecer mecanismos para evitar que as decisões e ações sejam influenciadas por preconceitos, vieses ou conflitos de interesses; e estabelecer mecanismos para assegurar que a atuação da Alta Administração esteja em harmonia com valores e princípios constitucionais, legais, organizacionais e com o código de ética e conduta adotado.

PASSOS	EXPLICAÇÕES	AÇÕES
3) Estabelecer o sistema de Governança com poderes de decisão balanceados e funções críticas segregadas.	O sistema reflete o modo como os atores se organizam, interagem e procedem para obter uma boa Governança. Compreende as estruturas internas e externas de Governança, o fluxo de informações, os processos de trabalho e atividades de avaliação, direcionamento e monitoramento.	Estabelecer as instâncias internas de Governança da organização; garantir o balanceamento de poder e a segregação de funções críticas; e estabelecer o sistema de Governança da organização, divulgando-o a todas as partes interessadas.
4) Estabelecer um modelo de gestão da estratégia que assegure seu monitoramento e avaliação.	O papel fundamental das instituições públicas é ampliar o bem-estar social dos cidadãos. A organização, a partir de sua missão, da visão de futuro e da análise do ambiente interno e externo, deve formular suas estratégias e desdobrá-las em planos de ação, delineando um caminho para o alcance dos objetivos e resultados institucionais.	Estabelecer um modelo de gestão da estratégia transparente e com espaço para a participação das partes interessadas; escolher a estratégia da organização; e monitorar e avaliar a execução da estratégia, o desempenho e os principais indicadores utilizados para medição.
5) Estabelecer a estratégia considerando as necessidades das partes interessadas.	Devem ser considerados o foco na prestação de serviços de qualidade, alinhados com as necessidades dos usuários e expectativas das demais partes interessadas, como forma de gerar bons resultados e alcançar objetivos políticos, econômicos e sociais. Dessa forma, o modelo de Governança deve assegurar o equilíbrio entre as expectativas de todas as partes interessadas.	Estabelecer e divulgar canais de comunicação com as partes interessadas, assegurando sua efetividade; promover o envolvimento dos usuários, da sociedade e das demais partes interessadas na Governança da organização; estabelecer uma relação objetiva e profissional com a mídia, organizações de controle e outras organizações; e assegurar que todas as decisões sejam tomadas de forma balanceada, com vistas a atender ao maior número de partes interessadas.
6) Estabelecer metas e delegar poder e recursos para o seu alcance.	O modelo de liderança organizacional e o modelo de Governança consideram a coordenação e a delegação de competência. Assim, a Alta Administração estabelece a estrutura de unidades e subunidades, nomeia gestores ou chefes e delega-lhes a autoridade para que possam executar os planos; contudo, a responsabilidade final pelos resultados é da autoridade delegante.	Avaliar, direcionar e monitorar a gestão; responsabilizar-se pelas políticas e diretrizes para a gestão, assim como pelo alcance de resultados; assegurar a capacidade das instâncias internas de Governança para avaliar, direcionar e monitorar a organização; responsabilizar-se pela gestão de riscos; e avaliar os resultados do controle e dos trabalhos de auditoria e, se for necessário, determinar a adoção de providências.
7) Estabelecer mecanismos de coordenação de ações com outras organizações.	Para gerar bons resultados à população, os múltiplos atores (políticos, administrativos, econômicos e sociais) devem trabalhar em colaboração para o alcance das metas, objetivos e propósitos coletivos; caso contrário pode ocorrer a fragmentação da missão ou sobreposição de programas, que geram desperdício de esforços e de recursos públicos.	Estabelecer mecanismos que assegurem a atuação conjunta com outros atores e organizações, com vistas a formulação, implementação, monitoramento e avaliação de políticas públicas.

PASSOS	EXPLICAÇÕES	AÇÕES
8) Gerenciar riscos e instituir os mecanismos de controle interno necessários.	Riscos surgem da incerteza quanto aos cenários econômico, político e social, e tanto se traduzem em desafios como em oportunidades para o alcance dos objetivos organizacionais. Para lidar com a incerteza, a Governança adota a gestão de gestão de riscos visando a redução da probabilidade e/ou impacto de eventos negativos e o melhor aproveitamento das oportunidades positivas; fornecendo, assim, razoável garantia do alcance dos objetivos.	Estabelecer um sistema de gestão de riscos, bem como monitorar e avaliar o sistema de gestão de riscos, para assegurar que seja eficaz e contribua para a melhoria do desempenho e para o alcance dos objetivos organizacionais.
9) Estabelecer a função de auditoria interna independente, que adicione valor à organização.	A auditoria interna auxilia a organização a alcançar seus objetivos mediante a aplicação de uma abordagem sistemática e disciplinada para avaliação e melhoria da eficácia dos processos de gestão de riscos, controle e Governança. Ela fornece informações ao gestor para a tomada de decisão, bem como atua na prevenção de desvios ou irregularidades e na responsabilização dos agentes.	Estabelecer a função de auditoria interna; criar condições para que a auditoria interna seja independente e proficiente; e assegurar meios para que a auditoria interna adicione valor à organização.
10) Estabelecer diretrizes de transparência e um sistema de prestação de contas e responsabilização.	A transparência é essencial para a consolidação da democracia, possibilitando que o cidadão participe do planejamento institucional e acompanhe a execução das políticas públicas. A accountability, que também se encontra no bojo da democracia, traduz-se na obrigação de prestação de contas por quem foi responsável pela tomada de decisão e pela utilização de recursos.	Dar transparência da organização às partes interessadas; prestar contas da implementação e dos resultados dos sistemas de Governança e de gestão, segundo a legislação vigente e o princípio de accountability; avaliar a imagem da organização bem como a satisfação das partes interessadas acerca de seus serviços e produtos; e garantir que indícios de irregularidades sejam apurados de ofício, e promover a responsabilização caso restem comprovados.

FONTE: 10 passos para a boa Governança (BRASIL, TCU, 2014).

O quadro 9 traz os 10 passos sugeridos pelo TCU para a avaliação e melhoria da Governança nas instituições públicas, os quais, juntamente com o referencial de Governança também do TCU (BRASIL, 2014), no Brasil, foi e é um dos primeiros trabalhos a indicar um caminho para avaliação e melhoria da Governança, que, também pode servir de apoio para a sua implementação.

Embora válido e utilizado na construção da metodologia proposta neste livro, esse documento foi elaborado com a finalidade de "avaliar" e, portanto, apresenta um forte viés de controle, direcionando as instituições a implementarem e praticarem itens que o TCU considera importante e que pretende avaliar em momento posterior.

Dessa forma, reconhecida sua relevância para o desenvolvimento da governança pública brasileira, fica evidente que esses passos do TCU não se traduzem num caminho orientativo-gerencial sob a ótica do gestor público, que primeiro deve se preocupar como governar e gerir sua instituição da forma mais adequada, para num segundo momento se preocupar com a prestação de contas em atendimento aos anseios dos órgãos de controle.

1.2.2.7 Código das melhores práticas de governança corporativa do IBGC (2015)

Para o Instituto Brasileiro de Governança Corporativa (IBGC), a Governança "é o sistema pelo qual as empresas e demais organizações são dirigidas, monitoradas e incentivadas, envolvendo os relacionamentos entre sócios, conselho de administração, diretoria, órgãos de fiscalização e controle e demais partes interessadas." (IBGC, 2015, p. 20).

Máxime que o código das melhores práticas do IBGC está direcionado às empresas privadas; no entanto ele é tratado aqui neste livro cujo foco é o âmbito público, pelo fato de ser, reconhecidamente, um documento abrangente e adaptável as particularidades da Governança em diversos outros tipos de organização, como as do terceiro setor, cooperativas, empresas estatais e órgãos governamentais, dentre outras.

QUADRO 10 – PREMISSAS DO IBGC PARA A BOA GOVERNANÇA

PREMISSA	EXPLICAÇÃO
Evolução do Ambiente de Negócios	Essa premissa considera que a Governança ampliou seu foco para as demais partes interessadas, fato que requer maior cuidado no processo de tomada de decisão, visto que desafios sociais e ambientais afetam a estratégia e a cadeia de valor da organização, impactando na sua reputação. Em face disso, os agentes de Governança devem considerar as aspirações da sociedade, e como ela entende os efeitos positivos e negativos da atuação da organização. Assim, deve-se primar por condutas éticas como honestidade, integridade, responsabilidade, visão de longo prazo e preocupação com os impactos causados pela organização.
Tomada de Decisão	Muitos temas são subjetivos e ambíguos, o que exige dos agentes de Governança grande capacidade de avaliação, fundamentação e julgamento. A exposição ao risco requer a prudência para evitar os extremos. Para isso, os critérios éticos (princípios e valores que identificam a organização) são essenciais para que as decisões sejam equilibradas, fundamentadas, registradas e passíveis de verificação pelas partes interessadas. Uma deliberação ética considera, além dos interesses da organização, os impactos da decisão para as partes interessadas, a sociedade em geral e o meio ambiente.
Uso do Código	O código não é um modelo rígido nem um conjunto de práticas exaustivas; mas uma referência, cujos fundamentos e práticas devem ser avaliadas juntamente com as particularidades e o arcabouço regulatório à que cada organização está submetida. Contudo, os princípios básicos da boa Governança aplicam-se a todas as organizações. O conjunto das boas práticas de Governança não é suficiente sem a ética; assim, a atuação ética em conjunto com as melhores práticas conduz a uma boa Governança, aumentando as chances de sucesso da organização.

FONTE: Código das melhores práticas de Governança corporativa do IBGC (2015).

As boas práticas de Governança indicadas pelo IBGC estão baseadas nas três premissas indicadas no 10, cujo foco, reprise-se, está mais direcionado para as organizações privadas, e subsidiariamente para as demais organizações.

Os princípios da boa Governança são o alicerce que permeia as práticas para a implementação de uma boa Governança, e sua adoção fortalece a confiança na organização. Os princípios indicados no código do IBGC são: transparência, equidade, prestação de contas (*accountability*) e responsabilidade corporativa. Reprise-se que os conceitos desses princípios, assim como de outros empregados neste livro, encontram-se no início do item 1.2.1.

O IBGC utiliza a seguinte estrutura para o sistema de Governança: sócios; conselho de administração; diretoria; órgãos de fiscalização e controle; e conduta e conflito de interesses.

FIGURA 4 – CONTEXTO E ESTRUTURA DO SISTEMA DE GOVERNANÇA CORPORATIVA DO IBGC

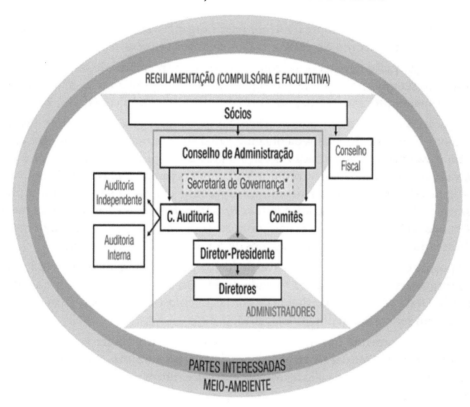

FONTE: Código das melhores práticas de Governança, IBGC (2015).

A figura 4 demonstra o contexto e estrutura do sistema de Governança corporativa, na visão do IBGC. Ela demonstra simultaneamente a segregação e o inter-relacionamento entre Governança e gestão, bem como os principais componentes da Governança numa estrutura organizacional.

Cidadãos: Como o código do IBGC indica, o conteúdo deve ser adaptado as particularidades de cada organização; assim, para o meio público é mais apropriado o termo "cidadãos", que corresponde aos proprietários (sócios) ou principais na esfera privada; na Governança pública os cidadãos contribuintes são os principais, em substituição aos sócios/acionistas das empresas privadas (SOUZA; FARIA, 2017, p. 279).

Dessa forma, é preciso alinhar os interesses dos cidadãos com os da instituição pública. Nas organizações que possuem estatutos, é preciso que se prevejam regras e condições para diminuir as assimetrias e assegurar tratamento equitativo para os cidadãos, proporcional aos demais membros com poder de decisão na organização (IBGC, 2015, p. 23).

Conselho de administração: o conselho de administração "é o órgão colegiado encarregado do processo de decisão de uma organização em relação ao seu direcionamento estratégico". Ele "exerce o papel de guardião dos princípios, valores, objeto social e do sistema de Governança da organização", sendo considerado seu principal componente (IBGC, 2015, p. 39).

O conselho, visando sempre o melhor para a organização, deve monitorar a atuação da diretoria, servindo como elo entre esta e os cidadãos (ou seus representantes).

Toda organização deve ter o seu conselho e todos os membros do conselho de administração têm seus deveres perante a organização, devendo prestar contas também aos cidadãos e demais partes interessadas por meio de relatórios periódicos (IBGC, 2015, p. 40).

De acordo com o IBGC, cabe ao conselho de administração: identificar, discutir e disseminar os valores e princípios da organização; definir estratégias e tomar decisões que protejam e valorizem a organização no longo prazo; assegurar o equilíbrio entre as expectativas das partes interessadas; promover a cultura organizacional centrada nos valores e princípios estabelecidos para a organização; permitir que as pessoas possam expressar pensamentos dissonantes e discutir questões éticas; estabelecer formas de monitorar se as decisões, ações e impactos estão em harmonia com os princípios e valores; propor medidas corretivas e/ou punitivas em caso de desvios de conduta (IBGC, 2015, p. 40).

Na constituição do conselho a diversidade de perfis é fundamental, pois a pluralidade de argumentos permite que a tomada de decisão seja feita com maior qualidade e segurança. Dessa forma, a diversidade de conhecimentos, experiências, faixa etária e de gênero devem ser considerados (IBGC, 2015, p. 42).

O IBGC recomenda um número ímpar de conselheiros: entre cinco e onze, mas admite variações em face das particularidades de cada organização. Os membros do conselho podem ser oriundos da classe interna, externa e independente.

Os membros internos são empregados da organização que exercem função de direção; os membros externos não podem ter vínculo atual com a organização (ex-diretores, ex-empregados, advogados, consultores); e os membros independentes (típicos de empresas de capital aberto) não podem ter vínculos familiares, de negócio, ou de qualquer outro tipo com executivos, prestadores de serviços ou entidades capazes de influenciar seus julgamentos, opiniões ou decisões (IBGC, 2015, p. 45).

Dependendo da estrutura e abrangência da organização, o conselho poderá instituir Comitês de assessoramento, sem poder de decisão. Os comitês estudam áreas específicas (finanças, RH, riscos etc.), apresentando seus estudos ao conselho de administração, que, no entanto, não se vincula às recomendações dos comitês (IBGC, 2015, p. 58).

Secretaria de Governança: Como instrumento de assessoramento do conselho com vistas a aprimorar o funcionamento do sistema de Governança e apoiá-lo no exercício de suas atividades, o conselho de administração pode estruturar uma secretaria especial de Governança.

Essa secretaria de Governança deve se reportar diretamente ao conselho de administração. As solicitações de inclusão ou exclusão de itens ou a convocação de reuniões do conselho – bem como outros assuntos relevantes para a Governança – devem ser encaminhadas à secretaria de Governança, que as submeterá ao presidente do conselho para decisão (IBGC, 2015, p. 61).

Diretoria: a escolha e designação de diretores é considerada de importância ímpar para o sucesso da organização, devendo ser considerada a diversidade, inclusive de gênero. Os diretores, por sua vez, devem estar alinhados aos princípios e valores da organização, e dotados de competências.

A diretoria é a responsável pela gestão da organização, assegurando que ela cumpra a sua missão institucional e sua função social. Ela é responsável pela boa condução dos negócios da organização; por executar a estratégia e as diretrizes gerais aprovadas pelo conselho de administração; pela administração dos ativos; e pela disseminação dos propósitos, princípios e valores da organização (IBGC, 2015, p. 69).

De acordo com o IBGC (2015, p. 69), a diretoria também é responsável pela elaboração e implementação dos processos operacionais, financeiros, de gestão de riscos e de comunicação com as demais partes interessadas, bem como por assegurar o cumprimento das normas inerentes a organização.

A diretoria tem como base para sua atuação os princípios éticos e sociais expressos no código de conduta. A ela compete dar ampla divulgação do código a todos os públicos a ele submetidos: administradores, colaboradores, fornecedores e prestadores de serviços, sendo a principal responsável pelo seu efetivo cumprimento (IBGC, 2015, p. 77).

Para o cumprimento da missão e da função social da organização, os diretores devem considerar os legítimos interesses de todas as partes interessadas. Isso exige uma relação transparente, uma estratégia e um programa para colocar em prática esse relacionamento, mediante canais de consulta, interação e comunicação com todas as partes interessadas da organização (IBGC, 2015, p. 72).

Os Diretores devem assegurar um nível elevado de transparência das informações da organização. A avaliação da organização depende da divulgação clara, tempestiva e acessível de informações a respeito de sua estratégia, políticas, decisões, ações, atividades e resultados. Essa divulgação fortalece a confiança na organização, melhorando sua reputação e a possibilidade de construir parcerias benéficas e duradouras (IBGC, 2015, p. 73).

Como administradores da organização, os diretores devem prestar contas de suas ações e omissões à própria organização, ao conselho de administração e às demais partes interessadas. Deve ser estabelecido um processo sistemático e estruturado para a avaliação da atuação da diretoria e demais lideranças da organização, como um meio de reconhecer talentos e recompensar esforços pelos resultados obtidos, ou para corrigir eventuais falhas, desvios ou deficiências identificadas (IBGC, 2015, p. 75).

Auditoria Interna: a auditoria interna é órgão relevante de assessoramento ao conselho de administração e ao diretor-presidente, auxiliando-os acerca da qualidade das informações financeiras e dos controles internos, com vistas a assegurar a sua integridade e confiabilidade para a organização e demais partes interessadas (IBGC, 2015, 79, 83).

O código do IBGC orienta que a auditoria interna deve reportar-se diretamente ao conselho de administração, e nas organizações onde não haja o conselho, reportar-se ao diretor-presidente, como forma de garantir sua independência em relação à gestão e evitar conflitos de interesses.

A auditoria interna tem como responsabilidade monitorar, avaliar e apresentar recomendações para o aperfeiçoamento dos controles internos, bem como das normas e procedimentos estabelecidos pelos administradores. Tanto o diretor-presidente como os demais membros da diretoria são diretamente beneficiados pela atuação da auditoria interna e pela melhoria do ambiente de controle (IBGC, 2015, p. 90)

Na sua atuação, a auditoria interna deve observar a estratégia da organização, deve estar baseada na matriz de riscos e atuar proativamente para aferir a conformidade dos agentes de Governança com as normas vigentes, recomendando aperfeiçoamento de controles, regras e procedimentos (IBGC, 2015, p. 91).

1.2.2.8   Manual de governança do CJF (2015)

A Governança na Justiça Federal é centrada no Planejamento Estratégico e apresenta a seguinte estrutura: há uma comissão de gestão estratégica formado pelos membros do CJF; um comitê gestor nacional, um comitê gestor de segmentos; um comitê gestor do planejamento estratégico, um comitê gestor regional e um comitê gestor institucional-local.

Para o manual do Conselho da Justiça Federal (2015), Governança é um "conjunto de práticas de gestão que permite às organizações melhorar sua capacidade transformar suas políticas públicas em ação concreta, com melhores serviços para a sociedade" (CJF, 2015, p. 41).

O manual do CJF foi elaborado tendo como premissas a preservação da função organizadora do Estado, do controle da administração e do foco em resultados finalísticos; com investimentos no capital humano, na disseminação da tecnologia e na prática contínua de melhorar os processos e inovar na prestação dos serviços.

Apoiado nessas premissas, nos requisitos da gestão estratégica com uso do BSC, no modelo de Governança do TCU, e em práticas modernas de gestão, o manual de Governança do CJF contempla seis dimensões: estrutura e funcionamento da rede de Governança; gestão de pessoas e da informação; execução da estratégia; melhoria de processos e resultados; monitoramento e avaliação dos resultados; e comunicação, relacionamento institucional e transparência (CJF, 2015, p. 28).

QUADRO 11 – DIMENSÕES DA GOVERNANÇA NO CJF

DIMENSÕES ADOTADAS	EXPLICAÇÕES UTILIZADAS PELO CJF
Estrutura e Funcionamento da Rede de Governança	Os requisitos dessa dimensão devem assegurar o engajamento dos dirigentes máximos no direcionamento da estratégia, assim como espaço para participação dos operadores dos serviços e de parceiros externos como o Ministério Público, a advocacia pública e privada, as associações de classe e a própria sociedade. Para o CJF a alta administração não pode se afastar da condução da estratégia, ao mesmo tempo em que deve assegurar a participação de servidores, magistrados e demais agentes do sistema judicial.

DIMENSÕES ADOTADAS	EXPLICAÇÕES UTILIZADAS PELO CJF
Gestão de Pessoas e da Informação	A construção dessa dimensão está apoiada no BSC e nas conclusões de Peter Drucker, que consideram os recursos humanos imprescindíveis, sustentáculos e impulsionadores da estratégia (junto com TI) e da melhoria da qualidade nas instituições. Na área de RH busca-se desde o desenvolvimento técnico dos servidores até a formação de novos líderes, bem como a melhoria das condições de bem-estar organizacional.

Para a TI, o foco do manual do CJF está no uso racional dos recursos de informática visando o aperfeiçoamento dos instrumentos de administração, a aceleração do fluxo processual (priorizando o processo eletrônico), e o fornecimento de informações para os usuários dos serviços judiciais. |
| Execução da Estratégia | Esta dimensão considera princípios da administração racional-burocrática, metodologias aplicadas na gestão de projetos e de processos, e também ensinamentos de Peter Drucker. A execução da estratégia deve estar em consonância com a melhoria de processos e a inovação. |
| Melhoria de processos e resultados | A melhoria de processos e resultados verifica-se mediante: o ciclo de gestão dos processos; o aperfeiçoamento da gestão de custos; e o desdobramento da estratégia em nível operacional.

Para inovação, considera-se as práticas de gestão de projetos, que devem assegurar: a autonomia dos gestores das iniciativas estratégicas; a metodologia padrão para gestão de iniciativas; a implantação de novos serviços ou produtos; e a disponibilidade orçamentária para as ações estratégias. |
| Monitoramento e Avaliação dos Resultados | Essa dimensão tem como premissa a frase "Não se gerencia o que não se mede, não se mede o que não se define, não se define o que não se entende, e não há sucesso no que não se gerencia".

Considerando essa premissa, os ensinamentos de Deming, as recomendações do BSC de Kaplan e Norton, verifica: se a alta administração participa efetivamente das avaliações; se há responsáveis pela coleta de dados e informações de desempenho; se a avaliação da estratégia indica a manutenção de níveis de desempenho ou a melhoria dos resultados; e ainda, se o monitoramento e avaliação da estratégia permitem identificar estratégias emergentes ou a necessidade de redirecionamento. |
| Comunicação, Relacionamento Institucional e Transparência | O CJF parte da premissa que "só há sucesso na implementação de estratégias organizacionais quando ela se transforma em tarefa de todos". Fazer a estratégia chegar a "todos" é atribuição do sistema de comunicação, que também deve contribuir para alinhar as expectativas com a capacidade do órgão, e, ainda, servir de elemento motivador para a sua execução.

Essa dimensão verifica também se existem práticas que asseguram à divulgação periódica e direcionada dos elementos da estratégia, de forma adequada ao público-alvo e ao conteúdo que se pretenda divulgar.

Apoiados na Lei de Acesso à Informação e nas recomendações do TCU, verifica se os órgãos vinculados ao CJF mantêm de forma acessível, atualizada e independente de solicitação: informações sobre o desempenho institucional, outras informações de interesse público, e informações relacionadas com a prestação de contas à sociedade (accountability). Por fim, verifica se servidores e magistrados participam da divulgação e avaliação da estratégia, e, ainda, como é realizada periodicamente a pesquisa de satisfação dos usuários dos serviços judiciais. |

FONTE: Manual de Governança do Conselho da Justiça Federal (2015).

Conforme se verifica nas dimensões mostradas no quadro 11, o entendimento da Governança é específico para as unidades da Justiça Federal. O manual do CJF começa limitando a Governança a um "conjunto de práticas de gestão"; portanto, o modelo nem compreende adequadamente o que é Governança, e nem descreve o sistema em que a Governança está inserida e deveria atuar. Contudo, registre-se que a sua forte vinculação com o planejamento estratégico é positiva, assim como o destaque dado ao elemento humano das instituições.

1.2.2.9   Decreto Federal 9.203/2017

O Decreto 9.203/2017 dispõe sobre a política de Governança da administração pública federal direta, autárquica e fundacional. Os princípios da Governança pública encontram-se expressos no artigo 3º: capacidade de resposta, integridade, confiabilidade, melhoria regulatória, prestação de contas e responsabilidade, e transparência. Os conceitos desses princípios, assim como de outros princípios pesquisados, encontram-se no início do item 1.2.1.

Onze diretrizes-guias foram estabelecidas por esse decreto para orientar a implementação ou a melhoria da Governança pública, que estão demonstradas resumidamente no quadro 12 a seguir.

QUADRO 12 – DIRETRIZES DE GOVERNANÇA DO DECRETO 9.023/2017

DIRETRIZES DE GOVERNANÇA PÚBLICA ESTABELECIDAS PELO DECRETO 9.023/2017
• Direcionar ações e resultados para a sociedade, com soluções tempestivas e inovadoras, otimizando o uso dos recursos para as prioridades;
• Simplificar a administração e modernizar a gestão pública e a integração dos serviços públicos, especialmente aqueles em meio eletrônico;
• Monitorar o desempenho e avaliar a concepção, implementação e resultados das políticas e ações prioritárias;
• Articular instituições e coordenar processos e integrar os diferentes níveis e esferas do setor público, para gerar, preservar e entregar valor público;
• Incorporar padrões elevados de conduta na alta administração e demais agentes públicos, em consonância com suas funções e as atribuições;
• Implementar controles internos fundamentados na gestão de risco, privilegiando ações de prevenção antes de processos sancionadores;
• Avaliar as propostas de criação, expansão ou aperfeiçoamento de políticas públicas e a concessão de incentivos fiscais, aferindo seu custo-benefício;
• Manter processo decisório embasado em evidências, conformidade legal, qualidade regulatória, desburocratização e apoio à participação social;
• Editar e revisar atos normativos apoiado na legitimidade, estabilidade e coerência jurídica e realizando consultas públicas, se necessário;
• Definir formalmente as funções, as competências e as responsabilidades das estruturas e dos arranjos institucionais;
• Promover a comunicação aberta, voluntária e transparente das ações e resultados da organização, fortalecendo o acesso público à informação.

FONTE: Decreto 9.203/2017, art. 4º.

Os três mecanismos adotados pelo Decreto 9.203/2017 são os mesmos definidos pelo TCU em 2014: a liderança, a estratégia e o controle. O artigo 6º do referido Decreto estabelece que à alta administração dos órgãos e das entidades deve implementar e manter mecanismos, instâncias e práticas de Governança, que devem incluir: formas de acompanhamento de resultados, soluções para melhoria do desempenho das organizações, e instrumentos de promoção do processo decisório fundamentado em evidências.

A estrutura da Governança no Poder Executivo Federal estabelecida pelo referido Decreto é composta pelo Comitê Interministerial de Governança (CIG), integrado pelo Ministro de Estado Chefe da Casa Civil da Presidência da República, que o coordenará, pelo Ministro de Estado da Economia, e pelo Ministro de Estado da Controlaria-Geral da União. Também haverá comitês internos de Governança, instituídos pelos órgãos e entidades da administração pública federal direta, autárquica e fundacional.

A Secretaria-Executiva do CIG é exercida pela Secretaria-Executiva da Casa Civil da Presidência da República. Ela detém apenas competências administrativas e operacionais de recebimento, encaminhamento e comunicação.

Compete ao CIG: propor medidas, mecanismos e práticas organizacionais para o atendimento aos princípios e às diretrizes de Governança pública; aprovar manuais e guias com medidas, mecanismos e práticas organizacionais que contribuam para a implementação dos princípios e das diretrizes de Governança pública; aprovar recomendações aos colegiados temáticos para garantir a coerência e a coordenação dos programas e das políticas de Governança específicos; incentivar e monitorar a aplicação das melhores práticas de Governança no âmbito da administração pública federal direta, autárquica e fundacional; e editar as resoluções necessárias ao exercício de suas competências (Decreto 9.203/2017, art. 9º).

As competências dos comitês internos de Governança são: auxiliar a alta administração na implementação e na manutenção de processos, estruturas e mecanismos adequados à incorporação dos princípios e das diretrizes da Governança; incentivar e promover iniciativas que busquem implementar o acompanhamento de resultados no órgão ou na entidade, que promovam soluções para melhoria do desempenho institucional ou para o aprimoramento do processo decisório; promover e acompanhar a implementação das medidas, mecanismos e práticas organizacionais de Governança definidos pelo CIG; e elaborar manifestação técnica relativa aos temas de sua competência (Decreto 9.203/2017, art.15).

O Decreto 9.203/2017 destaca que a alta administração das organizações da administração pública federal deve estabelecer, manter, monitorar e aprimorar sistema de gestão de riscos e de controles internos, visando identificar, avaliar e dar adequado tratamento aos riscos que possam impactar na implementação da estratégia, na consecução dos objetivos da organização, e no cumprimento da sua missão institucional.

Ainda segundo esse Decreto, a auditoria interna governamental deve adicionar valor e melhorar as operações das organizações visando o alcance de seus objetivos, por meio de abordagem sistemática e disciplinada para avaliar e melhorar a eficácia dos processos de gerenciamento de riscos, dos controles e da Governança.

1.2.2.10 Guia da política de governança pública do Governo Federal (2018)

O Guia da Política de Governança Pública-GPGP está em sintonia com o Decreto 9.203, de 2017 e com Projeto de Lei 9.163 de 2017, que visa estender para todos os demais Poderes e entes federativos o modelo de Governança contido no Decreto 9.203. Segundo esse guia, a política de Governança não supera todas as características da administração, que podem ser atribuídas a outros modelos teóricos.

O objetivo do guia é que as instituições públicas federais, por meio de suas ações, construam um modelo mais adequado de Governança pública, que contribua para aprimorar sua própria instituição, preparando-a para melhor atender ao interesse público, criando um ambiente institucional capaz de gerar e entregar resultados satisfatórios para a sociedade.

Para entregar esses resultados, além de estrutura, competências e recursos adequados, é preciso identificar as necessidades prioritárias da sociedade, estabelecer objetivos institucionais alinhados com essas necessidades, e escolher estratégias e metas para atingi-los.

De acordo com esse Guia, não é possível estabelecer um modelo definitivo de Governança, porque os órgãos e entidades têm objetivos, características e níveis de maturidade institucional distintos. Assim, não existe uma solução única e universal. A opção foi construir patamares mínimos de Governança e um arranjo institucional flexível que possa ser adaptado às particularidades de cada instituição (BRASIL, GPGP, 2018, p. 23).

A partir da constatação dessas diferenças institucionais, o guia propõe um conjunto de medidas para reduzir fragilidades de Governança e permitir a entrega de serviços mais uniformes. Essas medidas, em sintonia como Decreto 9.203/2017, devem envolver, no mínimo: formas de acompanhamento de resultados, soluções para melhoria do desempenho das organizações, e instrumentos de promoção do processo decisório fundamentado em evidências.

A nomeação para cargos em comissão e funções de confiança está entre as principais medidas para melhorar a atuação das instituições, e promover uma boa Governança. O guia cita a OCDE para dizer que os critérios para nomeação não podem ser o "patronato ou o partidarismo", e sugere o estabelecimento de critérios eliminatórios e classificatórios para ocupação desses cargos, ressalvando situações específicas (BRASIL, GPGP, 2018, p. 25). A organização também deve considerar a transparência e a accountability, que são grandes aliados de uma administração pública profissional.

Os muitos controles, regras e procedimentos rígidos tem demonstrado eficácia limitada, gerando mais burocracia do que bons resultados. Dessa forma, o conjunto de regras a serem estabelecidas deve ser calibrado de acordo com o nível de maturidade institucional da organização, visando a superação de gargalos e ineficiências (BRASIL, GPGP, 2018, p. 25;28).

O paradigma da Governança – que coexiste com o da gestão – pressupõe uma constante melhoria institucional, com diminuição da assimetria de poder do cidadão, proporcionando-lhe maior espaço para colaborar no processo decisório, fortalecendo, assim, a legitimidade da atuação pública e fortalecendo a confiança entre os cidadãos e as instituições. O avanço deve ser medido pelo grau de reconhecimento da sociedade quanto as ações e resultados da Instituição; ou como diz a OCDE, o julgamento quanto ao sucesso da Governança pública não é dito pelo Governo nem por organizações internacionais, mas pelos próprios cidadãos (BRASIL, GPGP, 2018, p. 30).

Um importante passo é a utilização de indicadores vinculados ao cumprimento das principais funções institucionais. Após a avaliação e diagnóstico interno, e a comparação desses resultados com outras instituições, identificam-se ineficiências e fragilidades, que abrem espaço para a superação desses gargalos. Para avaliação, o guia continuará a utilizar como referência o índice integrado de Governança e gestão desenvolvido pelo TCU.

O guia orienta que a utilização de indicadores deve ser moderada e com espaço para diagnósticos e avaliações próprias e específicas, pois existe o risco de que a utilização de indicadores padronizados induz a formas organizacionais predefinidas, cuja conformidade com os padrões não é capaz de resolver os déficits de Governança das instituições (BRASIL, GPGP, 2018, p. 32).

Outro elemento considerado essencial para melhorar a Governança institucional é o aprimoramento do planejamento estratégico. Esse aspecto consta no Projeto de Lei 9.163, de 2017, e nos estudos da Comissão Interministerial de Governança do Governo Federal.

Os princípios difundidos para a Governança são os mesmos contidos no Decreto 9.023/2017: capacidade de resposta, integridade, confiabilidade, melhoria regulatória, prestação de contas e responsabilidade, e transparência. Os conceitos desses princípios, assim como de outros princípios pesquisados, encontram-se no início do item 1.2.1.

Esses princípios (juntamente com as diretrizes) servem como elementos de conexão entre os princípios constitucionais (legalidade, impessoalidade, moralidade, publicidade e eficiência) e a atuação dos agentes públicos, que deve ser centrada no cidadão e no cumprimento da missão pública. Os princípios e diretrizes também servem como arcabouço normativo-prescritivo para o desenvolvimento da Governança, auxiliando na delimitação das competências dos atores e estruturas envolvidos (BRASIL, GPGP, 2018, p. 37-38).

Quanto à estrutura, o Guia de Política para a Governança Pública replica o contido no Decreto 9.032/2017: existe um colegiado interministerial central, com todo o poder de decisão, e comitês internos nos Órgãos e Entidades, com poder bastante limitado. As competências também são as mesmas definidas no Decreto 9.023/2017.

1.3   MODELO PARA IMPLEMENTAÇÃO DO SISTEMA DE GOVERNANÇA

1.3.1   Premissas e princípios para a boa governança em órgãos e entidades públicas

Como se trata de um modelo para implementação da Governança ainda embrionário em instituições públicas em nível de órgão ou entidade que não explorem a atividade econômica, como Autarquias, Agências, Fundações Públicas, Tribunais Judiciários, dentre outros; após o amplo estudo nacional e internacional acerca da Governança, primeiro foram definidas as premissas, que juntamente com os princípios (evidenciados no início do item 1.2.1), formam a base do modelo construído.

Premissas são verdades/informações essenciais: elas contém uma síntese dos principais pontos a serem observados na Governança dos Órgãos e Entidades públicas. A partir delas formou-se uma argumentação e um raciocínio para a definição e organização das etapas do modelo de implementação da Governança Organizacional para Órgãos e entidades Públicas.

As premissas deste modelo proposto são: governar e administrar visando o bem comum; adotar critérios para nomeação de gestores; valorizar os recursos humanos; conhecer e compreender a Governança; planejar antes de implementar; instituir processo para tomada de decisão estratégica; indissociabilidade entre Governança, planejamento estratégico e gestão; sem participação efetiva não há Governança; combater a corrupção em todas as suas formas; e, menos burocracia e mais ação e resultados.

a) Governar e Administrar Visando o Bem Comum

Platão e Aristóteles definiram que a melhor administração para um Estado é "aquela que consegue garantir e proteger a felicidade do cidadão" (FRANZ, 2018, p. 21), ou no dizer de Paludo (2019, p. 78) "O Governo e a Administração Pública tem como objetivo maior proporcionar o bem-estar à coletividade". O TCU e o IFAC também afirmam que o principal objetivo (papel) das instituições públicas é manter ou ampliar o bem-estar social dos cidadãos (BRASIL, TCU, 2014, p. 14; IFAC, 2014, p. 6).

"A governança pública faz da orientação para o bem comum o diferencial entre a simples governança e a boa governança" (KISSLER, HEIDEMANN, 2006, p. 481).

Ainda nessa linha, a OCDE (2018, p. 7) indica que a Governança é para "aumentar a sustentabilidade da prosperidade e do bem-estar de seus cidadãos". A Governança pública vem para assegurar o interesse público e social. Interesse público são as coisas valorizadas pelos cidadãos e pela sociedade, incluindo direitos, acesso ao governo, liberdades econômicas e poder político (IFAC, 2014, p. 12).

Assim, no contexto da Governança, o administrador/gestor público deve tomar decisões e implementar ações ouvindo as partes interessadas, para assegurar que estejam em harmonia com os interesses da sociedade, de forma que os resultados de sua organização contribuam para melhorar o bem-estar dos cidadãos.

b) Adotar Critérios para a Nomeação de Gestores

A nomeação para cargos e funções está entre as principais medidas para melhorar a atuação das instituições públicas e promover uma boa Governança (BRASIL, 2018, p. 25). Nessa linha também estão as orientações do IBGC (2015), que considera a escolha de diretores de importância ímpar para o sucesso da organização, que devem ser dotados de competências e considerada a diversidade. A OCDE (2010, p. 228) reforça a importância dos dirigentes/líderes, cuja nomeação não pode seguir critérios de "patronato ou o partidarismo".

No Brasil, a maioria das nomeações de gestores no Poder Executivo Federal (1999-2018) seguiram "critérios fisiológicos para destinar posições a apadrinhados políticos e correligionários de partidos" [...] e existe "alta politização das agências que aumenta sua ineficiência" (LOPEZ; SILVA, 2019, p. 712,714).[9] De forma semelhante o Poder Legislativo escolhe seus gestores, e no Poder Judiciário os gestores máximos são juízes, desembargadores e ministros. A maioria, por não serem especialistas na área, carecem de conhecimentos de Governança e de gestão.

Essa constatação ajuda a explicar o senso comum da sociedade quanto à pouca eficiência e os resultados insatisfatórios da administração pública, pois administrar/gerir "não é atividade para principiantes, principalmente quando se trata da coisa pública." (PALUDO, 2019, p. 5).

Portanto, para melhorar a gestão e os resultados dos órgãos e entidades públicas é urgente que se afastem as ideologias, critérios pessoais e o partidarismo – para que a designação de gestores públicos passe a respeitar critérios técnicos e profissionais, como a ética, competência e comprometimento. Nesse sentido, o TCU também orienta que as lideranças devem ser pessoas "íntegras, capacitadas, competentes, responsáveis e motivadas." (BRASIL, TCU, 2014, p. 37).

c) Valorizar os Recursos Humanos

"É preciso pessoas que façam as estruturas funcionarem." (CIPFA, 2017). Nas instituições públicas os servidores são fonte de legitimidade para a Governança, e mediante seu trabalho a Governança federal apresentou significativa evolução neste século XXI (2000-2018), impulsionada por "investimentos em capacitação e treinamento dos servidores públicos." (PALUDO, 2015, p. 158).

O GPGP (BRASIL, 2018, p. 24) indica que a ausência de um quadro de pessoal adequado, treinado, recompensado e supervisionado é um problema para a implementação da Governança, em face da sua importância; visto que "as pessoas são o fundamento da construção de um serviço público mais eficiente, que responda às necessidades da sociedade." (ALMEIDA; BARBOSA, 2019, p. 68).

Nesse sentido está o manual do CJF, que considera os recursos humanos imprescindíveis, sustentáculos e impulsionadores da estratégia e da melhoria da qualidade nas instituições (CJF, 2016, p. 29), e também as orientações da OCDE, que destaca a importância da gestão e dos servidores públicos para que ocorra uma boa execução (OCDE, 2018, p. 19).

Dessa forma, é equivocado acreditar que a Governança vai melhorar as instituições públicas, os serviços e os resultados sem que haja uma boa equipe de servidores, pois os órgãos e entidades públicas não funcionam somente com discursos, normas e tecnologia.

Portanto, para melhorar a Governança é preciso, também, valorizar o servidor público, reconhecendo sua importância (Modelo de Excelência em Gestão Pública, 2014), protegendo sua atuação de pressões políticas ou ideológicas (GPGP, Brasil, 2018) e assegurando que seus vencimentos e benefícios sejam proporcionais ao seu vínculo e responsabilidades (IBGC, 2015) e suficientes para uma vida digna com sua família.

---

9.   Pacheco (2002, p. 17) considera que "não é verdade que todos são escolhidos por critérios partidários" e que "parte dos dirigentes possui as competências requeridas". No entanto esse estudo é de 2002 e o citado neste texto é de 2019; e ainda, as considerações de Pacheco permitem afirmar que parte significativa das escolhas seguem critérios políticos e não possuem as competências requeridas.

d) Conhecer e Compreender a Governança

Não se implementa da melhor forma aquilo que não se conhece nem se consegue compreender. Contratar uma consultoria para implementar a Governança ajuda, mas depois é o gestor e sua equipe que conduzirão o processo. Nesse sentido, o TCU (2014) orienta, como primeiro passo para a boa Governança, "capacitar os membros da Alta Administração".

Em face disso, preliminarmente, é preciso que os Gestores Públicos e as demais lideranças se capacitem para melhor compreenderem o que é a Governança, qual seu papel na instituição, como ela pode ser implementada e aperfeiçoada, e quais são seus principais benefícios; ou ficarão reféns de seus "assessores" (PALUDO; PROCOPIUCK, 2014, p. 9) ou de erros primários, mesmo que não intencionais, causados pelo desconhecimento teórico e fático acerca da matéria.

Assim, com vistas a assegurar o melhor entendimento possível acerca da Governança, é preciso que a referida capacitação seja direta e objetivamente relacionada com a Governança em nível de órgãos e entidades públicas, amparada em fontes confiáveis e conduzida por profissionais familiarizados com a matéria[10].

e) Planejar Antes de Implementar

Nada é realizado da forma mais correta e adequada sem que antes exista um planejamento organizando de maneira racional as principais ações (PALUDO; PROCOPIUCK, 2014, p. 7-8). O planejamento corresponde à primeira e a mais importante função administrativa, é o guia que especifica os meios para o alcance dos objetivos (CHIAVENATTO, 2007); essencial para promover inovações e mudanças.

O planejamento utiliza-se de informações amplas, tanto em suas análises como na construção de planos para o futuro. O planejamento refuta o "achismo", ampara-se no conhecimento e utiliza técnicas, ferramentas e muita racionalidade.

De acordo com a OCDE (2018, p. 17-18), para melhorar a formulação deve-se utilizar o planejamento.

Por isso, e antes da implementação da Governança, deve existir o planejamento, que indicará um caminho racional para organizar e estruturar a Governança, aumentando as chances de sua correta implementação, inclusive com economia de tempo, esforços e recursos.

f) Instituir Processo para Tomada de Decisão Estratégica

As decisões definem os rumos dos órgãos e entidades públicas, por isso a Governança tem forte preocupação com o processo decisório estratégico: quer saber como, por quem e por que as decisões foram tomadas, e se os resultados esperados foram alcançados (BRASIL, TCU, 2014, p. 32).

A OCDE (2018, p. 8) orienta que "as decisões sejam tomadas no interesse público e não sob a influência indevida de poderosos grupos de interesse". No mesmo sentido a

---

10. Existem muitos escritos com **informações incorretas acerca da governança**; assim como cursos de governança ofertados na internet, onde um simples olhar acerca dos palestrantes e dos itens a serem abordados já sugere carência de conhecimentos. **Cuidado:** pior que desconhecer é aprender errado!

IFAC (2014, p. 12) afirma que o interesse público inclui a tomada de decisões sólidas e transparentes.

Na prática, porém, nem sempre as decisões de homens de governo são orientadas pelo altruísmo ou interesse público (BORGES, 2001); e muitas decisões de burocratas públicos atendem a seus próprios interesses ou de poderosos grupos, e não à supremacia do interesse público (THAMÉYA SILVA *et al.*, 2019).

Em face disso, é preciso instituir um processo para a tomada de decisão estratégica, para evitar que as decisões e ações sejam influenciadas por preconceitos, vieses ou conflitos de interesses (BRASIL, TCU, 2014, p. 11). Além disso, as decisões devem estar apoiadas em informações de qualidade, e deve-se dar transparência ao processo de tomada de decisão CIPFA (2004, *apud* BRASIL, TCU, 2014, p. 35); bem como as decisões devem ter critérios explícitos, justificativas e consequências, dando-se ampla transparência (IFAC, 2014, p. 16).

Nessa mesma linha estão as orientações do IBGC (2015, p. 16) para o qual o critério ético deve orientar as decisões, que devem ser equilibradas, fundamentadas, registradas e passíveis de verificação pelas partes interessadas. As decisões devem estar fundamentadas em evidências, mesmo que não impliquem em alocação de recursos públicos (BRASIL, GPGP, 2018, p. 48).

Para melhorar as decisões a Governança assume o processo decisório estratégico e abre espaço para os cidadãos, associações e entidades participarem (BRASIL, GPGP 2018, p. 30;48), pois no modelo cooperativo o Estado/Administração decide e atua em conjunto com a sociedade (KISSLER; HEIDEMANN, 2006). Governança significa tomada de decisões em conjunto, considerando princípios da parceria, equidade, responsabilidade e propriedade (KAH, 2014).

Portanto, na Governança o processo decisório estratégico das instituições públicas deve guiar-se pelo interesse público, ser participativo, racional, fundamentado em informações e evidências, e ser transparente. Nesse sentido são as orientações da (CIPFA, 2004 *apud* BRASIL, TCU, 2014; IFAC, 2014; BRASIL, TCU, 2014; IBGC, 2015; BRASIL, GPGP, 2018; OCDE, 2018).

g) Indissociabilidade entre Governança, Planejamento Estratégico e Gestão

O governo das instituições "é estratégico"; dessa forma, as decisões, orientações e práticas da Governança tem início na alta administração, para depois se estenderem para toda a organização, sendo organizadas por meio do planejamento estratégico, executado e concretizado pela gestão.

A Governança decide, orienta a alta administração, influencia na estratégia e direciona as ações: ela utiliza a gestão estratégica e o planejamento estratégico para implementar as mudanças e as práticas que propõe. A "gestão estratégica passa a ser a base para a implantação da Governança." (EISSMANN *et al.*, 2017, p. 2).

O GPGP (BRASIL, 2018, p. 33) considera o planejamento estratégico um elemento essencial para melhorar a Governança. O planejamento estratégico identifica o que precisa aperfeiçoar ou mudar e guia sua implementação. Nesse processo, a Governança direcionará esse planejamento para realizar as mudanças necessárias e para a busca de resultados que satisfaçam a maioria das partes interessadas.

Como ponto crítico nesse processo, cabe à gestão desmembrar esses planos e executá-los para que se tornem realidade, porque toda a execução é levada a termo pela gestão.

Dessa forma, a Governança "precisa" da gestão estratégica, do planejamento estratégico e da gestão tática e operacional, para realizar as transformações, implementar suas práticas e obter os resultados pretendidos. Nesse sentido encontram-se as orientações do (BRASIL, TCU, 2014; CJF, 2015; BRASIL, GPGP, 2018; OCDE, 2018).

h) Sem Participação Efetiva não há Governança

É unanimidade entre os autores que a Governança envolve a participação das partes interessadas no governo da instituição (KISSLER; HEIDEMANN, 2006; MATIAS-PEREIRA, 2010; RONCONI, 2011; KAH, 2014; IVAN, 2017; MARTINS *et al.*, 2017; SOUZA; FARIA, 2017; CORREIO; CORREIO, 2019). Partes interessadas ou *stakeholders* são as pessoas, grupos ou entidades que tem interesse nas atividades, recursos ou resultados da instituição, tais como: usuários dos serviços, cidadãos, servidores, fornecedores, associações, mídia, reguladores, órgãos de controle, governos e toda a sociedade.

Segundo a teoria da escolha pública, todos os cidadãos e a sociedade, quer queiram ou não, serão afetados pelas decisões das instituições – por isso a Governança abre espaço para que participem dessas decisões. É preciso vencer as barreiras institucionais e promover o diálogo entre as instituições públicas e a sociedade (BRASIL, GPGP, 2018, p. 47); que não se restringe à consulta, mas a um diálogo ativo, inclusivo e participativo, pois o "sistema de Governança pressupõe a inclusão e participação." (RONCONI, 2011, p. 16).

Não há espaço para isolacionismo na Governança pública, cujas teorias democráticas também reivindicam participação nos processos de deliberação pública (RONCONI, 2011; SOARES, 2011; RODRIGUES, 2015). A Governança é mais democrática, pois aumenta a parceria com os setores externos à administração e com conexões interorganizacionais visando alcançar o interesse público (SOUZA; FARIA, 2017).

Esse fato exige nova postura do gestor e das lideranças públicas, que devem providenciar a abertura de canais para que essa participação se torne efetiva; bem como assegurar que as demandas e sugestões possam chegar até o conselho ou a alta administração – para serem analisadas e consideradas nas orientações, decisões e ações. Nessa linha encontram-se as orientações do (BM, 2002, 2017; IFAC, 2014; BRASIL, TCU, 2014; IBGC, 2015; BRASIL, GPGP, 2018; OCDE, 2018).

i) Combater a Corrupção em Todas as Suas Formas

A corrupção é um "câncer" que precisa ser fortemente combatido (BM, 2002). O GPGP (2018, p. 24) indica, como problema grave, que atores públicos utilizam de seu cargo e poder para perseguir interesses privados, resultando em corrupção. No Brasil, a corrupção na administração pública é tida como "sistêmica", seu "tamanho" é impressionante, e os valores envolvidos são "expressivos" (BOCHENEK, 2018).

Para a OCDE (2018, p. 7-8), a ausência ou má Governança leva a problemas como "corrupção, excesso de burocracia, ineficiência nos gastos e falta de competência"; ou no dizer do BM, a "má Governança" vem, entre outros, da interferência política excessiva e da corrupção generalizada (BM, 2002, p. 7).

Também nesse aspecto a Governança vem para ajudar. Para a IFAC (2014, p. 6), a boa Governança coloca pressões para melhorar o desempenho do setor público e combater a corrupção. A Governança tem como um de seus pressupostos a outorga de competências aos órgãos incumbidos de prevenir e combater a corrupção (SOARES, 2011, apud OLIVEIRA, 2018, p. 65). O BM (2002, p. 4) também destaca que a boa Governança deve incluir medidas anticorrupção.

Contudo, a boa Governança e o combate à corrupção compreendem fatores mais amplos, que incluem "instituições sólidas, um forte sistema legal e um judiciário independente." (BM, 2002, p. 12). O respeito ao Estado de Direito inclui a aplicação da lei de forma imparcial e um sistema judicial independente, para proteger contra a corrupção e outras condutas antiéticas (IFAC, 2014, p. 15).

Mesmo extrapolando o ambiente organizacional, e necessitando ações dos poderes Legislativo, Executivo e Judiciário, o combate a corrupção está no bojo da Governança, visto que a "má Governança" facilita a corrupção e a "boa Governança" contribui para afastá-la.

A implementação da Governança nos órgãos e entidades públicas já é uma forma de combater a corrupção, pois seguindo as recomendações para a escolha dos dirigentes/líderes e guiando-se pelo conjunto de regras, princípios, valores e práticas da Governança, predomina o "espírito público", fortalece-se a ética, aumenta-se a transparência, e diminuem-se os espaços para a prática desse mal.

Dessa forma, os gestores públicos e as lideranças têm a obrigação de guiar-se pela integridade, pela ética e pelos mais altos valores públicos, e combater a corrupção em todas as suas formas. Nesse sentido extraem-se orientações do (BM, 2002; IFAC, 2014; BRASIL, TCU, 2014; BRASIL, GPGP, 2018; OCDE, 2018).

j) Menos Burocracia e mais Ação e Resultados

"O excesso de regras da burocracia, dificulta o bom funcionamento da Governança." (GPGP, 2018, p. 24). O "excesso de papelório" que ficou registrado como a maior das disfunções da administração burocrática, hoje cedeu lugar ao "excesso de relatórios" (MAUSS, 2006; MORAIS, 2016; MOTTA, 2017), de forma que um tempo excessivo é despendido para a elaboração de relatórios e informações – nem sempre importantes – que acaba por prejudicar a execução das atividades, com impacto nos resultados.

Mais do que discursos e números, os usuários, os cidadãos e as demais partes interessadas esperam que a instituição "cumpra o seu papel", que a administração seja eficiente, que as ações sejam bem executadas e que os resultados sejam serviços com qualidade e agilidade. Esses bons resultados também dependem dos recursos humanos: serão alcançados quando forem perseguidos por todos na organização (PALUDO, 2019); quando houver comprometimento tanto da instituição como dos servidores (MOREIRA, 2008).

Assim, é preciso criar um filtro e selecionar os dados e informações que realmente são importantes para a instituição ou para divulgação à sociedade. Os demais relatórios burocráticos e informações que pouco ou nada acrescentam devem ser dispensados e o tempo a eles dedicados deve ser direcionado para fortalecer a execução com vistas a proporcionar melhores serviços e melhores resultados.

Nesse sentido são as orientações da Fundação Nacional da Qualidade-FNQ e do GPGP, BRASIL (2018) que afirma: os muitos controles, regras e procedimentos rígidos tem gerado mais burocracia do que bons resultados.

Princípios

Apresentadas as premissas passa-se para os princípios. Dentre os mais de dez princípios abordados no referencial teórico, foram selecionados seis que mais se aplicam a Governança em nível de órgãos e entidades públicas, quais são: legitimidade, transparência, equidade, integridade, capacidade de resposta e prestação de contas (*accountability*). No entanto, a instituição é livre para acrescentar outros, em face de suas particularidades.

Os conceitos desses princípios, assim como explicações complementares, encontram-se expressos no início do item 1.2.1, juntamente com outros princípios, que embora importantes, não foram aqui relacionados por não terem sido considerados como os mais essenciais em nível de órgãos e entidades públicas brasileiras.

1.3.2   O modelo: caminho e etapas para a implementação da governança

É fato que a maioria dos servidores públicos são competentes, comprometidos e dotados de boas intenções e que, majoritariamente, buscam fazer o melhor por suas instituições (PALUDO; PROCOPIUCK, 2014), mas para a conquista da boa Governança as boas intenções não bastam, visto que são insuficientes para assegurar que os desafios sejam superados e que a instituição obtenha resultados satisfatórios para a maioria das partes interessadas.

É para isso que se elabora este modelo para implementação da Governança: para auxiliar o gestor público a dar vida a suas "boas intenções" por meio da implementação da Governança no seu órgão ou entidade, e com ela fortalecer sua instituição, otimizar a gestão, e gerar os melhores resultados possíveis para a organização e para os cidadãos, que, como já mencionado nesta obra, são o *shareholders* daquilo que é público.

Compreende-se que não é tarefa fácil a implementação da boa Governança nas instituições públicas (órgãos e entidades), mas, ao mesmo tempo, acredita-se que, apesar das dificuldades, sua implementação é possível, e mais, que a "boa Governança" trará benefícios para a organização, para a sociedade e para o Estado.

Assim, amparado no referencial teórico, nos modelos e teorias específicas apresentados, nas dez premissas elencadas e nos seis princípios adotados para sua estruturação, apresenta-se no quadro 13, a seguir, um modelo, indicando um caminho com dez etapas sequenciais, acompanhadas de justificativas e o que deve ser feito para sua concretização.

QUADRO 13 – MODELO PARA IMPLEMENTAÇÃO DA GOVERNANÇA EM ÓRGÃOS E ENTIDADES PÚBLICAS BRASILEIRAS

CAMINHO	JUSTIFICATIVA	O QUE FAZER
1. Governar e administrar para o bem comum.	Está no bojo da Governança assegurar o interesse público, traduzido como bem comum ou bem-estar da população. Uma forma da instituição voltar-se para o bem comum é combinando a Governança com a gestão, assegurando a participação das partes interessadas. A abertura e o envolvimento das partes interessadas mediante canais claros e confiáveis de comunicação e consulta, demonstra que a instituição está agindo no interesse público, e fortalecendo os laços de confiança (IFAC, 2014). O gestor público, em harmonia com as normas vigentes e as orientações e decisões da Governança, deve guiar sua instituição para que os resultados sejam satisfatórios para a sociedade, de forma a manter ou elevar o bem-estar dos cidadãos.	Guiar-se sempre pelo interesse público e pelo respeito as normas vigentes, e, quando houver mais de uma opção, decidir pelas ações que melhor promovam o bem comum. Assegurar canais acessíveis e práticos para que usuários, cidadãos e representantes da sociedade possam apresentar seus problemas, suas pretensões e possíveis soluções. Analisar e considerar as necessidades e sugestões das partes interessadas na tomada de decisão. Tomar decisões participativas, precedidas de debate, e amparadas em dados e informações. Garantir que os cidadãos e demais interessados tenham acesso as decisões, ações e resultados da instituição. Combater a corrupção em todas as suas formas.
2. Designar líderes em vez de chefes.	Líder é um moderno influenciador e motivador de pessoas, enquanto chefe é um ultrapassado ditador de ordens (Paludo, 2017, p. 96). As lideranças determinam os objetivos, orientam a atuação e influenciam os resultados da instituição. Por isso sua escolha deve respeitar critérios técnicos e profissionais, como a ética e idoneidade, competência e responsabilidade. Devem também estar livres de conflitos de interesses e outros impedimentos. Instituições de excelência demonstram o seu comprometimento com a continuidade e a sustentabilidade da organização, identificando, selecionando e preparando novos líderes para o exercício das funções (Modelo de excelência em gestão da FNQ, 2016).	I. Estabelecer critérios objetivos para a seleção e designação dos líderes, incluindo os membros do conselho e da alta administração, os diretores, gerentes e chefes. II. Dar transparência ao processo de seleção e designação dos líderes, que devem ser competentes, éticos e comprometidos com a instituição e com o interesse público. III. Estabelecer critérios, incluindo as sugestões das partes interessadas, para avaliar o desempenho dos gestores e demais lideranças. IV. Definir critérios e meios para recompensar os bons líderes e destituir aqueles incompetentes ou com desvios de conduta. V. Instituir política para identificação, seleção e preparação de novos líderes.
3. Planejar a implementação da Governança.	O planejamento precede a ação, que, neste caso, deve ser precedido pelo estudo da Governança. Planejamento é um instrumento que assegura racionalidade nas escolhas e um guia que especifica os meios para alcançar os objetivos e/ou promover as inovações e mudanças pretendidas. O planejamento indicará o caminho mais adequado para cada instituição organizar e estruturar a Governança, aumentando as chances de sua correta implementação.	I. Reunir as lideranças da instituição e discutir a implementação da Governança. II. Capacitar as lideranças acerca da Governança organizacional. III. Elaborar o planejamento da implementação da Governança, com a participação de todas as áreas da instituição. IV. Considerar no planejamento o interesse público, o bem comum e as partes interessadas.

CAMINHO	JUSTIFICATIVA	O QUE FAZER
4. Estruturar o sistema de Governança e definir as competências.	Todo sistema compreende um conjunto de elementos inter-relacionados, por isso é importante estabelecer mecanismos de interação e coordenação. O sistema de Governança deve assegurar o compartilhamento do poder com as partes interessadas, e reduzir a enorme assimetria para com os usuários e cidadãos. Os princípios e as premissas indicados são a base para a estruturação da Governança, que deve especificar as principais funções da Governança e da gestão, segregando as funções críticas. Tanto a estrutura como a distribuição de poder e as competências devem ser formalizadas mediante atos normativos internos.	I. Definir os princípios da Governança e adotar um código de Ética, assegurando que sejam observados. II. Estruturar a Governança garantindo o compartilhamento de poder com as partes interessadas. III. Definir as principais funções da Governança e da gestão, observando a segregação de funções. IV. Estabelecer mecanismos de coordenação com as partes interessadas, que promovam a atuação conjunta na tomada de decisão, na implementação, no monitoramento e na avaliação de resultados. V. Elaborar atos normativos para formalizar a nova estrutura e as competências. VI. Divulgar o sistema de Governança para todas as partes interessadas.
5. Elaborar o planejamento estratégico associado a um modelo de gestão.	A Governança utiliza a gestão estratégica para orientar e decidir, e o planejamento estratégico como instrumento para guiar a implementação das mudanças e das práticas que ela propõe. É preciso revisar a missão e a visão, e elaborar o diagnóstico institucional (interno e externo) para saber se a organização está no caminho certo, assim como o que precisa melhorar ou mudar. O modelo de gestão estratégica indicado é o BSC, que permite comunicar a estratégia, gerir a implementação do plano, medir sua evolução e avaliar o desempenho e os resultados.	I. Definir, manter ou revisar a missão e a visão organizacional, e escolher a estratégia. II. Elaborar um plano exequível, considerando as necessidades e sugestões das partes interessadas, assim como as competências, os recursos e o ambiente. III. Divulgar a missão, a visão e a estratégia para todas as partes interessadas. IV. Estabelecer o modelo de gestão da estratégia focado nos aspectos essenciais orientados pela Governança. V. Estabelecer reuniões periódicas para analisar o desempenho e reavaliar a estratégia.
6. Gerir a implementação do plano e das mudanças.	Após a elaboração do plano estratégico vem a etapa mais difícil: sua implementação. Devem ser estabelecidas metas que permitam avaliar a evolução do plano, as principais entregas e o alcance dos objetivos; e delegada a responsabilidade para sua execução. Compete à gestão desmembrar os planos em projetos e ações, e executá-los para que se tornem realidade, visto que toda a execução é levada a termo pela gestão. No entanto, o plano somente terá sucesso quando todos estiverem comprometidos com a sua execução: alta administração, diretores, gerentes, chefes e equipe operacional.	I. Definir a responsabilidade pela gestão do plano, e designar equipe para acompanhar a implementação dos principais projetos e ações estratégicos. II. Estabelecer metas vinculadas as principais mudanças e aos projetos e ações que concorrem para o alcance dos objetivos estratégicos. III. Assegurar dotação orçamentária suficiente para a execução dos projetos e ações estratégicos. IV. Implementar os projetos e ações estratégicos, assim como as inovações e mudanças pretendidas. V. Providenciar treinamento para lideranças, equipes e servidores.

CAMINHO	JUSTIFICATIVA	O QUE FAZER
7. Coordenar a atuação e monitorar a implementação do plano e demais atividades.	A boa Governança depende de coordenação e interação administrativa, política e social. Em face das várias partes interessadas, com assimetria de poder e diversidade de ideias e interesses, a coordenação é essencial para minimizar conflitos, conciliar interesses e assegurar a cooperação e a unidade de esforços. O monitoramento, por sua vez, consiste na observação contínua dos aspectos mais relevantes da realidade institucional, sendo realizado com espaço para a participação das partes interessadas. Ele incide na implementação do plano, em tempo real, para assegurar alcance de objetivos e metas; e também, nas demais atividades rotineiras e de prestação de serviços, e ainda, sobre a atuação e no desempenho das lideranças.	I. Utilizar os mecanismos de coordenação para assegurar a cooperação e atuação conjunta. II. Estabelecer mecanismos de conciliação de interesses e resolução de conflitos. III. Definir e coletar informações que permitam aferir em tempo real a evolução da implementação do plano e demais atividades. IV. Instituir indicadores vinculados ao cumprimento das principais funções institucionais, das principais mudanças e dos objetivos e metas – que permitam medir sua evolução. V. Monitorar a implementação do plano e das mudanças, a execução dos projetos e ações, e a atuação e desempenho das lideranças. VI. Promover os ajustes necessários e solucionar gargalos com vistas a assegurar a continuidade das ações e o alcance dos objetivos estabelecidos.
8. Fortalecer a auditoria interna, estabelecer controles, e gerenciar riscos.	A auditoria interna, com estrutura adequada e vinculada diretamente a autoridade máxima, é um poderoso instrumento de apoio ao conselho de administração e ao gestor máximo. A ela compete avaliar os controles internos, os riscos e a própria Governança, fornecer informações para a tomada de decisão, e atuar na prevenção de desvios e irregularidades e na responsabilização dos agentes. Os controles internos contribuem para que a organização atue em harmonia com as normas vigentes e orientações superiores, e para a boa execução dos processos, identificando eventuais riscos. Riscos existem em todas as organizações e em todas as áreas. Isso exige que aqueles capazes de impactar nos processos ou no alcance dos objetivos estratégicos sejam identificados, analisados e gerenciados.	I. Estabelecer e estruturar a função de auditoria interna, vinculando-a ao dirigente máximo e assegurando sua independência. II. Considerar os relatórios e informações da auditoria na tomada de decisão. III. Instituir e fomentar os controles internos em todas as áreas da instituição. IV. Mapear os processos finalísticos e de apoio e identificar os principais riscos e pontos de controle. V. Mapear e identificar os principais riscos que podem afetar o alcance dos objetivos institucionais. VI. Gerenciar os riscos mediante tratamento adequado, definindo e implementando as ações de resposta aos riscos, e avaliando sua eficácia.
9. Assegurar a transparência, a prestação de contas (*accountability*) e a responsabilização.	A transparência é um princípio basilar do estado democrático, que permite o exercício do controle social sobre a atuação a os resultados da instituição pública. A *accountability* deve demonstrar em que e para que foram aplicados os recursos e quais foram os resultados obtidos. No Brasil tem-se uma situação de "fraca accountability" fomentada principalmente pela ausência de punição dos agentes responsáveis (Paludo, 2019, p. 200-201). Para reverter esse quadro, em caso de negligência, desídia, desvio, má aplicação dos recursos públicos ou corrupção, deve haver a responsabilização do agente público que lhe deu causa.	I. Formalizar e implementar práticas de transparência na instituição, incluindo decisões, ações e resultados. II. Fomentar a cultura da transparência e instituir meios que assegurem o cumprimento das normas relacionadas. III. Fomentar a comunicação com a mídia e as demais partes interessadas. IV. Estabelecer a forma e os meios para a prestação de contas (accountability). V. Instituir mecanismos e instrumentos de responsabilização dos agentes em casos de negligência, desídia, desvios, má aplicação dos recursos públicos ou corrupção.

CAMINHO	JUSTIFICATIVA	O QUE FAZER
10. Avaliar, revisar e inovar.	A Governança é dinâmica e toda instituição deve estar comprometida com a melhoria contínua, por meio de um processo de avaliação e revisão (IFAC, 2014). Assim, as práticas da Governança e os resultados alcançados devem ser avaliados criticamente e revisados para a promoção de ajustes ou mudanças necessárias. A instituição deve assegurar espaço para que as partes interessadas participem da avaliação e apresentem sugestões de melhoria, bem como para que ideias inovadoras possam ser testadas e implementadas. A inovação é essencial para aumentar a capacidade de resposta das instituições públicas, que devem estar abertas a novas ideias e arranjos mais eficientes (BRASIL, CPGP 2018). Por fim, os resultados da avaliação devem ser amplamente divulgados para a sociedade e para todas as demais partes interessadas.	I. Estruturar o processo de avaliação com espaço para as partes interessadas. II. Avaliar a implementação e a estrutura da Governança, bem como os resultados da Governança e da gestão. III. Avaliar a atuação da alta administração e demais lideranças. IV. Revisar a estrutura, os processos e as práticas, para identificar possibilidades de melhorias. V. Fomentar a inovação com vistas a reduzir custos, aumentar a produtividade e melhorar a eficiência e a qualidade dos serviços prestados. VI. Dar ampla divulgação dos resultados da avaliação para a sociedade e demais partes interessadas. VII. Disponibilizar um canal para o *feedback* da sociedade e das demais partes interessadas, quanto aos resultados obtidos pela instituição.

Fonte: elaborado pelos autores (2020), apoiado no referencial teórico e nos modelos e teorias específicas para implementação da Governança, nas premissas e princípios adotados.

O caminho para a implementação da Governança organizacional indicado no quadro 13 compreende dez etapas sequenciais; contudo, a divisão adotada, embora racional, foi elaborada para fins didáticos, de forma a permitir a explicação e a vinculação do que deve ser feito para cumprir cada etapa. No entanto, voltando o olhar para a prática, várias etapas encontram-se inter-relacionadas e algumas sobrepostas.

O "governar e administrar para o bem comum" vai estar presente em todas as etapas, assim como a atuação da liderança e o combate a corrupção. Na implementação do plano também ocorre a coordenação, o monitoramento e o controle; e tanto a auditoria como a avaliação vão incidir sobre todas as atividades da organização, assim como a transparência inclui decisões, ações e resultados de todas as etapas.

O GPGP (BRASIL, 2018, p. 23) indica a necessidade de adaptar os princípios, diretrizes e práticas às particularidades de cada órgão ou entidade pública, visto que "não existe uma solução única e universal". Ivan (2017, p. 349) entende que a criação de uma estrutura ou ordem de Governança não pode ser imposta externamente, mas deve resultar dos diversos atores públicos, sociais e políticos que se influenciam. O IBGC (2015) também aponta para esse caminho, e o TCU (2020) no Referencial de Governança-3, p.22, afirma "as práticas de governança podem ser implementadas de maneiras diferentes e com níveis de complexidade diversos, dependendo das necessidades da organização em foco. Por isso, recomenda-se que cada organização observe a natureza do seu negócio, o contexto no qual se encontra inserida, seus objetivos mais relevantes e os riscos a eles associados, e implemente as práticas de governança com formato e nível de complexidade adequados, de acordo com a sua realidade, evitando a implementação de controles cujos custos superam os possíveis benefícios".

Nesse sentido, em face da dimensão da estrutura e das responsabilidades serem diferentes, quando se tratar de órgão superior ou subordinado, ou de outras particularidades como recursos e tecnologias disponíveis e competências específicas, entende-se que a proposta de modelo para implementação da Governança em órgãos e entidades públicas apresentada no quadro 13 deve ser adaptado à realidade de cada instituição. Apesar de permitir essa flexibilidade, alerta-se que a "adaptação" não poderá ser de tal forma que reste desvirtuada a proposta original ora apresentada.

Por outro lado, em se tratando de unidades prestadoras de serviços de forma desconcentrada, desprovidas de autonomia, cujas decisões e orientações estratégicas são oriundas do Conselho ou da Alta Administração do órgão superior; a Governança existirá no Órgão Superior, apenas, e às unidades desconcentradas caberá somente a parte da administração e gestão: seguir as orientações estratégicas superiores, tomar as decisões típicas do nível tático-operacional e implementar as ações correspondentes.

A proposta de modelo indica "o que" a administração deve fazer, mas não indica "como" ela deve fazer, porque isso fica a cargo do gestor e de sua equipe. Após o diagnóstico do seu órgão ou entidade, incluindo recursos, competências, pontos fortes e fracos, e outras particularidades – o gestor máximo e as demais lideranças, apoiados nesta proposta de modelo, decidirão como a Governança deverá ser implementada na sua instituição.

De forma semelhante, o detalhamento das práticas internas pretendidas pela Governança – que serão levadas a termo pela gestão – não é objeto deste livro e ficará a cargo de cada organização. No entanto, considerando tratar-se de órgãos e entidades públicas, sugere-se a leitura e análise das práticas indicadas pelo TCU no Referencial de Governança-2 (2014).

Em sintonia com a premissa "menos burocracia e mais ação e resultados", cada órgão ou entidade identificará quais práticas indicadas do Referencial de Governança 2 (2014) do TCU se aplicam a sua instituição e implementará apenas as atividades que agreguem valor, dispensando aquelas desnecessárias que geram desperdício de tempo e recursos.

Tanto o Decreto 9.023/2017 como o GPGP (BRASIL, 2018) utilizam como apoio o Referencial de Governança-2 do TCU (2014), que também foi um dos referenciais utilizados na construção desta proposta de modelo para implementação; contudo, alerta-se que o referencial do TCU foi elaborado com "viés de órgão de controle", que atende as necessidades do controle, mas deve ser complementado e aperfeiçoado para atender melhor a administração e gestão.

A missão dos órgãos e entidades públicas é promover o bem-estar dos cidadãos (IFAC, 2014; BRASIL, TCU, 2014; FRANZ, 2018; OCDE, 2018; PALUDO, 2019), prestando serviços públicos com qualidade e agilidade, criando valor público por meio de suas ações e atividades, e gerando resultados que satisfaçam a maioria das partes interessadas. Assim, resta claro que **primeiro** é preciso melhorar a administração/gestão, os serviços e os resultados da organização para depois, como ato decorrente, voltar-se para a prestação de contas.

Dessa forma, a proposta de modelo para implementação da Governança tem como foco a administração/gestão pública, com vistas a facilitar a compreensão da Governança e a sua implementação sob a ótica do gestor, no sentido de utilizar a Governança organizacional pública para alavancar os órgãos e entidades públicas a novos patamares de eficiência, eficácia, efetividade e sustentabilidade.

É importante lembrar que a Governança "é estratégica", portanto, é na alta administração que deve começar a implementação da Governança. Num segundo momento as orientações e práticas da Governança devem ser disseminadas e desmembradas para o nível tático ou gerencial, que deve assegurar o seu alinhamento até o nível operacional (EISSMANN *et al.*, 2017).

Por fim, registre-se que a Governança requer compartilhamento de poder e equilíbrio entre os interesses políticos, econômicos e sociais; o que torna difícil sua aplicação efetiva em instituições públicas cujos líderes sejam do tipo "autoritário".

1.3.3 Posicionamento, estrutura e funcionamento da governança organizacional em órgãos e entidades públicas

Conforme demonstrado na figura 2 (item 1.1.3) o posicionamento da Governança na estrutura organizacional é estratégico; em nível intermediário ou tático a atuação da Governança é somente em caráter eventual, visto que a grande maioria das funções nesse nível são desempenhadas pela gestão; e, em nível operacional todas as funções ficam sob a responsabilidade da gestão.

Quanto a estrutura da Governança e da gestão no contexto organizacional, embora tenha-se analisado as figuras divulgadas pelo TCU (2014) e pelo IBGC (2015), constrói-se para este livro uma figura própria apoiada no conjunto de ensinamentos contidos no referencial acerca da administração e da Governança pública, bem específica para órgãos e entidades públicas brasileiras; pois, reprise-se, a do TCU tem viés de órgão de controle e a do IBGC é mais direcionada para organizações privadas.

Demonstrar a estrutura da Governança (e da gestão) no contexto dos órgãos e entidades públicas visa contribuir para que o gestor público possa melhor compreender a Governança organizacional pública.

FIGURA 5 – ESTRUTURA E POSICIONAMENTO DA GOVERNANÇA ORGANIZACIONAL E DA GESTÃO EM ÓRGÃOS E ENTIDADES PÚBLICAS

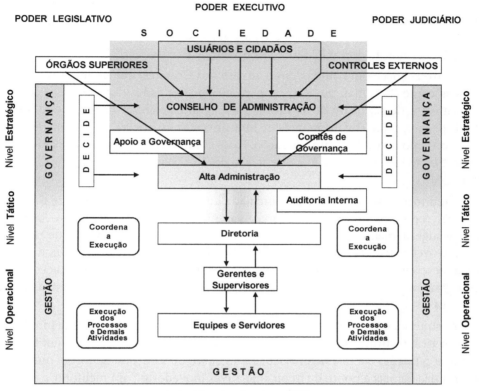

Fonte: elaborado pelos autores (2020).

A figura 5 demonstra que tanto a Governança como a gestão têm seu espaço na estrutura organizacional, sendo a Governança de cunho estratégico e a gestão de aspecto tático e operacional. No entanto, registre-se que se o conselho de administração ou a alta administração decidir não implementar a Governança, a administração/gestão exercerá também as funções estratégicas e outras funções atribuídas a Governança.

Verifica-se nesta figura 5 que a Governança deixa aberto um espaço para além da instituição, permitindo o engajamento das partes interessadas, sendo as principais os usuários e os cidadãos, e os órgãos superiores e os controles externos; em seguida vem toda a sociedade, e de forma mais distante os poderes legislativo (normas que impactam na administração), judiciário (decisões que interferem na administração) e executivo (prioridades do presidente da república).

As partes interessadas têm o canal de relacionamento direcionado para o Conselho de Administração e a Alta Administração, com vistas a assegurar que suas necessidades e sugestões efetivamente cheguem a quem tem o poder de decisão – pois da forma como ocorre atualmente, a voz das partes interessadas é abafada e esquecida antes que chegue aonde deveria chegar, transformando a participação social em mera ficção. Nesse sentido são as orientações do TCU (2014), IBGC (2015) e OCDE (2018).

A Governança exerce seu poder de decisão mediante a atuação do conselho, e na ausência dele, da alta administração. A Governança deve contar com um órgão de apoio (uma secretaria ou coordenadoria) para assessorar os membros do conselho e/ou a alta administração e os diretores nas questões de Governança, monitorar e assegurar que os princípios e práticas de Governança estejam sendo seguidos, e sugerir melhorias. Nesse sentido é a orientação do IBGC (2015) e de Vieira e Barreto (2019).

A Governança conta ainda com o auxílio dos Comitês, que podem ser instituídos por áreas como TI, Finanças, RH, ou para atribuições específicas, como o comitê de gerenciamento de riscos ou de auditoria. Em regra, os comitês realizam estudos sobre temas específicos que envolvem mais de uma área administrativa e os submetem a decisão do conselho ou da alta administração. Esses comitês serão específicos para cada instituição e estão em sintonia com a orientação do TCU (2014); IBGC (2015); CJF (2016); GPGP (2018).

A auditoria interna deve estar vinculada ao conselho ou a autoridade máxima da instituição (como na figura 5), de forma a garantir a sua independência. A ela compete avaliar e sugerir melhorias nos processos de controle, de gerenciamento de riscos e da própria Governança (TCU 2014; IBGC 2015; GPGP 2018). Cabe, também, a auditoria interna, descrever as deficiências identificadas na gestão, seguida da explicação das possíveis consequências, de forma que os principais gestores entendam e tomem as decisões adequadas.

Em sintonia com a premissa "menos burocracia e mais ações e resultados", os responsáveis pela instituição e pela auditoria interna devem encontrar um equilíbrio entre as regras e punições e a discricionariedade na busca de soluções, de forma que elas não sejam rígidas demais a ponto de inibir iniciativas inovadoras para melhorar a eficiência, qualidade e resultados dos órgãos e entidades públicos.

No aspecto interno percebe-se, ainda, que o relacionamento/comunicação ocorre de cima para baixo e também de baixo para cima; o que é necessário para circulação das informações e para a coordenação das ações, permitindo a integração de todos os atores em torno de objetivos organizacionais comuns (PALUDO, 2019, p. 240-241).

A Governança detém o poder maior na Instituição pública e sua atuação ocorre por meio do Conselho e da Alta Administração: as orientações da Governança transformam-se em realidade mediante as decisões do Conselho e da Alta Administração. Contudo, na dimensão prática a Governança não se restringe ao Governo Estratégico e a tomada de decisão: ela estende seu braço ao primeiro escalão da gestão tática a fim de assegurar o alinhamento das ações da gestão com as orientações da Governança – pois as decisões da Governança serão conduzidas mediante a atuação do primeiro escalão da gestão tática.

Dessa forma, o primeiro escalão da gestão tática, entre suas diversas atribuições, assegura que as orientações da Governança sejam cumpridas, bem como acompanha a atuação do segundo escalão dessa área na coordenação das ações ligadas à execução e na prestação de informações; restando a gestão operacional o papel de executar as ordens superiores, os processos finalísticos e de apoio, e a prestação de serviços em geral.

Registre-se que as denominadas "práticas de governança" serão levadas a termo pela gestão; por isso melhor seria denominar de **práticas de gestão orientadas pela Governança**, haja vista que a Governança não executa essas práticas, contudo, suas orientações podem levar a gestão a executar as melhoras práticas organizacionais, comumente denominadas de práticas de excelência.

FIGURA 6 – DINÂMICA DA GOVERNANÇA E DA GESTÃO
EM ÓRGÃOS E ENTIDADES PÚBLICAS

Fonte: elaborado pelos autores (2020).

A figura 6, numa visão simplificada, mescla o funcionamento da Governança com o funcionamento da gestão num órgão ou entidade pública: a Governança ganha vida por meio da atuação da administração/gestão.

Embora na estrutura da Governança e da Gestão o posicionamento e a divisão de atribuições sejam rígidas, **na prática** os Secretários e/ou Diretores de primeiro escalão atuarão tanto na alta administração como na gestão tática: como colaboradores da alta administração eles tanto auxiliam o Conselho ou o Presidente/Diretor Geral debatendo assuntos diversos e fornecendo informações relevantes para a tomada de decisão, como levarão as orientações da Governança para suas áreas, sendo responsáveis diretos pelo cumprimento das decisões da Governança; e como integrantes da gestão tática eles repassarão essas ordens aos demais diretores e coordenadores e acompanharão as suas ações relacionadas com a execução, bem como tomarão as principais decisões específicas de suas áreas funcionais.

Registre-se que irão existir variações na composição da alta administração e na gestão tática, de acordo como foram estruturadas em cada órgão ou entidade pública – e ainda, se for o caso de órgão superior ou subordinado. Ainda nessa linha, conforme for a estruturação, é possível também que existam gerentes tanto na gestão tática como na gestão operacional.

Reitere-se que na estrutura formal a Governança se concentra no Conselho e na Alta Administração, de forma segregada da gestão tática e da gestão operacional; contudo, **na prática** essa segregação é menos rígida e existe participação do primeiro escalão do nível inferior nas decisões do nível superior: tanto da gestão tática que colabora com a estratégica (e assim influencia na Governança), com da operacional que participa da tática.

Mesmo considerando que a figura 5 (estrutura e posicionamento da Governança) traz apenas uma sugestão; é possível afirmar que **não é adequado estruturar um "conselho de Governança" com as atribuições do conselho de administração**, pois Governança não é gestão, e o conselho de Governança não decide sozinho: ele toma decisões por meio do conselho de administração (que é o guardião da Governança), ou na sua ausência a alta administração/gestor máximo da instituição.

Conforme já destacado, **a governança não existe sem a gestão**, mas a administração continua a existir sem a governança; portanto, não é correto utilizar componentes exclusivos da administração para formar um "conselho da governança": é preciso segregar a estrutura, competências e funcionamento da governança e da gestão em nível de órgão/entidade pública.

É possível ter um "conselho de Governança", mas com funções de Governança, onde devem ter assento representantes das partes interessadas (usuários, cidadãos, associações, ministério público, defensoria pública). Como diz o IBGC (2015), o conselho de administração é o guardião da Governança e a Governança é a guardiã dos direitos das partes; portanto, conselho de Governança e Conselho de Administração[11] têm atribuições distintas.

Contudo, o mais indicado é que a instituição tenha apenas o conselho de administração (que em órgãos e entidades menores fica a cargo da alta administração) e vinculado a este conselho tenha um órgão de Governança (secretaria ou coordenadoria) para assessorar o conselho e a alta administração na missão de assegurar que o interesse público, o direito das partes interessadas, os princípios e demais práticas da Governança se façam presentes na instituição.

---

11. Ou outro colegiado máximo equivalente.

1.4 CONSIDERAÇÕES FINAIS ACERCA DA GOVERNANÇA EM ÓRGÃOS E ENTIDADES PÚBLICAS

Uma forma de entender a Governança nas Instituições públicas é ter como referência o princípio da separação dos poderes de Montesquieu (executivo, legislativo e judiciário), representados na Governança da seguinte forma: os poderes legislativo e judiciário decidem e regulam mediante a atuação do Conselho de Administração e da Alta Administração (com espaço para as partes interessadas); e o poder executivo é representado pela administração/gestão, que é a responsável pela execução das decisões da Governança. A administração atua segundo as regras estabelecidas pela Governança, devendo prestar-lhes contas de sua atuação e dos resultados alcançados, e responder por eventuais desvios cometidos.

Dessa forma, resta claro que nas Instituições públicas o Conselho de Administração, a Alta Administração e a Gestão podem trabalhar harmonicamente visando o fortalecimento da instituição, a melhoria dos serviços prestados e a otimização dos resultados – sendo guiados, orientados e supervisionados pela Governança organizacional pública.

A Governança organizacional em órgãos e entidades públicas veio para ficar; no entanto registre-se que somente o mero discurso de sua implementação – **desacompanhado das práticas efetivas – prejudica a imagem da instituição e distorce o papel da Governança** de guiar-se pela supremacia interesse público e focar em resultados que atendam os usuários e as demais partes interessadas, de forma a melhorar o bem-estar dos cidadãos.

Os gestores públicos precisam abandonar o discurso e abraçar a prática; e partindo da missão de governar e administrar para o bem comum, implementar a boa Governança organizacional em seus órgãos e entidades, inclusive abrindo espaço para que as partes interessadas participem da Instituição e contribuam para o seu sucesso.

Contudo, não se implementa da melhor forma o que não se compreende; o que torna necessário que as lideranças se capacitem para melhor compreender a Governança organizacional pública, desde o conceito, princípios, padrões, estrutura, funções e benefícios, para depois implementá-la e acompanhá-la assertivamente.

E para que a Governança organizacional seja considerada implementada em órgãos e entidades públicas, dentre outras, é preciso que haja a efetiva participação das partes interessadas, visto que **não existe Governança onde não há espaço para a participação das demais partes interessadas**, ou onde elas são apenas formalmente incluídas e suas necessidades e sugestões sumariamente descartadas. Dessa forma, é preciso abrir espaço para as partes e alinhar os interesses dos usuários e cidadãos com os da instituição pública.

O paradigma da Governança – que coexiste com o da gestão – pressupõe uma constante melhoria Institucional, com diminuição da assimetria de poder do usuário-cidadão, proporcionando-lhe maior espaço para colaborar no processo decisório, fortalecendo, assim, a legitimidade da atuação pública e a confiança entre os cidadãos e as instituições (GPGP 2018, p. 30). **É preciso rever estatutos, regras e condições para diminuir essas assimetrias** e assegurar tratamento mais equitativo para os cidadãos, e menos desproporcional aos demais membros com poder de decisão na organização (IBGC, 2015, p.

23), para que o usuário-cidadão não seja somente um "mero espectador" (GIRARDI e OLIVEIRA, 2019), mas um agente ativo nas organizações públicas.

Registre-se que essa participação não é obrigatória, visto que não decorre de imposição legal; os usuários, cidadãos e a sociedade são livres para decidirem se participam ou não da Governança nos órgãos e entidades públicas. Contudo, mesmo que os usuários, os cidadãos e a sociedade não venham a participar, os princípios, as práticas e o interesse público-social devem ser incorporados na Governança e praticados pela administração pública e seus agentes.

Registre-se, também, que as ações da Governança devem ser guiadas pela busca do bem comum e amparadas em condutas éticas, pois somente o conjunto das boas práticas de Governança não é suficiente para combater a corrupção e obter os melhores resultados sem a ética; assim, a atuação ética, em conjunto com os princípios e as melhores práticas inibem a corrupção e conduzem a uma boa Governança, aumentando as chances de sucesso da organização (IBGC, 2015).

A Governança é estratégica e social-democrática; ela decide via Conselho e/ou Alta Administração e se torna real por meio da atuação da gestão, e a gestão é concretizada mediante a ação das pessoas (servidores públicos). Portanto, o investimento em treinamento e capacitação de lideranças e servidores, com espaço para a inovação; o reconhecimento e a premiação pelas boas ideias, assim como a remuneração justa devem ser consideradas, inclusive como instrumentos para se obter uma boa Governança.

Na busca da "boa Governança" vale lembrar que os muitos controles, regras e procedimentos rígidos tem demonstrado eficácia limitada, gerando mais burocracia do que bons resultados (GPGP, 2018), e que os usuários, os cidadãos e demais partes estão interessados em melhores serviços e resultados que atendam suas necessidades; portanto, "menos burocracia e mais ações e resultados".

Registre-se, ainda, que o avanço da Governança não é medido pelo que os gestores públicos pensam, nem pode ser avaliado exclusivamente pelos critérios dos órgãos de controle, mas em conjunto com o grau de reconhecimento da sociedade quanto aos serviços, ações e resultados da organização. O julgamento quanto ao sucesso da Governança pública não é dito pelo Governo nem por organizações internacionais, mas pelos próprios cidadãos (OCDE 2002 apud GPGP 2018), ou como afirmam (IVANYNA e SHAH, 2019), a qualidade da Governança é medida pelo impacto que exerce na qualidade de vida dos cidadãos.

Para obter essa medição e assim certificar-se que os órgãos e entidades estão no caminho certo, os indicadores de Governança devem estar centrados nos usuários e cidadãos; naquilo que estes consideram importante, e não apenas nos critérios definidos pela burocracia administrativa e pelos órgãos de controle. Esse fato reforça a necessidade de decidir, monitorar e medir ouvindo as pessoas e as partes interessadas.

Os melhores resultados, que demonstram uma boa Governança e a excelência na gestão, dependem **menos** de leis, normas, técnicas e tecnologias e **mais** do comprometimento dos agentes públicos e da utilização de competências e recursos norteados por princípios e valores corretos (PALUDO, 2020). **Esses princípios e valores** devem ser internalizados por todos nas Instituições públicas, para que compreendam de uma vez por todas, que ali estão para servir: para prestarem serviços públicos e perseguirem resultados que atendam às necessidades dos usuários e cidadãos e resultem na melhoria do bem-estar de toda a sociedade.

Os gestores públicos devem usar da Governança para assegurar o interesse público, perseguido em harmonia com as normas vigentes, assegurando a participação das partes, a mediação de interesses e a construção de consenso. Devem primar pela ética, integridade e competência, combatendo a corrupção e zelando pela economicidade e a geração de valor para os usuários e cidadãos; e ainda, ser transparentes e prestarem contas dos atos, ações e resultados aos órgãos de controle e a sociedade – prontos para receber o feedback das partes e utilizá-lo como instrumento de aperfeiçoamento e melhoria.

Nessa linha, a Governança organizacional em órgãos e entidades públicas, para alcançar os melhores resultados possíveis, depende, também, de mudança de postura dos gestores e agentes públicos (FERREIRA, 2016); pois enquanto gestores e demais agentes utilizarem as Instituições públicas para atender suas necessidades e a de seus aliados – os resultados serão ruins para a Instituição pública, para os usuários e para toda a sociedade. Se os responsáveis pela Governança nos órgãos e entidades públicas não estiverem focados no interesse público-social, estarão sempre em débito com a constituição federal de 1988, pois não alcançarão os objetivos fundamentais ali previstos e colocarão à margem o real detentor do poder: o povo! (SOUZA e FARIA, 2017).

Por fim, é preciso ter em mente que a Governança organizacional pública não vai resolver todos os problemas dos órgãos e entidades públicas, mas uma vez implementada decide, direciona, orienta e estabelece um conjunto de regras compostas por premissas, princípios e diretrizes que orientarão as decisões e as práticas de gestão, e se forem seguidos fortalecerão a administração pública e contribuirão para evitar desvios de conduta, melhorar os serviços e obter bons resultados: para a instituição, para os usuários, para a sociedade e para o Estado.

1.5 *ENVIRONMENTAL, SOCIAL AND GOVERNANCE*: GOVERNANÇA NO ESG OU ESG NA GOVERNANÇA?

Não é comum um tópico de um livro ser apresentado na forma interrogativa. Porém, sendo o escopo deste livro o estudo sobre governança e planejamento estratégico para órgãos e entidades públicas, tendo-se em vista o apelo acadêmico, corporativo e também do setor público ao tema ESG; acrescentamos este item com breves discussões acerca desta temática que, fique claro, ainda sofre da mesma polissemia que destacamos acerca da compreensão sobre a governança.

Nessa linha polissêmica e de observação empírica, a primeira grande dúvida é sobre como se referir ao termo ESG. Seria o ESG ou a ESG? Por ser ele um acrônimo, e sendo o acrônimo um substantivo masculino, adotamos a denominação "o ESG".

Não obstante a polissemia observada sobre o que é ESG, também entendido como ASG no caso brasileiro, de forma convergente o acrônimo (sigla) significa a tríade: Environmental, Social and Governance, ou na tradução literal: ambiental, social e governança.

Trata-se da adoção e observância, pelas empresas, de processos e ações que promovam, além dos almejados retornos econômico e financeiro do investimento que contribuem para o aumento da riqueza do investidor, também a preservação do meio ambiente, a melhoria da sociedade como um todo e o emprego de práticas de boa governança na administração/gestão.

Vale destacar que no âmbito do ESG a utilização em conjunto desses três elementos, conforme observado empiricamente, aduz ao difundido conceito de sustentabilidade, o qual deve ser compreendido, neste caso, em espectro mais amplo que a reduzida delimitação ecoambiental, vez que nele são também contemplados os aspectos econômicos, sociais e de governança inerentes à função empresarial e também do Estado se expandirmos o espectro também para o setor público (OLIVEIRA et. ali, 2013).

As discussões sobre ESG têm como norte o retorno sobre os investimentos (perspectiva dos *shareholders*), incrementando-o a partir do reconhecimento, pelo mercado e pelas partes interessadas (perspectivas dos stakeholders), da incorporação na cultura organizacional de práticas relacionadas à preservação ambiental, à valorização das pautas sociais, a exemplo a diversidade nas organizações, e a implementação da governança em direção à responsabilidade corporativa organizacional. Nesse sentido o ESG atua como uma proxy acerca dos retornos sobre investimentos percebidos como socialmente responsáveis (Widyawati, 2020).

A atual discussão do ESG acerca do papel das empresas e órgãos e entidades públicas como entes socialmente responsáveis , não obstante toda sua relevância para a sociedade e gerações futuras, ainda encontra resistência em visões anacrônicas que associam as práticas de ESG às ações que trazem apenas prejuízo às organizações, focando na reducionista visão apenas do retorno econômico-financeiro em detrimento ao espectro amplo de abrangência ambiental e social, contemplando-se, também, as boas práticas de governança inserindo nelas a participação dos stakeholders. Sobre essa visão reducionista Friedman (1962) argumenta que "o papel central das empresas é gerar lucro e otimizar o retorno dos acionistas; por isso, qualquer investimento em práticas de responsabilidade social somente seria válido quando estivesse associado diretamente ao negócio focal da organização".

Respeitada a visão de Friedman (1962), ainda bem que a sociedade evoluiu e com esta evolução as organizações têm incorporado em suas culturas a, embora antiga, paradoxalmente recente cultura da efetivação das dimensões do ESG valorizando-se a preservação ambiental e a perenidade das gerações futuras, não preterindo, por obvio, os retornos destacados por Friedman.

Assim, embora recente a discussão sobre o ESG, a doutrina dominante evidencia que a rigor nada disso é novo, jazendo-se nas já existentes discussões acerca da já mencionada Responsabilidade Social Corporativa ou Responsabilidade Socioambiental, as quais se originaram ainda no final do século XIX (IRIGARAY et. ali. 2023). Nesta senda pode-se dizer que a origem do ESG remonta à década de 70 a partir do SRI (*Socially Responsible Investing*), que evidenciava as organizações que efetivamente atuavam com responsabilidade social. Porém, somente em 2004 o termo ESG substitui o antigo e até então vigente SRI.

Focando no terceiro termo do ESG, **a governança**, considerando o escopo deste livro, salvo melhores e justificados juízos, numa visão de espectro amplo organizacional, seja no âmbito público ou corporativo (empresas) ela é muito mais do que a simples prestação de contas contemplando a participação dos stakeholders; especialmente seus empregados ou servidores, sindicatos, fornecedores, consumidores e a sociedade em geral. Sobre a governança ser mais, temos claro, como já evidenciamos neste livro, que a governança aplicada aos Órgãos e Entidades públicas é o sistema que, em harmonia com as normas e princípios vigentes e preservando o interesse público-social, assegura às partes interessadas o governo e o direcionamento estratégico da sua instituição, o monitoramento e controle do desempenho da administração, o gerenciamento dos riscos, a busca e avaliação dos resultados, a garantia de transparência e accountability, e a responsabilização dos agentes com poder de decisão.

O ESG como junção dos três termos (*environmental, social* and *governance*) surge a partir de 2004, porém, a governança tem sua origem seminal no ambiente corporativo bem antes disso, lá pelos idos da evolução, primeira grande onda e crise do capitalismo. Ela surge então com o gigantismo das corporações e a necessária separação entre a propriedade e a gestão, dando origem ao que chamamos de conflito de agência (*agency conflict*).

Dado o gigantismo das corporações e a consequente abertura de capitais na busca de financiamentos para as demandadas ampliações para atender ao constante crescimento da base de consumo da sociedade, os acionistas passaram a exigir mais simetria informacional para terem segurança quanto ao retorno do investimento nessas corporações. Esta simetria e segurança tornaram-se factíveis, na visão dos acionistas, por meio da mitigação do conflito de agência a partir da submissão da gestão, e consequentemente da organização, aos surgidos princípios da governança, os quais uma vez cumpridos tornavam as referidas corporações mais atraentes e seguras para se investir.

Mas então a governança em sentido amplo, com seus princípios, tem o mesmo papel que o ESG no que se refere à atração e segurança do retorno do investimento? Se fitarmos um olhar atento a cada princípio da governança e ao seu papel estratégico no ambiente e estrutura organizacional pode-se dizer que sim, pois para além da filosofia empresarial baseada na governança e seus princípios, tem-se claro que um desses princípios em especial já foi a própria base de sustentação do ESG, qual seja: o princípio da responsabilidade corporativa (IBGC, 2015), lembrando que o ESG é resultado dessa responsabilidade.

O Cumprimento da responsabilidade corporativa sustenta o ESG como proxy de demonstração de compromisso institucional com a sustentabilidade e perpetuidade das corporações em atendimento ao princípio da continuidade, o qual somente se materializa se existirem condições de permanência corporativa num ambiente socioeconomicamente e ambientalmente equilibrado. Assim pode-se dizer que sistemicamente é aplicável a governança e seus princípios sobre o ESG contemplando a expectativa de sucesso das organizações sob as perspectivas dos *shareholders* e stakeholders.

Vale então dizer que a governança pela sua origem e amplitude contempla o ESG, ao mesmo tempo em que é por ele influenciada, uma vez que além dela como dimensão o ESG completa a tríplice hélice com as outras duas dimensões: ambiental e social, corpus que torna as organizações herdeiras de uma racionalidade mais substantiva e menos instrumental frente a tais dimensões, não preterindo o retorno sobre o investimento, mas sim o tratando como parte de um todo maior como resultado da chamada responsabilidade corporativa, lembrando ainda que quando se fala em ESG antevê-se, pela sua substantividade, a sua necessária relação com os Objetivos de Desenvolvimento Sustentável (ODS), estabelecidos pelo Pacto Global, iniciativa mundial que envolve a ONU e várias entidades internacionais.

Mesmo tendo origem e maior disseminação na iniciativa privada, a pressão pelo desenvolvimento sustentável, mediante adoção de práticas ambientais, sociais e de governança, também chegou ao meio público[12], e veio para ficar.

O ESG/ASG consiste numa estratégia em que a governança, a sustentabilidade, e o social, **caminham juntos** para melhorar o bem-estar atual e assegurar o das futuras gerações. Todavia, o ESG/ASG depende da boa governança para que suas práticas se tornem realidade.

FIGURA 07 – TRÍPLICE HÉLICE DO ESG/ASG

Fonte: ABNT PR 2030-ESG, 2023, p.15.

Como se observa na figura 07, **cabe a governança o papel principal**: usar de seu poder para exigir da administração e da gestão que, sem esquecer de todas as demais práticas corretas, necessárias e adequadas, priorizem a sustentabilidade ambiental e social em suas decisões e ações.

---

12. Lançaremos um novo livro abordando a ESG/ASG no meio público, em 2025.

2
PLANEJAMENTO GOVERNAMENTAL

INTRODUÇÃO

O planejamento é tão antigo quanto a administração. Basta pensar nas pirâmides do Egito, nas pirâmides maias, na muralha da China etc. Nada disso seria possível sem que antes alguém houvesse elaborado um planejamento, no mínimo, organizando de forma racional as principais ações.

A interação do planejamento com a administração é tão forte, a ponto de Waldo (1966) afirmar que "planejamento e administração são tão vitalmente interligados como irmãos siameses".

O planejamento corresponde à **primeira e a mais importante** das funções administrativas (planejar, organizar, dirigir, controlar), e consiste num processo articulado e racional para determinar antecipadamente os objetivos e os meios para alcançá-los (projetos, ações, métodos, técnicas etc.).

O planejamento é inerente ao trabalho do administrador e não se restringe ao presente, mas projeta-se para o futuro, por isso as decisões do administrador voltadas para o futuro devem resultar de um processo que sintetize e apresente de forma organizada as principais informações da organização, tanto internas como externas.

O planejamento trata de decisões e ações presentes e futuras, e também questiona e avalia os resultados dessas ações e decisões. O planejamento é um processo de análise e decisão racional que antecede e acompanha à ação da organização na procura de solução para os problemas, ou com vistas a aproveitar as oportunidades, com eficiência, eficácia e constância.

De acordo com o Dicionário Aurélio (2003), planejamento é o ato ou efeito de planejar. Para Paludo (2009) "Planejamento é um processo racional para a tomada de decisão, com vistas a selecionar e executar um conjunto de ações, necessárias e suficientes, que possibilitarão partir de uma situação atual existente e alcançar uma situação futura desejada".

Segundo Paludo e Procopiuk (2014), a forma mais simples de definir o planejamento é dizer que se deve **pensar antes de agir**. Assim, toda vez que se pensa antes de agir está se tratando de planejamento, ainda que de forma intuitiva e informal. O planejamento é um processo que congrega princípios teóricos, procedimentos metodológicos e técnicas que auxiliam as organizações a mudarem uma situação com vistas a alcançar algum objetivo futuro.

Registre-se que planejamento é diferente de plano; planejamento é um processo e o plano é o produto deste processo, que decompõe os objetivos gerais em objetivos específicos, e, define e ordena as ações necessárias para atingir esses objetivos.

O planejamento pode ser ousado e mudar radicalmente os objetivos e estratégias da organização; pode ser intermediário e propor apenas melhorias em uma ou mais áreas, que também podem demandar alterações nos objetivos e estratégias; ou pode ser conservador, preocupado apenas com a estabilidade, visando assegurar a continuidade da organização. O que vai definir o modelo adotado dependerá do 'apetite' da alta direção em correr riscos, assim como do resultado da avaliação do estado atual da organização e da análise do mercado.

O Planejamento pode ser estratégico, tático ou operacional. O **estratégico** é de responsabilidade da alta administração, tem foco no longo prazo e na efetividade, abrange toda a organização, define rumos, objetivos, estratégias etc.; o **tático** é decorrente do estratégico, tem foco na eficácia, orienta-se para o médio prazo, aloca recursos, e é feito para cada área funcional, cuja responsabilidade cabe aos diretores/gerentes departamentais; e o **operacional** tem foco no curso prazo e na eficiência - na execução das ações que tornarão concretos os planejamentos tático e estratégico: é o momento em que se define o que fazer, como fazer, quem fará, e com que meios.

Cada um desses três tipos de planejamento comporta objetivos específicos, mas todos concorrem para o alcance dos objetivos estratégicos da organização.

O foco do planejamento estratégico é a efetividade, mas também há preocupação com a eficácia; o foco do tático é a eficácia, mas também há preocupação com a efetividade e a eficiência; o foco do operacional é a eficiência, mas também há preocupação com a eficácia.

Tipo de Planejamento	Perspectiva Temporal	Conteúdo do Plano	Escopo ou Abrangência	Foco
Estratégico	Longo Prazo	Amplo e Genérico	Toda a Organização	**1º.Efetividade** 2º.Eficácia
Tático	Médio Prazo	Pouco Detalhado	Setor ou Área	**1º.Eficácia** 2º.Efetividade e Eficiência
Operacional	Curto Prazo	Detalhado	Atividades/Tarefas	**1º.Eficiência** 2º.Eficácia

Fonte: Paludo e Procopiuk. Planejamento Governamental, Atlas, 2014, ampliado.

No Brasil, vários fatores pressionaram para a formalização da atividade de planejamento público: a complexidade que envolve a administração pública; a escassez de recursos que exige o seu uso racional e eficiente; a missão atribuída ao Estado de solucionar os problemas sociais e promover o bem-estar da população; as crescentes demandas dos cidadãos; a necessidade de promover o desenvolvimento nacional (Paludo & Procopiuck, 2014).

Sob outro olhar, a quebra da bolsa de Nova Iorque, em 1929, os princípios da administração burocrática de Max Weber, e a teoria keynesiana, também influenciaram o governo Brasileiro a instituir a função formal de planejamento.

Assim, a partir da década 1930, o planejamento deixa de ser intuitivo e informal para constituir estrutura e atividade permanente na administração pública brasileira. O auge do planejamento ocorreu no período militar, assim como houve períodos em que foi questionado e relegado a segundo plano; retomando sua importância a partir da Constituição Federal de 1988.

2 • PLANEJAMENTO GOVERNAMENTAL   77

No aspecto orçamentário o PPA constitui-se como o plano maior do governo federal; todavia, no âmbito de Órgãos e Entidades Públicas é o Planejamento Estratégico que define os rumos da Instituição.

2.1 SISTEMA DE PLANEJAMENTO E ORÇAMENTO FEDERAL[1]

O sistema de planejamento e orçamento no Governo federal, de acordo com a Lei 10.180/2001 e decretos específicos, insere-se na competência do **Ministério do Planejamento e Orçamento**.

São atribuições do Sistema de Planejamento e Orçamento Federal: formular o planejamento estratégico nacional; formular planos nacionais, setoriais e regionais de desenvolvimento econômico e social; formular o plano plurianual, as diretrizes orçamentárias e os orçamentos anuais; gerenciar o processo de planejamento e orçamento federal; promover a articulação com Estados, Distrito Federal e Municípios, visando a compatibilização de normas e tarefas afins aos diversos Sistemas, nos planos federal, estadual, distrital e municipal.

Integram o Sistema de Planejamento e Orçamento Federal:

- Órgão Central (Ministério do Planejamento e Orçamento);
- Órgãos setoriais (unidades de planejamento e orçamento dos Ministérios, da AGU, da Vice-Presidência e da Casa Civil da Presidência da República);
- Órgãos específicos (vinculados ou subordinados ao órgão central, cuja missão compreende atividades de planejamento e orçamento).

Os órgãos setoriais e específicos ficam sujeitos à orientação normativa e à supervisão técnica do órgão central do Sistema, sem prejuízo da subordinação ao órgão em que estiverem integrados. As unidades de planejamento e orçamento das entidades vinculadas ou subordinadas aos Ministérios e órgãos setoriais sujeitam-se à orientação normativa e à supervisão técnica do órgão central e também, no que couber, do respectivo órgão setorial.

Registre-se que as unidades de planejamento e orçamento do poder Legislativo e Judiciário, e do Ministério Público da União, também estão sujeitas a orientação normativa e supervisão técnica do órgão central (Ministério do Planejamento e Orçamento).

Num aspecto prático, **o sistema de Planejamento e Orçamento é responsável pelo ciclo de gestão ampliado**, que é composto por três instrumentos: Plano Plurianual (PPA), Lei de Diretrizes Orçamentárias (LDO) e Lei Orçamentária Anual (LOA)

- **O Plano Plurianual**, que vigora por quatro anos, estabelece diretrizes, objetivos e metas da Administração Federal para as despesas de capital e para os programas de duração continuada, veiculando, portanto, um planejamento de médio prazo.
- **A Lei de Diretrizes Orçamentárias** é elaborada anualmente e objetiva detalhar as metas e prioridades da administração para o ano subsequente, em consonância com a trajetória sustentável da dívida pública, e orientar a elaboração da Lei Orçamentária Anual, além de dispor sobre alterações tributárias e estabelecer a política de aplicação das agências de fomento.

---

1.   Os itens 2.1, 2.1.1, 2.1.2 e 2.1.3 foram extraídos do livro de PALUDO, Augustinho V. *Orçamento Público, Afo e Lrf*, 10. Ed. JUSPODIVM 2020; permitido apenas para este livro, cujos direitos autorais continuarão vinculados a obra original.

- A **Lei Orçamentária Anual** obedece aos parâmetros definidos pela LDO e pelo PPA, e estima as receitas e fixa as despesas de toda a Administração Pública Federal para o ano subsequente. O orçamento anual é um instrumento que expressa a alocação dos recursos públicos, sendo operacionalizado por meio de ações vinculadas aos programas, que constituem a integração do planejamento com o orçamento.

O Ciclo de Planejamento e Orçamento Federal corresponde a um período de tempo maior do que quatro anos. Ele inicia com a elaboração, discussão, votação e aprovação do PPA – Plano Plurianual, continua com a elaboração, discussão, votação e aprovação da LDO – Lei de Diretrizes Orçamentárias, e, por fim, abrange também a elaboração, discussão, votação e aprovação, execução, controle e avaliação da Lei Orçamentária Anual – LOA.

Além disso, esse ciclo ampliado abrange as etapas de monitoramento do PPA em tempo real, com informações registradas no Siop; avaliação anual do PPA, para análise da sua concepção, da implementação e dos resultados obtidos no ano anterior; e revisão do PPA, para incorporação das informações geradas na avaliação, por meio de alterações (inclusões/exclusões) na programação para o ano seguinte e, dentro da perspectiva do PPA rolante, para os três anos subsequentes.

A LDO, formalmente, não tem uma "execução e avaliação", mas tem um período de vigência, que é de 18 meses (ela acompanha o projeto de Lei Orçamentária Anual e a sua execução no exercício seguinte). No entanto, na prática, existe uma avaliação/revisão anual do conteúdo/texto da LDO. A LOA, por sua vez, apresenta também as fases de execução, controle e avaliação.

A Lei Orçamentária Anual, que se insere no **ciclo de gestão anual, encontra-se ao final desse capítulo**, onde será abordada com aspectos amplos e detalhados incluindo competências, elaboração e aprovação.

Dada a importância do PPA, LDO e LOA para a administração pública brasileira, esses três instrumentos do sistema de planejamento e orçamento serão abordados, sob a ótica federal, individualmente e detalhadamente a seguir.

2.1.1 Plano Plurianual – PPA

O Plano Plurianual – PPA é o **instrumento legal de planejamento** de maior alcance no estabelecimento das prioridades e no direcionamento das ações do governo. Ele traduz, ao mesmo tempo, o compromisso com os objetivos do período e o futuro sustentável da nação, assim como a previsão de alocação dos recursos orçamentários nas funções de Estado e nos programas de Governo.

O planejamento governamental é uma atividade permanente que, a partir de diagnósticos e estudos prospectivos, orienta as escolhas de políticas públicas, e o **PPA é um instrumento desse planejamento** que define diretrizes, objetivos e metas com o propósito de viabilizar a implementação e a gestão das políticas públicas, orientar a definição de prioridades e auxiliar na promoção do desenvolvimento sustentável.

Em face da escassez de recursos, o planejamento governamental constitui um espaço político onde o governo escolhe quais políticas públicas implementar aproveitar oportunidades, resolver os problemas e atender as demandas da sociedade.

O Plano Plurianual **condiciona** a elaboração de todos os demais planos no âmbito federal, que devem estar de acordo e harmonizar-se com ele, conforme dispõe o art. 165, § 4º, da CF: os planos e programas nacionais, regionais e setoriais serão elaborados em consonância com o plano plurianual e apreciados pelo Congresso Nacional.

O PPA é o instrumento de planejamento de médio/longo prazo do governo federal. Ele abrange não só o montante relativo aos dispêndios de capital, mas também objetivos, iniciativas e metas físicas que devem ser alcançadas até o final do período. O Plano detalha ainda as despesas que possuem duração continuada, condicionando, portanto, a programação orçamentária anual ao planejamento de longo prazo.

No **âmbito Nacional** o PPA representa o Planejamento Estratégico[2] do Governo Federal, embora a missão já esteja definida nas teorias sobre o Estado como "promover o bem-estar da coletividade".

Cabe ao PPA declarar as escolhas do governo e indicar os meios para a implementação das políticas públicas, e ainda, orientar a ação do Estado para o alcance dos objetivos pretendidos.

Conceito, Regionalização e Vigência

O conceito do PPA é extraído da Constituição Federal, art. 165, § 1º: "a lei que instituir o plano plurianual estabelecerá, de forma regionalizada, as diretrizes, os objetivos e metas da administração pública federal para as despesas de capital e outras delas decorrentes e para as relativas aos programas de duração continuada".

Este conceito pode ser detalhado para facilitar a sua compreensão:

- **Regionalização** – refere-se às macrorregiões brasileiras: Norte, Nordeste, Sudeste, Centro-Oeste e Sul – será detalhado no tópico a seguir.

- **Diretrizes** – são "um conjunto de instruções", são "orientações gerais" que balizarão as medidas que o governo adotará para alcançar os objetivos; são "linhas norteadoras" que definem os rumos a serem seguidos; são critérios de ação e de decisão que disciplinam e orientam os diversos aspectos envolvidos no planejamento.

- **Objetivos** – são alvos a serem atingidos, são os resultados que se pretende alcançar com a realização das ações governamentais, sempre visando ao bem-estar da coletividade. Cada Programa incluso no PPA possui objetivo específico, ao mesmo tempo em que concorre para o alcance dos objetivos gerais.

- **Metas** – são partições dos objetivos que, mediante a quantificação física dos programas e projetos, permitem medir e avaliar o nível de alcance dos objetivos.

---

2. No entanto, **em nível de Órgão/Entidade pública existe outro Planejamento Estratégico** específico (apresentado no item 2.2.1) – e o PPA representa um planejamento de médio prazo.

- **Despesas de Capital** – as despesas de capital são aquelas que contribuem para a formação ou aquisição de um bem de capital – são obras de toda espécie, equipamentos, investimentos, inversões financeiras e amortizações de dívidas.

- **Outras delas decorrentes** – são as despesas geradas após a entrega do produto das despesas de capital. São despesas correntes essenciais para o seu funcionamento ou manutenção. Ex: a construção de uma escola é despesa de capital. Concluída a obra e iniciada a sua utilização é necessário contratar professores, auxiliares, pagar despesas com luz, água, telefone etc. – essas são as despesas decorrentes das despesas de capital (da construção da escola).

- **Programas de Duração Continuada** – de acordo com a LRF são despesas que ultrapassam a dois exercícios financeiros. Referem-se à manutenção dos órgãos e entidades e aos recursos necessários à oferta de bens e serviços no período de vigência do PPA através de programas continuados de educação, saúde, segurança, lazer etc.

Regionalização

Com vistas a alcançar os objetivos constitucionais estabelecidos no art. 3º da CF/1988 (reduzir as desigualdades regionais), **o critério utilizado para o estabelecimento de diretrizes, objetivos e metas é a regionalização** (não é por estado nem por municípios), e o critério populacional (art. 35 das Disposições Constitucionais Transitórias: a redução das desigualdades inter-regionais será cumprida distribuindo-se os recursos entre as regiões macroeconômicas em razão proporcional à população).

Essa regionalização não se refere apenas ao PPA, mas a todos os demais planos que conforme art. 165, § 4º, devem ser elaborados em consonância com o plano plurianual e apreciados pelo Congresso Nacional.

A constituição federal de 1988 também destaca a regionalização no art. 165, § 6º e § 7º:

§ 6º. O projeto de lei orçamentária será acompanhado de demonstrativo regionalizado do efeito, sobre as receitas e despesas, decorrente de isenções, anistias, remissões, subsídios e benefícios de natureza financeira, tributária e creditícia;

§ 7º. Os orçamentos previstos no § 5º, I e II, deste artigo, compatibilizados com o plano plurianual, terão entre suas funções a de reduzir desigualdades Inter-regionais, segundo critério populacional.

O § 5º, I e II (citado no § 7º), refere-se ao orçamento fiscal e ao orçamento de investimento das empresas estatais. O orçamento da seguridade social não está incluído visto que os seus recursos são insuficientes para atender as necessidades da seguridade social, portanto, não há sobra de recursos para serem aplicados em outras finalidades.

As regiões às quais o PPA se refere são as **macrorregiões brasileiras**: Norte, Nordeste, Sudeste, Centro-Oeste e Sul. A essas macrorregiões é necessário acrescentar uma outra possibilidade: a nacional – visto que existem diretrizes, objetivos e metas de caráter nacional, pois todos os brasileiros serão beneficiados, independentemente da Região ou do Estado em que residam.

Contudo, registre-se que, se o critério de regionalização do PPA é por Macrorregiões; na LOA o nível de detalhamento das ações é maior: podem ser identificadas por Estados e Municípios.

Vigência

O art. 35, § 2º, das Disposições Constitucionais Transitórias assim estabelece: até a entrada em vigor da lei complementar a que se refere o art. 165, § 9º, I e II (ainda não elaborada), serão obedecidas as seguintes normas: I– o projeto do plano plurianual, para vigência até o final do primeiro exercício financeiro do mandato presidencial subsequente, será encaminhado até quatro meses antes do encerramento do primeiro exercício financeiro e devolvido para sanção até o encerramento da sessão legislativa.

Portanto, o PPA será enviado ao Congresso Nacional para aprovação no primeiro ano do mandato, passando a vigorara partir do segundo ano do mandato presidencial atual até o final do primeiro ano do mandato presidencial seguinte. É de quatro anos o período de sua vigência, mas ele não coincide com o mandato presidencial.

É no primeiro ano do mandato do Presidente da República que é elaborado o seu PPA; o seu planejamento para os quatro anos seguintes. O PPA deve ser encaminhado ao Congresso Nacional no 1º ano do mandato presidencial, até 31 de agosto e devolvido para sanção até 22 de dezembro do mesmo ano.

Assim, no primeiro ano de mandato Presidencial é utilizado o PPA elaborado pelo presidente anterior (e também a LDO e a LOA). O quadro a seguir ajuda a compreender que a vigência do PPA é de quatro anos, mas não coincide com o mandato presidencial.

QUADRO 14 – ELABORAÇÃO DO PPA X MANDATO PRESIDENCIAL

ANO	GOVERNO	PPA UTILIZADO	QUEM ELABOROU	VIGÊNCIA
2014	4º ano do 1ºGov.Dilma	2011-2015	1º Governo Dilma	4 anos
2015	**1º ano do 2ºGov.Dilma**	2011-2015	**1º Governo Dilma**	4 anos
2016	2º ano do 2ºGov.Dilma	2016-2019	2º Governo Dilma	4 anos
2017	3º ano - Governo Temer	2016-2019	2º Governo Dilma	4 anos
2018	4º ano - Governo Temer	2016-2019	2º Governo Dilma	4 anos
2019	**1º ano Gov.Bolsonaro**	2016-2019	**2º Governo Dilma**	4 anos
2020	2º ano Gov. Bolsonaro	2020-2023	Governo Bolsonaro	4 anos
2021	3º ano Gov. Bolsonaro	2020-2023	Governo Bolsonaro	4 anos
2022	4º ano Gov. Bolsonaro	2020-2023	Governo Bolsonaro	4 anos
2023	**1º ano Governo Lula**	2020-2023	**Governo Bolsonaro**	4 anos
2024	2º ano Governo Lula	2024-2027	Governo Lula	4 anos

Fonte: Paludo, Augustinho. Orçamento Público, Afo e Lrf, 12ª ed. JUSPODIVM, 2024.

Modelo de Gestão dos PPA's

Ação governamental **bem planejada** é aquela que orienta a alocação de recursos públicos de forma eficiente, eficaz e efetiva, maximizando os benefícios das políticas públicas para a sociedade (Ministério do Planejamento, 2023).

A gestão do PPA é responsabilidade Ministério do Planejamento, levada a termo pela Secretaria Nacional de Planejamento, a qual compete coordenar e gerir o sistema de Planejamento e Orçamento Federal, incluindo a elaboração e gestão do Plano Plurianual. Essa gestão do PPA é compartilhada com a Presidência da República, com a Casa Civil, com os Ministérios e com os Órgãos Setoriais.

A gestão do PPA tem a missão de garantir as condições materiais e institucionais para a execução do Plano, com vistas a ampliar as entregas do governo à sociedade: consiste na articulação dos meios necessários para viabilizar a consecução dos objetivos e metas.

Foi o PPA 2000-2003 que introduziu a gestão por resultados na administração pública federal, centrada nos programas. Esse modelo complementa a ótica da gestão das organizações, que se orientam pelas suas missões, otimizando a gestão organizacional, a qualidade dos serviços e os resultados diretos para a sociedade.

O PPA 2004-2007 focava a dimensão social e inovou ao trazer o Pacto de Concertação: um instrumento de gestão orientado para a conciliação de interesses dos diferentes níveis territoriais: macrorregional, regional, estadual, municipal etc., capaz de pôr em prática uma política compartilhada e articulada de desenvolvimento nacional e local, baseada em estratégias de estruturação equilibrada e complementar, respeitando a diversidade e a identidade cultural. Outra inovação foi a chamada programação plurianual "deslizante" que manteve uma base de planejamento com horizonte permanente de médio prazo, e a projeção de um exercício financeiro de programação a cada revisão do plano, configurando caráter de permanência ao Plano Plurianual, mediante a projeção indicativa de exercícios futuros para além de seu período de vigência.

A Gestão do Plano Plurianual 2008-2011 orientava-se pelos critérios de eficiência, eficácia e efetividade. Esse modelo era constituído pela gestão estratégica e pela gestão tático-operacional.

O Modelo de Gestão do PPA 2012-2015 manteve os critérios de eficiência, eficácia e efetividade, mas inovou ao segregar a gestão tática da gestão operacional. Passaram a existir três dimensões: a estratégica, a tática e a operacional – as duas primeiras fazem parte do plano e a última encontra-se vinculada ao orçamento anual. Também foram destaques a transparência e o aperfeiçoamento da comunicação com a sociedade.

No PPA 2012-2015 a **Gestão Estratégica** avançava para além da definição da visão, de diretrizes, de eixos, de macrodesafios, da consistência estratégica e da avaliação da execução: constituía-se numa base para repactuação permanente das condições de governabilidade, governança e implementação do Plano. A **Gestão Tática** (Programas) contemplava a definição dos programas Temáticos com maior capacidade de impactar e construir, no médio e longo prazo, o projeto de desenvolvimento proposto no plano.

Na gestão tática, quatro atores merecem destaque: **Gerente de Programa**, que integra a alta administração do órgão e é o responsável pela gestão do Programa: tem por função proporcionar e articular os recursos para o alcance dos Objetivos do programa, monitorar e avaliar a execução do conjunto das Ações do programa e estabelecer mecanismos inovadores para seu financiamento. É o titular da unidade administrativa à qual **o Programa** está vinculado. **Gerente Executivo**, indicado pelo Gerente do Programa: tem como função apoiar a atuação do gerente de programa, responsabilizando-se também pela integração e o acompanhamento do conjunto das Ações do Programa, sempre que a sua figura for considerada necessária pelo gerente do programa. **Coordenador de Ação**, cuja função é viabilizar a execução e o monitoramento de uma ou mais Ação do programa; é o responsável pela unidade administrativa à qual se vinculam as ações, devendo estar o mais próximo possível da execução das mesmas: é o titular da unidade administrativa à qual se vincula a Ação. **Coordenador Executivo**, indicado pelo Coordenador da Ação, que possui a função de apoiar a atuação do coordenador da Ação sempre que a sua ajuda for considerada necessária pelo coordenador.

A **Gestão Operacional** refere-se à execução do plano mediante alocação de recursos nos orçamentos anuais. Os Empreendimentos de Grande Porte poderiam ser desdobrados nas leis orçamentárias em mais de uma ação, para expressar sua regionalização ou seus segmentos.

O PPA 2016-2019 manteve a dimensão estratégica, tática e operacional; e aproximou a orientação estratégica dos Programas Temáticos, demonstrando como a estratégia geral do governo se conecta com os objetivos e metas da dimensão programática – permitindo ver as principais diretrizes de governo e sua relação com os Objetivos estabelecidos para os Programas Temáticos. Os Eixos e as Diretrizes Estratégicas norteavam a implantação das políticas e a construção dos Programas Temáticos: a conexão entre esses três instrumentos ficou mais clara e visível.

A gestão do PPA 2016-2019 observou os princípios da publicidade, eficiência, impessoalidade, economicidade e efetividade: articulava os meios necessários para o alcance dos Objetivos e das Metas, sobretudo para a garantia de acesso às políticas públicas pelos segmentos populacionais mais vulneráveis, e buscava o aperfeiçoamento da integração e implementação das políticas públicas, dos critérios de regionalização, dos mecanismos de monitoramento, avaliação e revisão do Plano, e da cooperação federativa. Nesse PPA, os objetivos ganharam maior destaque, como elos entre o Plano e o Orçamento; entre o Programa Temático e suas fontes de financiamento. O objetivo foi mais que uma declaração de intenção: foi o primeiro nível de responsabilização do Plano, pois havia um órgão responsável para cada Objetivo; e as metas foram seletivas e estruturantes, capazes de demonstrar a evolução dos Objetivos dos Programas que traduzem as realizações mais importantes definidas para o plano.

O modelo de gestão do PPA de – 2012 a 2019 – pautava-se pela flexibilidade, criatividade e informação, pela ampliação da comunicação e da coordenação entre os Órgãos Centrais de Governo e os órgãos executores, pelo respeito à diversidade política e suas relações de complementaridade, pelo diálogo, pelo fortalecimento do pacto federativo e pela transparência. Essa gestão abrangia todos os recursos necessários, e a orientação das organizações e de seus processos para a busca de resultados, com aperfeiçoamento dos indicadores, da comunicação, e da articulação intra/intergovernamental e com a sociedade organizada, visando: maior eficiência na implementação dos programas; maior eficácia ampliando as entregas à sociedade; e maior efetividade melhorando o bem-estar de todos os brasileiros.

O PPA 2020-2023 também manteve a gestão estratégica, a gestão tática e a gestão operacional. A estratégica é composta pelos Eixos Estratégicos, Diretrizes e Temas; a tática pelos Programas, e, na LOA, a operacional compreende as ações orçamentárias e não orçamentárias. A gestão deste PPA tinha como princípios de publicidade, eficiência, impessoalidade, economicidade e efetividade; e compreenderá a implementação, o monitoramento, a avaliação e a revisão do PPA.

No período 2019-2022, o Ministério do Planejamento foi extinto, causando sérias dificuldades a implementação de política públicas. Foi uma decisão articulada que abandonou as políticas sociais de inclusão e combate à pobreza, privilegiando a classe mais rica do país. Os cortes orçamentários na saúde e educação foram contínuos, talvez para que essas áreas funcionassem mal e assim ter argumentos para sua privatização, sem preocupação com as necessidades da população pobre do Brasil.

O PPA **2024-2027** mantém a gestão estratégica, a gestão tática e a gestão operacional. Todavia, a **gestão estratégica** foi fortalecida e compreende: visão de futuro, valores, diretrizes, eixos e objetivos estratégicos; a **tática** contém os programas, e a **operacional**, em nível de LOA, compreende as ações orçamentárias.

O novo PPA **resgata a participação social**, amplia a transparência e a regionalização das metas, incorpora programas transversais, expande as avaliações, e adota estratégias para conduzir a Nação a um patamar mais elevado de desenvolvimento sustentável, com inclusão, de maneira sinérgica com entes federativos e com a sociedade, mensurando o impacto real de transformação na vida dos cidadãos.

Este PPA aposta na articulação entre os planos regionais de desenvolvimento priorizando iniciativas específicas para as respectivas regiões, aprimorando a articulação federativa e contribuindo para a redução das desigualdades regionais; e utiliza o modelo lógico na construção do desenho e no acompanhamento dos programas.

Estrutura do PPA

Até 2012 a estruturação dos PPA's **era** baseada no binômio Programa-Ação, utilizado tanto no PPA como nas LOA's: nesse modelo havia sobreposição entre o plano e o orçamento através das ações. A partir de 2012 as **ações se tornaram exclusivas dos orçamentos**. Dessa forma não há sobreposição, mas **complementaridade** entre esses instrumentos, sem prejuízo à integração. Essa estrutura do PPA preserva as diferenças essenciais do Plano e do Orçamento: o PPA tem como foco a organização da ação de governo nos níveis estratégico e tático, e o Orçamento responde pela organização em nível operacional (demonstra como fazer: ações orçamentárias).

A **estrutura** do PPA **2012-2015** compreendia macrodesafios e programas. no PPA **2016-2019** compreendia a dimensão estratégica, contendo visão de futuro, eixos estratégicos, diretrizes estratégicas, e a dimensão tática com os programas temáticos e de gestão, manutenção e serviços ao estado. No PPA **2020-2023** a estrutura continha a dimensão estratégica (eixos, diretrizes e temas) e a dimensão tática com os programas; e a dimensão operacional mencionada no plano, refere-se à LOA.

No **PPA 2024-2027** a estrutura também compreende a dimensão estratégica e a dimensão tática. A dimensão operacional é tratada nas LOA's.

- **Dimensão Estratégica**, composta pela visão de futuro, valores, diretrizes, eixos temáticos, e objetivos estratégicos (com indicadores-chave nacionais e respectivas metas). nessa dimensão os indicadores e metas vinculam-se ao impacto/efetividade e resultados estratégicos.

- **Dimensão Tática**, é composta pelos Programas Finalísticos e de Gestão. Os finalísticos, com objetivos, metas e indicadores, entregam bens e serviços à sociedade, e os de gestão atendem despesas com a manutenção e funcionamento dos órgãos e entidades. Nessa dimensão, os indicadores e metas têm correspondência com resultados na camada legal e com produtos na camada gerencial.
- **Dimensão Operacional**, associada às ações orçamentárias e não orçamentárias, ambas contribuindo para o alcance dos objetivos dos Programas. Essa dimensão vincula-se a LOA, **exceto** as ações não orçamentárias que constam apenas no PPA.

As ações não orçamentárias constam apenas no PPA, e não integram a LOA.

O PPA 2024-2027 tem 88 programas finalísticos, 13 diretrizes; 3 eixos, 35 objetivos estratégicos; e um programa de gestão para cada poder. A previsão de gastos é de 13,3 trilhões de reais, sendo 70,81% recursos orçamentários; e 86% dos recursos são destinados aos programas finalísticos.

FIGURA 7 – ESTRUTURA DO PPA

Fonte: Paludo, Augustinho. Orçamento Público, Afo e Lrf, 10ª ed. JUSPODIVM, 2024.

Elaborado a partir do Manual para Elaboração do PPA, do Ministério do Planejamento.

Observações Importantes
- A **premissa básica** do PPA 2024-2027 é a valorização do planejamento governamental estratégico, pautado em prioridades e na escuta à sociedade.
- O modelo lógico apresenta-se como a **principal ferramenta** utilizada na construção do desenho dos programas.

- A metodologia para o PPA 2024-2027 apoia-se em **7 pilares**, descritos no item a seguir.
- Inovação desse PPA é a **integração** dos objetivos e metas com recursos orçamentários e não orçamentários.
- As ações continuam vinculadas diretamente ao programa, mas existe possibilidade de vincular ações e/ou planos orçamentários aos objetivos específicos e às entregas do programa.
- A redução das desigualdades sociais está no centro do PPA-2024-2027.
- As prioridades do PPA são: combate à fome e redução das desigualdades; educação básica; saúde: atenção primária e especializada; neoindustrialização, trabalho, emprego e renda; novo PAC; e combate ao desmatamento e enfrentamento da emergência climática.

Os Programas Operações Especiais **não fazem parte do PPA**; todavia, podem existir ações desta tipologia vinculadas à programas finalísticos.

O PPA 2024-2027 também utiliza o **modelo lógico**, que trabalha com camadas estruturais da cadeia causal: **Insumos**, são os meios e recursos necessários para a execução da política pública; **Ações**, correspondem aos processos necessários para viabilizar a implementação da política; **Produtos**, são as consequências diretas e quantificáveis das atividades realizadas e entregues à sociedade; **Resultados**, são mudanças quantificáveis (metas e objetivos de curto prazo) na realidade social decorrente dos produtos entregues; **Impactos**, são os efeitos finais esperados para a ação pública no médio e longo prazos: a transformação provocada com os resultados obtidos.

Haverá **indicadores em cada camada**: economicidade (para insumos), eficiência (para ações), eficácia (para resultados) e efetividade (para impactos).

FIGURA 8 – PADRÕES DE AVALIAÇÃO

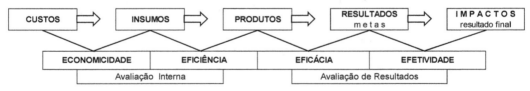

Fonte: Paludo, Augustinho. Orçamento Público, Afo e Lrf, 10ª ed. JUSPODIVM, 2024.

Todas as informações de cada etapa do PPA **devem ser registradas no SIOP**, que é o instrumento informatizado adotado para o processo de elaboração, monitoramento, avaliação e revisão dos programas do Plano Plurianual. O módulo de acompanhamento orçamentário do SIOP também será utilizado para o levantamento de informações regionalizadas acerca do gasto público.

O **SIOP é o meio de comunicação e integração** que fornece aos responsáveis pelo gerenciamento e pelo monitoramento, as informações necessárias para a execução e acompanhamento dos programas.

2.1.2 Pilares do PPA 2024–2027

Os sete pilares metodológicos do PPA 2024-2027 forneceram o alicerce para a estrutura e conteúdo do plano: trata-se de metodologia integradora do planejamento com a avaliação, focada em resultados, e orçamentariamente realista. São eles:

1. Aperfeiçoamento Metodológico

Os Programas Finalísticos contarão com Objetivos Específicos. A limitação de uma meta por programa no PPA anterior, composta por até 15 variáveis, dificultou a medição dos resultados. Agora utiliza-se objetivos específicos com um número maior de indicadores e suas respectivas metas, permitindo declarar mais de um resultado esperado por objetivo e melhorar a comunicação com a sociedade.

Substituição dos Resultados Intermediários pelas Entregas. Face a restrição a uma meta no PPA anterior, o TCU **determinou** a criação do atributo gerencial 'Resultado Intermediário', para registrar e monitorar as principais entregas e resultados do programa. Agora têm-se a camada legal que declara os resultados esperados com seus respectivos indicadores e metas (objetivos específicos); e a camada gerencial que declara os produtos (bens e serviços) entregues, com seus respectivos indicadores e metas (entregas).

Inversão da vinculação meta-indicador para indicador-meta. Agora a meta é apenas a declaração do valor do indicador que se deseja alcançar (evitando a repetição do texto do indicador na descrição da meta).

2. Fortalecimento da Dimensão Estratégica

A Dimensão Estratégica do PPA 2024-2027 é composta por visão de futuro, valores, diretrizes estratégicas, eixos, objetivos estratégicos e indicadores-chave, com suas respectivas metas para o final do PPA. O plano plurianual anterior apoiava-se somente em "eixos, diretrizes e temas".

Nessa dimensão serão declarados os **macroproblemas** públicos que precisam ser enfrentados, estabelecendo-se assim as prioridades de Governo.

3. Integração dos objetivos e metas com os recursos orçamentários e não orçamentários

Esse PPA observa o **realismo fiscal** e a melhor identificação da relação entre as metas dos programas e os recursos orçamentários e não orçamentários que as financiam. Para garantir que o plano continue retratando a efetiva disponibilidade de recursos para o financiamento das políticas públicas, haverá **atualizações periódicas** no cenário fiscal adotado, com atualização de seus atributos.

4. Integração entre planejamento e avaliação

A gestão do plano plurianual pressupõe processos eficientes de monitoramento e avaliação, distintos e complementares.

O **monitoramento** consiste no acompanhamento sistemático da execução das políticas públicas conduzidas pelos órgãos da administração federal. É indispensável para detectar possíveis falhas e indicar soluções tempestivas que contribuam para mudanças de rumo, garantindo o alcance dos resultados almejados. Serão **objeto de monitoramento** intensivo o objetivo do programa, os objetivos específicos, as entregas e os investimentos plurianuais.

A **avaliação** do PPA 2024-2027 permanecerá integrada com o Conselho de Monitoramento e Avaliação de Políticas Públicas (CMAP). O principal desafio será promover maior integração entre os processos de monitoramento, avaliação e revisão do PPA.

Em regra, o **monitoramento** fornece insumos para a escolha das políticas públicas a serem avaliadas; e os resultados da **avaliação** subsidiam aperfeiçoamentos nos programas e políticas durante o processo de revisão do Plano Plurianual.

5. Resgate da Participação Social

O PPA 2024-2027 **reconstrói espaços de participação social** nas políticas públicas, consolidando instâncias plurais de diálogo entre o Estado e a sociedade civil e o desenvolvimento de um sistema nacional de participação social que abranja formas normativas, organizacionais e institucionais, desenhadas para promover o envolvimento dos cidadãos nas decisões públicas.

- Este Plano Plurianual pretende ampliar a transparência, inclusive na execução, tornando-se um importante instrumento de interlocução e controle social, possibilitando o maior alinhamento entre as ações de governo e aspirações da sociedade. Por isso o processo de planejamento é composto por pactuação política e pela comunicação permanente com os atores envolvidos, construindo processos capazes de assegurar a participação social, na elaboração, na gestão, no monitoramento e na avaliação.

6. Visão territorial

O planejamento e a implementação de políticas públicas, com base no território, é importante para alcançar os resultados desejados pela sociedade, qualificando o debate acerca da eficiência e qualidade dos gastos públicos.

A dimensão territorial traz como resultado direto um conhecimento mais apurado das demandas para a atuação pública, tendo em vista as desigualdades e a diversidade de condições locais para a implementação de políticas públicas, muitas vezes pensadas de forma linear para a totalidade do país. O território é um espaço para a integração das políticas públicas, buscando sinergias e complementaridades, permitindo que a convergência de ações atue de forma mais efetiva em problemas e demandas complexas da sociedade; ainda, permite ampliar os canais de participação da sociedade no planejamento, e ampliar a transparência dos resultados da atuação pública.

7. Visão estratégica e foco em resultados

Esse PPA pretende ser ferramenta efetiva de planejamento e governança, como instrumento estratégico de decisão governamental, constituindo um espaço de negociação entre atores (do núcleo central de governo, dos órgãos setoriais e da sociedade) para a realização das escolhas prioritárias e com maior impacto positivo para a sociedade.

A visão estratégica e o foco em resultados são requisitos fundamentais para fortalecer a atuação governamental e ampliar o impacto das políticas públicas sobre a realidade social. O planejamento governamental potencializa a capacidade de transformação social e econômica quando o plano opera de forma estratégica e orientado por resultados.

PPA Participativo

- O Plano Plurianual 2024-2027 resgata a participação social. O "PPA Participativo" é um modelo de consulta popular com participação da sociedade, seja por meio de entidades de representação, como conselhos, associações, sindicatos, ONGs, seja de forma direta pelo cidadão: é uma atribuição da Secretaria geral da Presidência.

Os participantes são os conselhos nacionais como os saúde, educação, direitos humanos, agricultura familiar, segurança alimentar e habitação; e cidadãs e cidadãos.

A participação ocorreu por meio dos **Fóruns Interconselhos**[3] (3 eventos nacionais em Brasília, com cerca de 400 pessoas cada), 26 **plenárias estaduais** e uma Distrital (34 mil participantes), e **consulta digital** por meio de plataforma ou aplicativo digital para priorização de programas (4 milhões de brasileiros participaram).

No total, 8.000 propostas foram apresentadas. As contribuições foram compiladas pela Secretaria da Presidência e encaminhadas a Secretaria de Planejamento **para avaliação e análise** das equipes técnicas envolvidas na elaboração do PPA.

2.1.3 Etapas do PPA

Para fins didáticos, o PPA contempla **cinco etapas**: elaboração, implementação, monitoramento, avaliação e revisão.

1. Elaboração

O Ministério do Planejamento e Orçamento, como órgão central do sistema, por meio da Secretaria de Planejamento, coordena a elaboração do plano plurianual, e divulga as diretrizes para sua elaboração através de manual de orientações para elaboração do PPA.

O processo de elaboração do PPA observa a qualidade e rigor técnico no desenho dos programas governamentais, de forma que contribuam para a consecução das diretrizes, dos objetivos e das metas de governo. A elaboração do PPA tem **aspecto político** (Presidente, Ministros e Membros do Congresso Nacional) mais presente na dimensão estratégica; e **aspecto técnico** (servidores da área) mais presente na dimensão tática.

Aspecto Político	Dimensão Estratégica	⟹ Presidente, Ministros, Membros CN
Aspecto Técnico	Dimensão Tática	⟹ Servidores da Área de Planejamento

A elaboração do PPA pode ser **sintetizada em dois grandes módulos**, quais sejam: a dimensão estratégica e a dimensão tática (os programas).

---

3.   Fórum Interconselhos surgiu em 2011, como um espaço de participação institucionalizada na elaboração do PPA, composto por diferentes conselhos e representantes da sociedade civil.

- A **Dimensão Estratégica** compreende a visão de futuro, valores, diretrizes, eixos temáticos, e objetivos estratégicos (com indicadores-chave nacionais e respectivas metas); as **Orientações Estratégica de Governo** (diretrizes, objetivos e metas do Presidente eleito); o diagnóstico estratégico (análise interna e externa); o estudo da dimensão territorial; o cenário fiscal; a estratégia de financiamento, bem como a distribuição dos recursos entre os eixos e programas.
- **A Dimensão Estratégica precede e orienta** a dimensão tática e a elaboração dos Programas Finalísticos.
- A **Dimensão Tática** compreende a definição dos programas finalísticos, com vistas a atender as demandas, solucionar problemas, ou aproveitar oportunidades (são responsáveis pela entrega de bens/serviços a sociedade) e dos objetivos, metas e indicadores a eles vinculados. Compreende também os programas de gestão, para atender despesas com a manutenção e funcionamento dos órgãos e entidades.

Elaboração da Dimensão Estratégica

O PPA 2024-2027 **resgata e fortalece a Dimensão Estratégica** como documento orientador da ação governamental. Mais que anunciar o futuro desejado, as diretrizes e os objetivos estratégicos do país para os próximos quatro anos, a dimensão estratégica, pela **primeira vez**, contará com um conjunto de indicadores-chave que permitirão acompanhar o progresso para a superação de desafios nacionais.

No processo de sua elaboração, houve espaço para a participação e colaboração de atores da sociedade civil, que volta a ser agente ativo na definição da orientação estratégica do PPA, unindo esforços e potencializando resultados.

O Plano Plurianual começa a ser construído com a orientação estratégica definida pelo governo, organizado à luz dos cenários econômico, social, ambiental e regional. A dimensão estratégica **apoia-se nas orientações pessoais do Presidente eleito**, que, em parte, refletem o programa divulgado na campanha eleitoral. Essas orientações **estarão presentes em todas as etapas** e irão influenciar a formulação das políticas públicas, dos programas finalísticos, dos objetivos setoriais e das ações a serem desenvolvidas para sua viabilização.

As Orientações Estratégicas de Governo **são as prioridades do Presidente da República para o período do plano.**

O Manual do PPA elenca componentes da dimensão estratégica; contudo, **existem outros componentes** que são utilizados na elaboração do plano e que foram acrescentadas pelo autor, para fins didáticos. Esses componentes não representam uma sequência[4], e muitos **são realizados de forma concomitante**.

- **Visão de Futuro** – é o ponto de partida e expressa a declaração de um desejo coletivo, factível e claro, que orienta o planejamento da ação governamental e o destino da Nação. A visão estabelece o que se espera como um retrato nacional ao fim do período, como compromisso com o povo brasileiro e a comunidade internacional.

---

4. Sugestão de sequência: Prioridades do Presidente da República, Diagnóstico Estratégico; Visão; Valores, Diretrizes; Eixos; Objetivos Estratégicos; Cenário Fiscal.

A visão é um ideal possível de ser alcançado, que demanda o engajamento de todos para se tornar realidade, visto que o futuro é construído de maneira conjunta e participativa pelo governo, empresas e sociedade. A visão definida para 2024-2027 é "um país democrático, justo e próspero, onde todas as pessoas vivam com dignidade e qualidade de vida".

- **Valores** – são o conjunto de princípios e atitudes que orientam as decisões de governo no âmbito do PPA. Os valores devem guiar o comportamento de todos os que contribuem para as ações do governo.

- **Diretrizes** – são orientações que regulam um caminho a seguir, estabelecendo critérios que determinam e direcionam as ações para superação dos desafios compreendidos em cada Eixo Temático.

As Diretrizes são norteadoras da agenda pública, definindo rumos e orientando a ação governamental. Elas também orientam a concepção e a implementação dos programas (dimensão tática).

- **Eixos Temáticos** – agrupam os desafios a serem enfrentados / objetivos a serem alcançados, no período do PPA de acordo com suas temáticas centrais. Os eixos integram de forma sinérgica as ações governamentais e explicitam as suas inter-relações.

Os Eixos Estratégicos definem as principais linhas de atuação do Governo para o período do plano; são agregadores de objetivos estratégicos que relacionam o PPA ao planejamento nacional de longo prazo, e determinam o alinhamento estratégico que guiará a elaboração dos programas finalísticos.

Foram definidos **três eixos**: desenvolvimento social e garantia de direitos; desenvolvimento econômico e sustentabilidade socioambiental e climática; e defesa da democracia e reconstrução do Estado e da soberania.

- **Objetivos Estratégicos** – são declarações objetivas e concisas que indicam as mudanças que precisam ser realizadas em parceria entre governo e sociedade para atingir a Visão de Futuro. Devem ser quantificáveis a partir dos indicadores-chave nacionais de resultado, permitindo conferir o seu andamento e o atingimento dos resultados desejados, ou correção de trajetória, caso necessário.

Os objetivos (e as principais metas) serão monitorados por meio de **Indicadores-chave Nacionais**, como parte do esforço para alinhar as políticas e programas do governo com os resultados. São variáveis-chave para aferir os efeitos de transformação e são essenciais para o acompanhamento do desempenho da estratégia adotada no Plano. Indicadores-chave devem permitir a comparação internacional, a regionalização, o detalhamento por setores e/ou diálogo com públicos específicos.

- **Diagnóstico Estratégico** (análise situacional): consiste na análise da situação econômica, política, social e ambiental atual: interna e externa. Parte importante do diagnóstico é resultado da **avaliação do último PPA**, compreendendo variáveis macroeconômicas e de gestão do plano plurianual. Ameaças e oportunidades, pontos fortes e fracos, bem como as tendências também são analisados e avaliados.

Tendências Mundiais, fazem parte da análise estratégica, quanto as principais transformações em curso no contexto mundial, e seus reflexos sobre a realidade brasileira. É possível visualizar oportunidades e ameaças para o país, necessárias à tomada de decisão.

As análises do **cenário interno** compreendem as dimensões econômicas, políticas, sociais e ambientais; há análises específicas do **cenário regional**; e também do **cenário externo** político, econômico e social. Esse diagnóstico – juntamente com as prioridades do Presidente - dá suporte às grandes decisões e à alocação de recursos públicos, servindo de insumo para a elaboração de programas finalísticos.

- **Cenário fiscal**: concomitante com a formulação da dimensão estratégica e dos programas é elaborado um cenário fiscal de referência, visando estimar o montante de recursos orçamentários disponíveis para alocação no PPA, a fim de garantir a consistência fiscal do plano. A visualização desse cenário fiscal, ou seja, da previsão dos recursos para o período do plano, em última análise, definirá o quanto poderá ser feito.

A integração dos objetivos e metas com os recursos orçamentários e não orçamentários assegura o **realismo fiscal** do plano e a relação entre as metas dos programas e os recursos orçamentários e não orçamentários que as financiam – atualizadas periodicamente no cenário fiscal adotado.

Embora o estudo da dimensão territorial não conste como etapa, ele consta como pilar e sempre é realizado, visando maior qualidade do investimento e superação das desigualdades regionais. Essa análise estimula o processo de convergência das políticas públicas ao nível territorial com foco em investimentos em infraestrutura. **Inclui análise da sustentabilidade, hierarquização e priorização de investimentos.**

É da Dimensão Estratégica que **resultam** as diretrizes, objetivos e metas do plano plurianual. A Dimensão Tática (organização dos programas) é uma consequência dessas decisões.

Elaboração da Dimensão Tática: Programas

A Dimensão Tática define caminhos exequíveis para alcançar a visão de futuro e para tornar realidade as transformações anunciadas nas diretrizes e objetivos estratégicos. Compreende os programas finalísticos com seus objetivos, indicadores, metas, entregas, investimentos plurianuais e medidas institucionais e normativas; e os programas de gestão.

É a partir da dimensão estratégica que foram concebidos os programas finalísticos, que respondem pela dimensão tática do PPA. Uma vez identificados os principais desafios a serem enfrentados (problemas a serem superados, necessidades a serem atendidas e oportunidades a serem aproveitadas); e considerando as prioridades do presidente, a visão e valores, o diagnóstico estratégico, as diretrizes e eixos, o estudo da dimensão territorial, o cenário fiscal, e, ainda, o horizonte de longo prazo, foram definidos os programas para o período do plano.

O PPA é organizado por tipos de programas, conforme sua finalidade. Os programas finalísticos, mediante a implementação de um conjunto de ações, são responsáveis pela entrega de bens/serviços à sociedade; orientam a ação governamental, o monitoramento e a avaliação; enquanto os programas de gestão reúnem um conjunto de ações destinadas à manutenção e funcionamento das instituições públicas de cada Poder, Ministério Público, Defensoria Pública, e Empresas Estatais dependentes.

Tanto os programas finalísticos como os programas de gestão poderão ter ações orçamentárias e também **não** orçamentárias.

A organização dos programas compreende a definição dos problemas a serem solucionados, necessidades a serem atendidas, ou oportunidades a serem aproveitadas. A partir daí são definidos **objetivos e as ações** para concretizar esses objetivos. **Problemas** são demandas não satisfeitas, carências ou oportunidades identificadas, que, ao serem reconhecidas e declaradas pelo governo, passam a integrar a sua agenda de compromissos. A identificação precisa das causas dos problemas são fatores indispensáveis para a definição das Ações que irão combatê-las.

A figura a seguir auxilia na compreensão do inter-relacionamento dos programas, objetivos e ações utilizadas para combater as causas dos problemas.

FIGURA 9 – VISUALIZAÇÃO DO CONCEITO DE PROGRAMA

Conceito/Inter-relacionamento do Programa (MTO-SOF).

O **programa é um instrumento de organização da ação governamental** com vistas ao enfrentamento de um problema, atendimento de uma demanda ou aproveitamento de uma oportunidade. As Ações Orçamentárias e não orçamentárias são orientadas de forma a **combater as causas** dos problemas e não apenas mitigar seus efeitos. Assim, o programa articula um conjunto de Ações necessárias e suficientes para enfrentar uma situação, de modo a superar ou evitar as causas identificadas, bem como para aproveitar as oportunidades existentes.

Os programas devem espelhar as **prioridades do governo** por meio das pastas setoriais, concentrando a atenção nas principais políticas, evitando dispersão de esforços, tanto do núcleo central de governo quanto dos órgãos setoriais.

Os programas instituídos pelo PPA são os elementos integradores do planejamento, orçamento e gestão. A organização da atuação do governo sob a forma de programas tem como finalidade oferecer maior visibilidade aos resultados e benefícios gerados para a sociedade, garantindo objetividade e transparência à aplicação dos recursos públicos.

FIGURA 10 – PROGRAMA COMO INTEGRADOR ENTRE PLANEJAMENTO, ORÇAMENTO E GESTÃO

Programa como integrador entre planejamento, orçamento e gestão.

O PPA 2024-2027 tem apenas dois tipos de programas, assim conceituados:

- **Programas Finalísticos:** conjunto de ações governamentais financiadas por recursos orçamentários e não orçamentários de unidade responsável, suficientes para enfrentar problema da sociedade, conforme objetivos e metas; e visando à concretização do objetivo.

- **Programas de Gestão:** conjunto de ações orçamentárias e não orçamentárias, que não são passíveis de associação aos programas finalísticos, relacionados à gestão da atuação governamental ou à manutenção da capacidade produtiva das empresas estatais.

Somente os programas finalísticos têm objetivo, meta e indicador: os de gestão não tem esses atributos. O objetivo corresponde à declaração de resultado a ser alcançado que expressa em seu conteúdo o que deve ser feito para a transformação de determinada realidade, e a meta é a declaração de resultado a ser alcançado no curto prazo, de natureza quantitativa ou qualitativa, que contribui para o alcance do objetivo.

Antes de validarem os programas, os **órgãos setoriais** verificarão: se os objetivos setoriais estão alinhados aos objetivos estratégicos de governo; se estão relacionados com a solução de problemas, atendimento de demandas, ou aproveitamento de oportunidades; se foram estabelecidos indicadores para medir os resultados; se os custos estimados são compatíveis com os recursos previstos; se há nexo de causalidade (causa-efeito) entre o objetivo do programa, as ações e a solução pretendida; se a execução das ações é suficiente para alcançar os objetivos dos programas; e se é possível construir um gerenciamento/monitoramento eficaz para o programa. Os técnicos do ministério do planejamento também farão análises semelhantes, e definirão o órgão responsável para cada programa finalístico.

Após essa verificação/validação, os ministérios responsáveis realizam a inserção dos dados qualitativos dos programas finalísticos no Siop – Sistema Integrado de Planejamento e Orçamento – e em seguida, também no Siop, inserem-se os valores quantitativos dos programas. O valor global dos programas finalísticos deve ser especificado por esferas orçamentárias, com as respectivas categorias econômicas, e por outras fontes indicadas na etapa de captação quantitativa.

Concluída a análise/validação dos programas, o ministério do planejamento irá consolidar a dimensão estratégica e a dimensão tática **num único documento** que constitui o PPA, que deve ser encaminhado ao Congresso Nacional, em forma de projeto, pelo Presidente da República. **O PPA deverá conter**: o texto da Lei que estabelecerá os objetivos, diretrizes e metas para a administração pública federal; a mensagem presidencial enviada ao Congresso Nacional juntamente com o projeto de lei; a forma como o plano será acompanhado e avaliado; e as regras para a sua revisão.

Os programas destinados a Operações Especiais **não integram o PPA, e constarão apenas nas leis orçamentárias anuais.**

2. Implementação

A implementação do PPA ocorre, ano a ano, por meio da alocação de dotações nas Leis Orçamentárias Anuais.

Após a elaboração do PPA (Diretrizes, Objetivos e Metas), do estabelecimento das Metas e Prioridades pela LDO e da aprovação da LOA – Lei Orçamentária Anual é que **ocorre a implementação do PPA através da execução dos programas contemplados com dotações na LOA.**

No entanto, os programas são apenas instrumentos que organizam as ações de governo, então, é com a execução das iniciativas/ações orçamentárias e não orçamentárias dos programas que essa implementação torna-se realidade e procura-se solucionar os problemas, atender demandas da sociedade, aproveitar oportunidades e direcionar o Brasil para o País que queremos: os objetivos expressos no PPA.

Monitoramento e Avaliação

Uma boa gestão do plano plurianual pressupõe processos eficientes de monitoramento e avaliação; distintos e complementares.

O **monitoramento** consiste na observação contínua de uma dada realidade nos seus aspectos mais relevantes, no intuito de obter informações fidedignas e tempestivas. Trata-se de acompanhamento sistemático da execução das políticas públicas conduzidas pelos órgãos da administração federal. Já a **avaliação** é uma investigação aprofundada de uma determinada intervenção. Tanto o monitoramento quanto a avaliação fornecem informações para subsidiar a ação governamental; e são essenciais para a articulação, o acompanhamento de transversalidades e territorialidades das políticas e, em última análise, para viabilizar as entregas de bens e serviços à população.

O Conselho de Monitoramento e Avaliação de Políticas Públicas - **CMAP** é o responsável pelo monitoramento e avaliação do plano. O CMAP é um órgão interministerial, e instância superior de dois comitês: o CMAS que é responsável pela avaliação dos Subsídios e o CMAG que é responsável pela Avaliação de Gastos Direto.

Também existem unidades de monitoramento e avaliação nos ministérios e órgãos setoriais; sujeitos à orientação dos técnicos do ministério do planejamento.

O principal desafio será promover uma maior integração entre os processos de monitoramento, avaliação e revisão do PPA. Em regra, o **monitoramento** fornece insumos para a escolha das políticas públicas a serem avaliadas; e os resultados da **avaliação**, por sua vez, subsidiam aperfeiçoamentos nos programas e políticas durante o processo de revisão do Plano Plurianual.

No entanto, **nem tudo será avaliado**: a seleção de políticas e programas a serem avaliadas observará, ano a ano, determinados critérios e aspectos como materialidade, criticidade e relevância, e outros definidos pelo ministério do planejamento. Essa seleção visa permitir um **maior aprofundamento nas análises** a serem realizadas; ou seja, não se avalia tudo, mas espera-se melhor qualidade nas avaliações realizadas.

3. Monitoramento

Serão objeto de **monitoramento intensivo** o objetivo do programa, os objetivos específicos, as entregas e os investimentos plurianuais.

O monitoramento do plano plurianual é atividade **estruturada a partir da implementação de cada Programa**, e orientada para o alcance das metas prioritárias do governo. Monitoramento **é o acompanhamento contínuo** da execução físico-financeira dos programas e ações do PPA, permitindo análises para a identificação e superação das restrições. É indispensável para detectar possíveis falhas e indicar soluções tempestivas que contribuam para mudanças de rumo, garantindo o alcance dos resultados almejados.

A secretaria de planejamento e a secretaria de orçamento atuam no monitoramento dos programas do PPA, de forma mais estratégica, para dar mais efetividade a visão estratégica com foco em resultados. O monitoramento também será compartilhado com os órgãos setoriais, aos quais caberá preencher os dados de seus produtos e declarar os demais atributos concernentes à dimensão gerencial do plano.

O foco do monitoramento é produzir informações acerca do desempenho dos programas por meio do acompanhamento efetivo da execução das ações. Serão objetos desse monitoramento as metas estabelecidas no PPA e as ações estratégicas dos ministérios, que deverão estar alinhadas a estratégia global do PPA.

O objetivo de monitorar é promover a qualificação do debate acerca das políticas públicas e acompanhar o desempenho da política, com informações como: custos das políticas, detecção de gargalos, evidenciação de resultados alcançados etc.

4. Avaliação

A **avaliação** do PPA 2024-2027 permanece integrada com o Conselho de Monitoramento e Avaliação de Políticas Públicas (CMAP).

A avaliação consiste em processo sistemático, integrado e institucionalizado de análise das políticas públicas, com objetivo de aprimorar os programas e a qualidade do gasto público - fornecendo subsídios para eventuais ajustes em todo o processo do ciclo de gestão. Avaliam-se os efeitos das políticas e dos programas, por meio da análise da evolução dos indicadores e/ou pesquisas avaliativas da consistência, pertinência e suficiência da estrutura programática.

A avaliação é um processo gerencial que analisa tanto os resultados obtidos como os esperados, e ainda, os resultados **inesperados**, visando o aperfeiçoamento do planejamento e da ação governamental.

A avaliação tem ganhado destaque, com áreas que avaliam o gasto público e os subsídios, com enfoques variados. Talvez a avaliação de subsídios ajude entender porque um país com dívida pública de 6 trilhões e escassez de recursos em todas as áreas, conceda subsídios anuais em torno de 400 bilhões de reais.

A avaliação anual tem como objeto a análise da adequação da **concepção, implementação e resultados** obtidos no ano anterior. Ela compreende as atividades de aferição e análise dos resultados da aplicação dos recursos à luz da orientação estratégica. O **objetivo imediato** é influenciar as práticas de gestão do plano e o processo alocativo de recursos no orçamento.

Para o ministério do planejamento, o **objetivo fundamental** da avaliação é assegurar que as informações produzidas sejam utilizadas pela administração pública federal como parte integrante da gestão dos programas, com vistas à obtenção de melhores resultados pelo governo e de modo a fornecer subsídios para a tomada de decisão e a melhoria da qualidade da alocação dos recursos no plano, e nos orçamentos anuais.

Sintetizando: o objetivo da avaliação é assegurar o aperfeiçoamento dos programas e do plano plurianual como um todo, e subsidiar a decisão sobre alocação de recursos.

O tipo de avaliação a ser realizada **dependerá** do conselho de monitoramento e avaliação: pode tratar-se de avaliação executiva para questões pontuais que exigem soluções rápidas; ou mais sofisticadas e específicas, que requerem um exame mais minucioso (de eficiência, de desenho, de implementação, de resultados, de impactos etc.).

A avaliação percorre três etapas: a primeira feita pelo gerente de programa e sua equipe; a segunda feita pelos ministérios que comparam os resultados dos programas com os objetivos definidos; e a terceira feita por técnicos do ministério do planejamento, de forma mais ampla; que também analisam as avaliações feitas nas etapas anteriores.

Os resultados dessas avaliações são consolidados no relatório anual de avaliação do PPA que é **enviado ao Congresso Nacional**, sendo também disponibilizado para o público em geral através da página da internet do ministério do planejamento.

5. Revisão

A revisão dos programas **conclui o ciclo de gestão** introduzindo as recomendações e corrigindo as falhas de programação identificadas nos processos de monitoramento e avaliação, no sentido de aprimorar continuamente a atuação do governo.

Esta fase ocorre de forma concomitante com a revisão da estrutura programática da Lei Orçamentária Anual. **É uma via de mão dupla**. As informações geradas na fase qualitativa da proposta orçamentária anual serão utilizadas como subsídio para a revisão do plano plurianual; e a revisão dos programas do PPA definirão quais programas e ações poderão receber programação orçamentária na LOA.

A revisão incorpora informações geradas na avaliação, e realiza alterações (inclusões/exclusões) na programação para o ano seguinte, e dentro da perspectiva do PPA rolante, para os três anos subsequentes. Ela proporciona oportunidade para correções de rumo e ajustes necessários identificados nos processos de acompanhamento e avaliação.

Diversas alterações, mais simples, poderão ser feitas **diretamente pelo Poder Executivo**, como: valor global do programa, adequação de vinculação entre ações orçamentárias e programas, metas, atualização de investimentos plurianuais, unidade responsável, e valor do gasto direto ou de subsídio. Contudo, a inclusão/exclusão/alteração **de programas** deverá ser encaminhada ao Congresso Nacional em forma de **forma de projeto de lei** até 31 de agosto de cada ano.

A revisão do PPA **não é obrigatória**. Para que ela ocorra é necessário que haja interesse e autorização do poder executivo: **se incluir programas** dependerá de aprovação de lei de revisão pelo Congresso Nacional.

FIGURA 11 – DINÂMICA DO PLANO PLURIANUAL

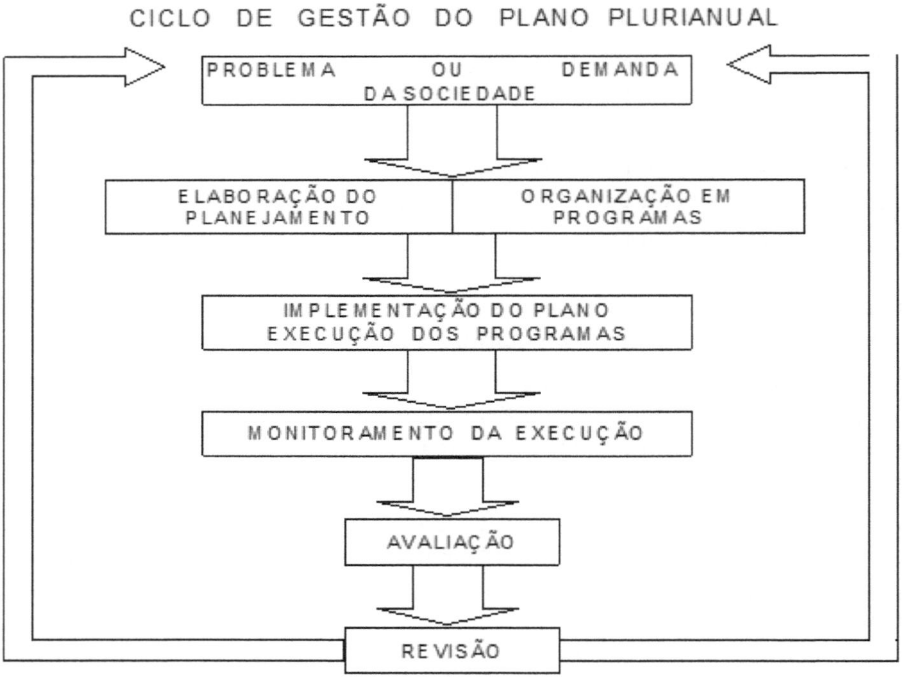

CICLO DE GESTÃO DO PLANO PLURIANUAL

PROBLEMA OU DEMANDA DA SOCIEDADE

ELABORAÇÃO DO PLANEJAMENTO | ORGANIZAÇÃO EM PROGRAMAS

IMPLEMENTAÇÃO DO PLANO EXECUÇÃO DOS PROGRAMAS

MONITORAMENTO DA EXECUÇÃO

AVALIAÇÃO

REVISÃO

Fonte: Paludo, Augustinho. Orçamento Público, Afo e Lrf, 12ª ed. JUSPODIVM, 2024.

2.1.4 Lei de Diretrizes Orçamentárias – LDO

A Lei de Diretrizes Orçamentárias – LDO é o instrumento norteador da elaboração da LOA – Lei Orçamentária Anual. Ela seleciona os programas do Plano Plurianual que deverão ser contemplados com dotações na LOA correspondente.

A LDO também se materializa numa lei ordinária de iniciativa privativa do chefe do Poder Executivo. É um instrumento de planejamento e o "elo" entre o PPA e a LOA. Ela antecipa e orienta a direção e o sentido dos gastos públicos, bem como os parâmetros que devem nortear a elaboração do Projeto de Lei Orçamentária para o exercício subsequente, além, é claro, de selecionar, dentre os programas do Plano Plurianual, quais terão prioridade na programação e execução do orçamento anual subsequente.

A LDO antecipa a definição das escolhas públicas: antecipa a tomada de decisão acerca das Prioridades e Metas para alocação de recursos no exercício seguinte.

A LDO estabelece os limites orçamentários das propostas dos Poderes, do Ministério Público e da Defensoria Pública da União. Outro papel importante desempenhado pelas LDO's é o preenchimento de lacunas deixadas pela ausência de legislação orçamentário-financeira, no que se refere aos prazos, conceitos e estruturas dos instrumentos de planejamento e orçamento (art. 165, § 9º, da CF/1988).

A LDO pode também ser instrumento de autorização de despesas, se constar no seu texto a possibilidade de execução provisória do valor orçamentário constante no PL-LOA, até o limite de um doze avos do valor dos créditos (multiplicado pelo número de meses até a promulgação da LOA), e se o orçamento anual não for aprovado até 31 de dezembro.

O projeto de Lei de Diretrizes Orçamentárias é elaborado pela Secretaria de Orçamento Federal, que conta com auxílio dos Órgãos Setoriais e UO's, e com o suporte técnico da Secretaria do Tesouro Nacional, nas questões relacionadas à dívida mobiliária federal e às normas para a execução orçamentária.

O encaminhamento do PLDO ao Congresso Nacional é feito pelo Presidente da República até o dia 15 de abril de cada ano. O projeto de LDO contém: texto do Projeto de Lei; e Anexos. Os anexos da LDO são: I – Quadros Orçamentários; II – Informações Complementares ao PL-LOA; III – Despesas que não serão contingenciadas; IV – Introdução Metas Fiscais (composto por 12 outros anexos); V – Riscos Fiscais; VI – Objetivos das Políticas Monetária, Creditícia e Cambial; VII – Prioridades e Metas.

De acordo com a Constituição Federal de 1988, o primeiro período da sessão legislativa não pode ser interrompido sem a aprovação da LDO (2/2 a 17/7).

Assuntos tratados pela LDO: Metas e prioridades da administração pública federal; Estrutura e organização dos orçamentos; Diretrizes para a elaboração e a execução dos orçamentos da União; Disposições para as transferências; Disposições relativas à dívida pública federal; Disposições relativas às despesas com pessoal e encargos sociais e aos benefícios aos servidores, aos empregados e aos seus dependentes; Política de aplicação dos recursos das agências financeiras oficiais de fomento; disposições sobre adequação orçamentária das alterações na legislação; Disposições sobre a fiscalização pelo Poder Legislativo e sobre as obras e os serviços com indícios de irregularidades graves; e, Disposições sobre transparência.

Conceito e Competências

O conceito da LDO também é fornecido pela Constituição Federal de 1988. Segundo o art. 165, § 2º, "a Lei de Diretrizes Orçamentárias compreenderá as metas e prioridades da Administração Pública Federal, incluindo as despesas de capital para o exercício financeiro subsequente, orientará a elaboração da Lei Orçamentária Anual, disporá sobre as alterações na legislação tributária e estabelecerá a política de aplicação das agências financeiras oficiais de fomento".

Esse conceito pode ser detalhado para melhor compreensão:

Metas: são partições dos objetivos que, mediante a quantificação física e financeira dos programas e projetos, permitem medir o nível de alcance dos objetivos. As metas podem ser de caráter social, econômico, financeiro e físico.

As metas fiscais financeiras tem maior destaque; são estabelecidas na LDO e cumpridas durante a execução da LOA.

Prioridades: A LDO retira do PPA as prioridades que a LOA deve contemplar em cada ano, mas essas prioridades não são absolutas, visto que existem outras despesas prioritárias: 1. obrigações constitucionais e legais; 2. manutenção e funcionamento dos órgãos/entidades; 3. demais despesas priorizadas pela LDO.

As prioridades da LDO não têm primazia absoluta. Essa primazia se aplica após atendidos os itens acima.

Incluindo as despesas de capital para o exercício financeiro subsequente: existem metas e prioridades também para as despesas de capital. Essas metas se referem ao exercício subsequente, haja vista que a execução orçamentária ocorrerá apenas naquele exercício.

Orientará a elaboração da Lei Orçamentária Anual: essa é a principal atribuição da LDO, haja vista a importância do Orçamento Público na vida de uma nação. Ela orienta não só a elaboração, mas também a execução do Orçamento Público no ano seguinte.

Disporá sobre as alterações na legislação tributária: as receitas tributárias são a principal fonte de financiamento dos gastos públicos. Assim, a criação de novos tributos, o aumento ou a diminuição de alíquotas etc. devem ser consideradas pela LDO.

Na prática isso significa que devem ser consideradas todas as alterações na legislação tributária que irão impactar na arrecadação de recursos no exercício seguinte – cujo valor a maior oriundo dessas alterações – será utilizado para autorizar um conjunto de despesas, que, somente serão executadas se as alterações tributárias efetivamente ocorrerem e os recursos forem efetivamente arrecadados.

Apesar dessa atribuição da CF/1988, a LDO não pode instituir, suprimir, diminuir ou aumentar alíquotas de tributos.

Estabelecerá a política de aplicação das agências financeiras oficiais de fomento: essas agências, na maioria, são bancos públicos, sendo a principal agência de fomento o BNDES. Temos também o Banco do Brasil, a Caixa Econômica Federal e os bancos regionais. Esse fomento ocorre através de empréstimos e financiamentos à sociedade, como forma de incentivo ao desenvolvimento de certas atividades no setor privado, que resultarão, ainda que indiretamente, em benefícios para a população.

Outras Competências oriundas da LRF

A LRF – Lei de Responsabilidade Fiscal aumentou consideravelmente o conteúdo da LDO, atribuindo-lhe a responsabilidade de tratar de outras matérias, conforme consta nos arts. 4º, 5º, 16, e 26:

Art. 4º. A Lei de Diretrizes Orçamentárias atenderá o disposto no § 2º do art. 165 da Constituição e:

I – disporá também sobre:

a) equilíbrio entre receitas e despesas;

b) critérios e forma de limitação de empenho, a ser efetivada nas hipóteses previstas na alínea b do inciso II deste artigo, no art. 9º e no inciso II do § 1º do art. 31 (*"Art. 9º. Se verificado, ao final de um bimestre, que a realização da receita poderá não comportar o cumprimento das metas de resultado primário ou nominal estabelecidas no Anexo de Metas Fiscais"; "Art. 31, § 1º, II – obterá resultado primário necessário à recondução da dívida ao limite, promovendo, entre outras medidas, limitação de empenho, na forma do art. 9º."*).

c) (vetado); d) (vetado);

e) normas relativas ao controle de custos e à avaliação dos resultados dos programas financiados com recursos dos orçamentos;

f) demais condições e exigências para transferências de recursos a entidades públicas e privadas;

II – (vetado); III – (vetado);

§ 1º. Integrará o projeto de Lei de Diretrizes Orçamentárias Anexo de Metas Fiscais, em que serão estabelecidas metas anuais, em valores correntes e constantes, relativas a receitas, despesas, resultados nominal e primário e montante da dívida pública, para o exercício a que se referirem e para os dois seguintes.

É a LDO quem estabelece as metas de resultados que deverão ser obedecidas e cumpridas pela LOA. As últimas LDO's permitem que, na execução – haja compensação entre as metas – do Orçamentos Fiscal, da Seguridade Social, e Programa de Dispêndios Globais.

§ 2º O Anexo (de Metas Fiscais) conterá, ainda:

I – avaliação do cumprimento das metas relativas ao ano anterior;

II – demonstrativo das metas anuais, instruído com memória e metodologia de cálculo que justifiquem os resultados pretendidos, comparando-as com as fixadas nos três exercícios anteriores, e evidenciando a consistência delas com as premissas e os objetivos da política econômica nacional;

III – evolução do patrimônio líquido, também nos últimos três exercícios, destacando a origem e a aplicação dos recursos obtidos com a alienação de ativos;

IV – avaliação da situação financeira e atuarial:

a) dos regimes geral de previdência social e próprio dos servidores públicos e do Fundo de Amparo ao Trabalhador;

b) dos demais fundos públicos e programas estatais de natureza atuarial;

V – demonstrativo da estimativa e compensação da renúncia de receita e da margem de expansão das despesas obrigatórias de caráter continuado.

§ 3º A Lei de Diretrizes Orçamentárias conterá Anexo de Riscos Fiscais, onde serão avaliados os passivos contingentes e outros riscos capazes de afetar as contas públicas, informando as providências a serem tomadas, caso se concretizem.

As últimas LDO's destacam dois tipos de riscos: o risco Orçamentário (decorrente das receitas e despesas não ocorrerem conforme previsto) e o risco da dívida pública mobiliária (oriundo das variações das taxas de juros, câmbio e de inflação).

§ 4º A mensagem que encaminhar o projeto da União apresentará, em anexo específico, os objetivos das políticas monetária, creditícia e cambial, bem como os parâmetros e as projeções para seus principais agregados e variáveis, e ainda as metas de inflação, para o exercício subsequente.

Art. 5º, III – conterá reserva de contingência, cuja forma de utilização e montante, definido com base na receita corrente líquida, serão estabelecidos na Lei de Diretrizes Orçamentárias, destinada ao:

a) (VETADO)

b) atendimento de passivos contingentes e outros riscos e eventos fiscais imprevistos.

A Reserva de Contingência foi prevista pelo artigo 91 do DL 200/1967 – mas somente foi implementada a partir da LRF. De acordo com a LDO, a reserva de contingência corresponde a, no mínimo, 0,2% da receita corrente líquida no projeto de LOA. Caso não ocorram os riscos e eventos imprevistos[5], o valor dessa reserva é utilizado como fonte de recursos para abertura de créditos adicionais.

As últimas LDO's determinam a criação de Reserva Específica – no valor da execução obrigatória estabelecida pelo art. 166 da CF/1988 – para atender as emendas individuais, emendas de bancada estadual e despesas de campanhas eleitorais.

Diretrizes

De acordo com a CF/1988 cabe ao PPA estabelecer Diretrizes, Objetivos e Metas para a administração pública federal; no entanto, a LDO estabelece Diretrizes para a elaboração dos orçamentos anuais – fato que pode ser constatado nas últimas LDO's.

Assim, quando se referir à administração pública: somente o PPA tem competência para estabelecer diretrizes; quando se referir especificamente ao orçamento anual: a LDO estabelece diretrizes no sentido de orientar a elaboração e execução dos orçamentos.

Ainda de acordo com a CF/1988, são atribuições da LDO dispor sobre: a dívida pública Federal; as despesas da União com pessoal e encargos sociais; e, a fiscalização, pelo Poder Legislativo, sobre obras e serviços com indícios de irregularidades graves.

Vigência

A LDO deve ser produzida em harmonia com o PPA, com vistas a orientar a elaboração da LOA. Deve ser encaminhada ao Congresso Nacional até o dia 15 de abril de cada ano. Embora sendo encaminhada periodicamente a cada ano, a sua vigência é superior a um exercício, ou seja, desde a sua aprovação até o final do exercício seguinte.

Com a sua aprovação e promulgação, imediatamente ela irá lançar sua força normativa sobre o Projeto de Lei Orçamentária Anual a ser enviado ao Legislativo até o final de agosto. Esse projeto vigorará até o final do exercício seguinte, e durante toda a sua vigência deverá obedecer às orientações emanadas da LDO respectiva.

Portanto, a vigência da Lei de Diretrizes Orçamentárias, se considerados os meses, é de 18 meses, e se considerarmos os anos, de 2 anos. Desde a sua aprovação, que deve ocorrer até o final do primeiro período da sessão legislativa (17/7), até o final do exercício financeiro seguinte (31/12).

---

5. A LDO considera "eventos imprevistos" as despesas não previstas ou insuficientemente dotadas (atendidas mediante créditos especiais ou suplementares).

2.1.3 LOA – Lei Orçamentária Anual

A LOA – Lei Orçamentária Anual é o produto final do processo orçamentário coordenado pela SOF. Ela abrange apenas o exercício financeiro a que se refere, e é o documento legal que contém a previsão de receitas e a autorização de despesas a serem realizadas no exercício financeiro a que se refere.

A Lei Orçamentária Anual é uma **lei ordinária formal**, pois percorre todo o processo legislativo (discussão, votação, aprovação, publicação), mas não o é em sentido material, pois dela não se origina nenhum direito subjetivo.

A LOA é o documento que define a gestão anual dos recursos públicos, e nenhuma despesa poderá ser realizada se não for por ela autorizada ou por lei de créditos adicionais. É conhecida como a lei dos meios, porque é um "meio" para garantir créditos orçamentários e recursos financeiros para a realização dos planos, programas, projetos e atividades dos entes governamentais.

A Lei Orçamentária Anual é um instrumento de planejamento que operacionaliza, no curto prazo, os programas contidos no Plano Plurianual. O projeto de Lei Orçamentária Anual contempla as prioridades selecionadas pela LDO e as metas que deverão ser atingidas no exercício financeiro. A lei orçamentária disciplina todas as ações do Governo Federal. É com base nas autorizações da Lei Orçamentária Anual que as despesas do exercício são executadas.

Com a aprovação e promulgação da LOA, as despesas nela contidas são apenas "autorizadas", visto que no decorrer do exercício financeiro o gestor público deverá reavaliar a real necessidade e utilidade de sua execução. Essa regra apenas não se aplica às despesas obrigatórias, as quais não compete ao ordenador de despesas decidir sobre a conveniência e oportunidade de sua realização, mas executá-las em cumprimento a um compromisso imperativo anteriormente assumido.

O Projeto de Lei Orçamentária Anual deve ser enviado pelo Presidente da República ao Poder Legislativo até o dia 31 de agosto de cada ano, e deve ser aprovado até o final da sessão legislativa (22 de dezembro).

Sob a ótica do planejamento, a LOA representa a "dimensão operacional" descrita no PPA, ao qual se encontra vinculada por meio dos programas; todavia, as ações não orçamentárias não farão parte da LOA, constando apenas no PPA.

Composição e Estrutura do Orçamento Público

A Constituição Federal de 1988, art. 165, determina que a Lei Orçamentária Anual compreenderá o Orçamento Fiscal, o de Investimento das Empresas Estatais e o da Seguridade Social, explicando cada tipo de orçamento:

1. Orçamento Fiscal, referente aos Poderes da União, seus fundos, órgãos e entidades da Administração direta e indireta, inclusive fundações instituídas e mantidas pelo Poder Público.

Por sua abrangência e dimensão, o Orçamento Fiscal é considerado o mais importante dos três orçamentos. Alguns autores consideram um "exagero" a amplitude concedida pela Constituição Federal ao conteúdo do Orçamento Fiscal, haja vista incluir empresas públicas e sociedades de economia mista dependentes.

Embora abrangente, não integram o Orçamento Fiscal: os fundos de incentivos fiscais; as autarquias (conselhos) de fiscalização de profissão (CREA, CRM, OAB etc.); as empresas estatais independentes.

O Orçamento das Empresas Estatais independentes não faz parte do Orçamento Fiscal e nem do Orçamento da Seguridade Social. O Orçamento Operacional das Empresas Estatais independentes faz parte do Programa de Dispêndios Globais, cuja aprovação ocorre diretamente por decreto do Poder Executivo.

2. Orçamento de Investimento das empresas em que a União, direta ou indiretamente, detenha a maioria do capital social com direito a voto.

Estatal independente é aquela que não depende de recursos do ente público controlador, ou seja, é uma empresa autossustentável (as estatais dependentes são as que recebem algum tipo de recurso para garantir suas despesas). No entanto, não perdem a denominação de estatal independente aquelas empresas públicas ou sociedades de economia mista que recebam recursos da União apenas para: participação acionária; fornecimento de bens ou prestação de serviços; pagamento de empréstimos e financiamentos concedidos; e transferência para aplicação em programas de financiamento ao setor produtivo das Regiões Norte, Nordeste e Centro-Oeste, ou para financiar programas de desenvolvimento econômico através do BNDES.

É importante observar que: esse orçamento abrange tão somente as empresas estatais independentes, pois as estatais dependentes estão inclusas no Orçamento Fiscal; as sociedades de economia mista, em regra, são estatais independentes: integram o orçamento de investimentos; se forem dependentes integrarão o Orçamento Fiscal e da Seguridade Social; uma empresa estatal pode ser independente num ano e se tornar dependente em outro – e vice-versa.

3. Orçamento da Seguridade Social abrange todas as entidades e órgãos a ele vinculados, da Administração direta ou indireta, bem como os fundos e fundações instituídos e mantidos pelo Poder Público.

O Orçamento da Seguridade Social compreende as dotações destinadas a atender às ações de Saúde, Previdência e Assistência Social, cujas prioridades e metas orientarão a elaboração do orçamento anual.

Embora pertençam a esferas orçamentárias diferentes, o Orçamento Fiscal e da Seguridade Social integram um mesmo conjunto de programas e ações orçamentárias, sendo denominados Orçamento Fiscal e da Seguridade Social.

Este orçamento compreende as despesas relativas à saúde, previdência e assistência social – de todos os órgãos, entidades e fundos a ela vinculados e não apenas as despesas daqueles que fazem parte da seguridade social. Assim, os órgãos, entidades, fundos e empresas dependentes estarão recebendo dotação do orçamento da Seguridade Social para as despesas com saúde, previdência e assistência; e dotações do orçamento fiscal para as demais despesas.

FIGURAS 12 e 13 – COMPOSIÇÃO DO ORÇAMENTO ANUAL

Poderes/Órgãos		Orçam. da **Seguridade Social**	Para as Despesas com: Saúde, Previdência e Assistência Social
Entidades	Inclusos nos **Dois Orçamentos**		
Fundos		Orçamento **Fiscal**	Para Todas as Demais Despesas
Empresas **Dependentes**			

Orçamento **FISCAL** e da **SEGURIDADE SOCIAL**	Poderes da União	**Inclusive** MPU
	Órgãos - Administração Direta	**Inclusive** Conselhos
	Entidades - Administração Indireta	**Exceto** Autarquias Regionais (Conselhos: CREA, CRM, CRA, etc)
	Fundos em Geral	**Exceto** os Fundos de Incentivos Fiscais
	Empresas Estatais **Dependentes**	
Orçamento de **INVESTIMENTOS**	Empresas Estatais **INDEPENDENTES**	**Exceto** Orçamento Operacional

Fonte: Paludo, Augustinho. Orçamento Público, Afo e Lrf, 10ª ed. JUSPODIVM, 2020.

Esses três orçamentos é que compõem a LOA – Lei Orçamentária Anual. Esse modelo atual segue a concepção de totalidade orçamentária, visto que os orçamentos são elaborados de forma independente, para depois serem consolidados em um só, o Orçamento Geral da União, possibilitando assim o conhecimento do desempenho global das finanças públicas.

Agentes orçamentários

A Secretaria de Orçamento Federal **é o Órgão Central** do sistema orçamentário: ela coordena o processo de elaboração da proposta orçamentária anual, em conjunto com os Ministérios e as Unidades Orçamentárias dos poderes Legislativo e Judiciário, e do Ministério Público da União.

As competências da SOF no processo orçamentário anual compreendem: coordenar, consolidar e supervisionar a elaboração da lei de diretrizes orçamentárias e da proposta orçamentária da União, compreendendo os orçamentos fiscal e da seguridade social; estabelecer as normas necessárias à elaboração dos orçamentos federais sob sua responsabilidade; avaliar o gasto público, os seus impactos sobre indicadores econômicos e sociais e propor medidas para o seu aperfeiçoamento, em articulação com outros órgãos; elaborar subsídios para formulação de políticas públicas de longo prazo destinadas ao desenvolvimento sustentável nacional; orientar, coordenar e supervisionar tecnicamente os órgãos setoriais de orçamento; planejar a elaboração do orçamento e definir diretrizes gerais para o processo orçamentário; analisar e definir/validar as ações orçamentárias que comporão a estrutura programática dos órgãos e Unidades orçamentárias no exercício; avaliar a necessidade de financiamento do Governo Central para a proposta orçamentária anual; fixar parâmetros e referenciais monetários para a apresentação das propostas orçamentárias setoriais; analisar, ajustar e validar as propostas setoriais; consolidar e formalizar a proposta orçamentária da União.

Órgãos Setoriais. De acordo com o § 1º do art. 4º da Lei 10.180/2001, os Órgãos Setoriais são as unidades de planejamento e orçamento: dos Ministérios, da Advocacia-Geral da União, da Vice-Presidência e da Casa Civil da Presidência da República, e também os correspondentes nos poderes Legislativo e Judiciário e no Ministério Público da União.

O Órgão Setorial desempenha o papel de articulador no seu âmbito, atuando verticalmente no processo decisório e integrando os produtos gerados no nível subsetorial, coordenado pelas Unidades Orçamentárias. Sua atuação no processo de elaboração orçamentária envolve: coordenação do processo de atualização e aperfeiçoamento das informações constantes do cadastro de programas e ações; fixação, de acordo com as prioridades setoriais, dos referenciais monetários para apresentação das propostas orçamentárias e dos limites de movimentação e empenho e de pagamento de suas respectivas UOs; definição e divulgação de instruções, normas e procedimentos a serem observados no âmbito do órgão durante o processo de elaboração e alteração orçamentária; Consolidação e formalização da proposta e das alterações orçamentárias do órgão.

Unidades Orçamentárias. Unidade Orçamentária é a repartição da Administração Federal que recebe seus créditos diretamente da LOA: é o agrupamento de serviços subordinados ao mesmo órgão ou repartição a que serão consignadas dotações próprias.

A Unidade Orçamentária desempenha o papel de coordenadora do processo de elaboração da proposta orçamentária no seu âmbito de atuação, integrando e articulando o trabalho das Unidades Administrativas vinculadas. Conforme os últimos MTOs, as Unidades Orçamentárias são responsáveis pela apresentação da programação orçamentária detalhada da despesa por programa, ação orçamentária e subtítulo. Seu campo de atuação no processo de elaboração orçamentária compreende: estabelecimento de diretrizes no âmbito da UO para elaboração da proposta e alterações orçamentárias; fixação dos referenciais monetários para apresentação das propostas orçamentárias e dos limites de movimentação e empenho e de pagamento de suas respectivas Unidades Administrativas; consolidação e formalização de sua proposta orçamentária.

Unidade Administrativa. Unidade Administrativa é toda unidade de atuação da Administração Pública, que elabora planejamento anual, é responsável pela execução de créditos orçamentários e sujeita-se à posterior prestação de contas junto aos órgãos de controle e perante a sociedade.

As Unidades Administrativas não recebem seus créditos diretamente da LOA – por isso dependem de uma Unidade Orçamentária para receber os créditos de que necessitam para o desempenho de suas atividades.

O planejamento em nível de Unidade Administrativa corresponde ao planejamento que todos os órgãos, unidades e entidades públicas realizam anualmente para atender exclusivamente as suas necessidades de funcionamento, essenciais à prestação dos serviços públicos e ao cumprimento de suas missões. O planejamento em nível de Unidade Administrativa corresponde à atividade de elaboração do planejamento propriamente dito, visto que são as Unidades Administrativas que identificarão cada necessidade (ou proposta de solução) que irá compor o planejamento anual.

FIGURA 14 – HIERARQUIA DOS ÓRGÃOS ORÇAMENTÁRIOS

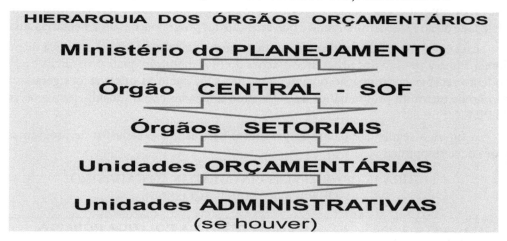

Fonte: Paludo, Augustinho. Orçamento Público, Afo e Lrf, 12ª ed. JUSPODIVM, 2024.

Processo de Elaboração

Com base na LDO aprovada pelo Legislativo, a **Secretaria de Orçamento Federal coordena a elaboração da proposta orçamentária para o ano seguinte**, em conjunto com os ministérios e os órgãos orçamentários dos Poderes Legislativo e Judiciário, e do MPU.

Numa visão prática, no início de cada ano, considerando os limites máximos estabelecidos pela PEC 95/2016, a meta fiscal e demais normas estabelecidas pela LDO para o exercício, a SOF:

1. Planeja a elaboração do orçamento e define diretrizes. Esta fase é destinada à organização do processo, abrangendo: a definição da estratégia de elaboração; as diretrizes para elaboração da LOA; a definição de etapas, produtos, agentes e cronograma; as metas e os riscos fiscais; os objetivos das políticas monetária, creditícia e cambial; margem de expansão para despesas obrigatórias de caráter continuado, instrução para detalhamento da proposta setorial e publicação de Portaria com prazos e procedimentos. Nesta fase a SOF conta com auxílio da Assessoria do Ministério do Planejamento; Órgãos Setoriais; e Casa Civil da Presidência da República.

2. Promove e valida a revisão da estrutura programática. Fase qualitativa destinada à revisão dos programas e das ações a serem utilizados no orçamento anual, tendo como base as propostas de alterações apresentadas pelos Órgãos Setoriais. A avaliação para a revisão considera o desenho da ação alinhada ao modelo lógico e programas do PPA, a parte financeira e física, os resultados obtidos e benefícios gerados. Nessa análise das alterações, a SOF conta com o auxílio da Secretaria de Planejamento, Sest, Órgãos Setoriais e UO's. Essas alterações são validadas no SIOP, e definem os programas e as ações que poderão ser contemplados com dotações orçamentárias no exercício seguinte.

Nos últimos dois anos houve revisão das ações orçamentárias, no sentido de evidenciar no orçamento as atividades e projetos que entregam produtos e serviços finalísticos à sociedade ou ao Estado, minorando a pulverização das programações orçamentárias atuais.

Esta etapa ocorre de forma concomitante com a revisão do PPA. É uma via de mão dupla. Tanto a revisão dos programas e ações do PPA definirão quais programas e ações poderão receber programação orçamentária na LOA, como as informações geradas na revisão da estrutura programática da LOA serão utilizadas como subsídio para a revisão do PPA.

A figura a seguir demonstra as perguntas básicas que o cadastro de programas e ações deve responder.

FIGURA 15 – PERGUNTAS VINCULADAS AO CADASTRO DE PROGRAMAS E AÇÕES

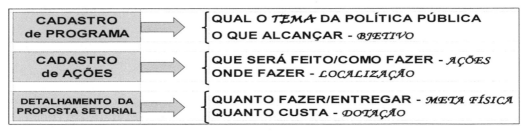

Fonte: Paludo, Augustinho. Orçamento Público, Afo e Lrf, 12ª ed. JUSPODIVM, 2024.

3. Estima a previsão de receitas (e despesas) e avalia a NFGC. Nessa fase são previstas as receitas que irão financiar a realização das despesas públicas – são consideradas as receitas administradas pela Secretaria da Receita Federal, as receitas previdenciárias e as receitas próprias dos órgãos. Considerando a meta de resultado fiscal estabelecida pela LDO, e a projeção das despesas, identifica-se a necessidade de financiamento do Governo Central (NFGC). Nesta fase, a SOF também conta com o auxílio dos Órgãos Setoriais; Ministério do Planejamento; e Casa Civil da Presidência da República.

O cálculo da estimativa da receita considera: série histórica da arrecadação (+) acréscimo decorrente da previsão de inflação (+) acréscimo decorrente da previsão de aumento no PIB (–) subsídios e renúncias de receitas (+ou–) resultado das mudanças na legislação tributária.

4. Fixa parâmetros e referenciais monetários para a apresentação da proposta setorial. Esta fase também observa os limites máximos estabelecidos pelo novo Arcabouço Fiscal, a meta fiscal estabelecida pela LDO e considera o montante dos recursos previstos, para depois fixar os referenciais monetários que funcionarão como limites para a apresentação da proposta orçamentária setorial. Nesta fase, a SOF conta com o auxílio do Ministério do Planejamento e da Casa Civil da Presidência da República.

Em nível de Instituição Pública, três fatores são comumente utilizados na definição dos limites: o montante das despesas obrigatórias, o alinhamento da série histórica da execução orçamentária e a capacidade de execução do ente público.

Somente após garantidos os recursos para o cumprimento da meta fiscal e para as despesas obrigatórias é que se obtém o montante disponível para utilização em despesas discricionárias.

FIGURA 16 – APURAÇÃO GLOBAL DE LIMITES ORÇAMENTÁRIOS

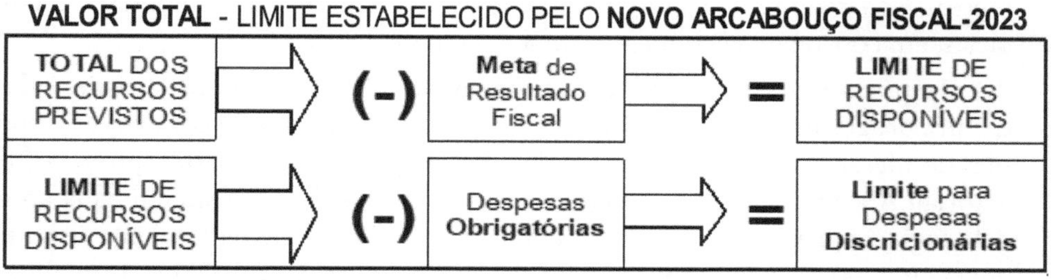

Fonte: Paludo, Augustinho. Orçamento Público, Afo e Lrf, 12ª ed. JUSPODIVM, 2024.

5. Divulga normas gerais para elaboração. São as instruções de procedimentos técnicos e administrativos emanados do órgão central do sistema, objetivando garantir o cumprimento da missão e das responsabilidades dos agentes envolvidos na elaboração da Proposta Orçamentária da União. Ex.: Manual Técnico de Orçamento. Também é divulgado o cronograma com as tarefas a serem realizadas pelos agentes envolvidos, com vistas a permitir tempo suficiente à elaboração orçamentária e atendimento aos prazos legais.

A fase qualitativa encerra em junho. Na sequência, depois de divulgados os referenciais para cada órgão setorial, ocorre a fase quantitativa, que se estende até o início de agosto.

6. Capta, analisa e valida as propostas setoriais. Nesta fase, recebida a proposta setorial ela é ratificada ou retificada, ocorrendo em seguida a consolidação e formalização da Proposta Orçamentária da União, incluindo as propostas dos Poderes Legislativo, Executivo e do Ministério Público da União, consubstanciadas no projeto da Lei Orçamentária Anual. Na captação também participam as UO's e os Órgãos Setoriais; na análise e validação a SOF, e se necessário, o Ministério do Planejamento e a Casa Civil da Presidência da República.

7. Formaliza o PL-LOA. Elabora o texto do PL-LOA, a Mensagem Presidencial e informações complementares. Como etapa final, após a consolidação, a SOF elabora o texto do Projeto de LOA e da Mensagem Presidencial – além de informações e quadros complementares de receita e de despesa, com auxílio do Ministério do Planejamento e da Casa Civil da Presidência da República.

A SOF também estará constantemente monitorando o processo de elaboração, esclarecendo dúvidas e repassando informações a todos os agentes envolvidos na função orçamentária.

No processo de elaboração do orçamento anual os **Órgãos Setoriais** desempenham o papel de articulador no seu âmbito, atuando verticalmente no processo decisório e integrando os produtos gerados no nível subsetorial, coordenado pelas Unidades Orçamentárias.

Numa visão prática, e sempre em consonância com as normas e orientações recebidas da SOF, o órgão setorial:

1 – **Estabelece diretrizes setoriais.** Na função de coordenação do Processo de Elaboração da Proposta Orçamentária no âmbito das Unidades Orçamentárias sob sua jurisdição, os Órgãos Setoriais definem premissas, políticas, normas, além de parâmetros e procedimentos a serem adotados pelo Órgão e pelas Unidades Orçamentárias, em consonância com as orientações emanadas da SOF.

2 – **Propõe a revisão da estrutura programática.** Fase destinada à revisão da estrutura programática a ser utilizada no orçamento anual, tendo como base as sugestões de alterações apresentadas pelas Unidades Orçamentárias e pelo próprio Órgão Setorial. A avaliação para a revisão considera o desenho da ação alinhada ao modelo lógico e programas do PPA, a parte financeira e física, os resultados obtidos e benefícios gerados. Pode haver alterações de título, produto, unidade de medida, ou criação de nova ação ou programa, que também servirão como subsídio ao projeto de lei de revisão do PPA. Uma vez realizadas as alterações elas são encaminhadas à SOF que, com o apoio da Subsecretaria de Planejamento e Subsecretaria das Estatais, fará a análise e validação final.

3 – **Estabelece prioridades dos programas e das respectivas ações.** A priorização é um mecanismo importante no processo de elaboração da proposta orçamentária e consiste no estabelecimento de uma hierarquia de programas e ações a serem executados. Nesse momento, os Órgãos Setoriais podem também direcionar a programação para o alcance dos objetivos estratégicos definidos para o Órgão no exercício.

4 – **Distribui valores/parâmetros monetários para as Unidades Orçamentárias.** Tendo como teto os parâmetros recebidos da SOF, os Órgãos Setoriais definem, por programas, os referenciais monetários para a apresentação das propostas pelas Unidades Orçamentárias.

5 – **Define instruções e normas de procedimentos a serem observados durante o processo de elaboração da proposta.** Essas orientações são de caráter mais operacional, com definições de padrões, regras e preços em geral, e visam garantir a coerência da proposta e permitir a condução tempestiva e satisfatória do processo.

6 – **Valida, consolida e formaliza a Proposta Orçamentária do Órgão.** Após a verificação da conformidade das propostas com as normas estabelecidas e da obediência aos limites estabelecidos, o Órgão Setorial valida, consolida e formaliza a proposta do órgão como um todo, encaminhando-a à SOF via SIOP.

A **Unidade Orçamentária**, por sua vez, desempenha o papel de coordenadora do processo de elaboração da proposta orçamentária no seu âmbito de atuação, integrando e articulando o trabalho das Unidades Administrativas vinculadas (aquelas que necessitam de uma Unidade Orçamentária para obter créditos orçamentários para a execução de seus programas e ações).

É em nível de Unidade Orçamentária (ou Unidade Administrativa) que ocorre a identificação de cada despesa que irá compor a Proposta Orçamentária Anual. Trata-se de momento crítico. Todas as áreas da entidade deverão participar dessa etapa identificando suas necessidades, cuja apresentação deve estar acompanhada da justificativa de sua necessidade e dos benefícios de sua realização.

Numa segunda etapa, as propostas anuais das Unidades Administrativas são agrupadas por unidades orçamentárias, que por sua vez são agrupadas por órgãos setoriais, que são agrupados por poder, e, por fim, são consolidadas na LOA e submetidas à aprovação do Poder Legislativo.

Ressalte-se, ainda, que a elaboração orçamentária **do Poder Legislativo, do Poder Judiciário e do Ministério Público da União possuem particularidades** no que se refere a metodologia e prazos; e no caso do Judiciário e do MPU, há necessidade de conter parecer do Conselho Nacional de Justiça, e do Conselho Nacional do Ministério Público, respectivamente.

Também possui particularidades o Orçamento de Investimento das Estatais – visto que segue tramitação diferenciada e **é coordenado pelo Subsecretaria de Governança das Estatais do Ministério do Planejamento**, e somente ao final do processo de elaboração é consolidado pela SOF para envio do Projeto de Lei Orçamentária ao Congresso Nacional.

Análise final, elaboração do PL e aprovação

Após o recebimento das propostas setoriais, a SOF realiza a verificação da compatibilidade das propostas encaminhadas pelos Órgãos Setoriais com os limites orçamentários estabelecidos – condição básica para se iniciar a fase de análise no âmbito daquela Secretaria. Caso sejam constatadas incompatibilidades, o Órgão Setorial é acionado para proceder aos ajustes necessários. Requisitos de atendimento às normas legais também são verificados.

Em seguida, há o fechamento, compatibilização e consolidação da proposta orçamentária anual – sob a forma de projeto de lei –, em consonância com a CF/1988, PPA, LDO, LRF e Lei 4.320/1964.

A fase final é a elaboração da mensagem presidencial, do texto e dos anexos do projeto de lei orçamentária. A elaboração da mensagem contará com a participação da Subsecretaria das Estatais, da Área Econômica e da Casa Civil da Presidência da República, mas, ao final, será a SOF que formatará, imprimirá e encadernará a mensagem presidencial na sua versão definitiva, após a aprovação do texto junto ao Ministério do Planejamento e Casa Civil da Presidência da República.

A mensagem presidencial que encaminha o PLOA é o instrumento de comunicação oficial entre o Presidente da República e o Congresso Nacional.

O projeto de LOA é encaminhado pelo Presidente da República ao Congresso Nacional, até o dia 31 de agosto de cada ano. No Congresso Nacional o PL-LOA é analisado pela Comissão Mista de Planos, Orçamento e Fiscalização, que elaborará parecer final acerca do projeto. Em seguida o projeto será votado no plenário do Congresso Nacional, e considerado aprovado se obtiver a maioria simples dos votos.

Por fim, a aprovação e promulgação da LOA são formalizadas pelos seguintes atos: decretação pelo Poder Legislativo; sanção pelo Presidente da República; e promulgação.

QUADRO 16 – EVENTOS E PRAZOS DO CICLO ORÇAMENTÁRIO AMPLIADO

LEIS DO CICLO ORÇAMENTÁRIO AMPLIADO			
ETAPAS	PPA	LDO	LOA
ENCAMINHAMENTO	31 de agosto do **1º. ano do mandato** presidencial	15 de abril	31 de agosto
APROVAÇÃO	22 de dezembro	17 de julho	22 de dezembro
VIGÊNCIA	**4 anos** de 1º. de janeiro do 2º. ano do mandato presidencial até 31 de dezembro do 1º.ano do mandato seguinte	**18 meses** da aprovação até o dia 31 de dezembro do ano seguinte	**1 ano** 1º. de janeiro a 31 de dezembro

Fonte: Paludo, Augustinho. Orçamento Público, Afo e Lrf, 12ª ed. JUSPODIVM, 2024.

Outros aspectos importantes

Embora durante seis meses de cada ano haja vigência simultânea de duas LDOs – elas não incidem sobre o mesmo PL e LOA – mas sobre PLs e LOAs diferentes: cada LDO incide sobre um único PLLOA e sobre a LOA oriunda desse PL aprovada pelo Congresso Nacional.

O ciclo de gestão (ou ciclo de planejamento e orçamento) não é autossuficiente, uma vez que a primeira parte do sistema tem renovação anual, refletindo em grande parte o resultado de definições constantes de uma programação de médio prazo, que por sua vez detalha os planos de longo prazo, que também são dinâmicos e flexíveis às conjunturas econômicas, sociais e políticas.

Os prazos anteriores se aplicam ao modelo Federal. Com relação aos Estados, ao Distrito Federal e aos Municípios, os prazos poderão ser diferentes.

Cabe ainda relembrar que esses instrumentos de Planejamento, Orçamento e Gestão, o PPA, a LDO e a LOA, são todos materializados através de Leis Ordinárias.

2.2 GESTÃO E PLANEJAMENTO ESTRATÉGICO

2.2.1 Gestão Estratégica[6]

Estratégia no âmbito militar significa um plano capaz de vencer o exército inimigo. Nas organizações trata-se de um plano – definido a partir da análise estratégica – que proporcionará à empresa a vitória sobre seus concorrentes.

Estratégia é a disciplina que ajuda a escolher um conjunto das melhores decisões para alcançar o futuro desejado, que constitui os objetivos, ciente que não estamos sozinhos, que há outras organizações e variáveis que podem facilitar ou dificultar o alcance dos resultados (Peres, 2012, tradução própria).

---

6. O conteúdo do item 2.2.1 (Gestão Estratégica) foi extraído do livro: Paludo, Augustinho. *Administração Pública*. 11. ed. 2024, JUSPODIVM, com pequena adaptação.

É regra que a estratégia nasce no interior da empresa – mas ela combina análise interna e externa com testes de viabilidade de alternativas. A estratégia escolhida deve explorar as competências essenciais da empresa combinadas com as oportunidades visualizadas no mercado – de forma a proporcionar uma vantagem competitiva – que permitirá manter clientes, ampliar a fatia de mercado, conquistar novos mercados, adentrar com novos produtos, e assegurar a continuidade das operações no longo prazo.

A estratégia não é uma decisão isolada; compreende um conjunto de decisões e ações com vistas ao alcance dos objetivos: deve representar a melhor opção, a mais viável, compatível com o negócio, as competências, a tecnologia e a estrutura da organização.

A estratégia escolhida deve representar o caminho ideal, o caminho que levará a empresa a conquistar seus objetivos: indica o que se deve fazer e o que não deve ser feito. Resulta de informações, projeções de futuro e testes de viabilidade. Sua escolha compete à alta administração, e uma vez definida orienta as ações da organização. Em regra, é definida junto com o planejamento estratégico e congrega os pontos fortes da empresa com as oportunidades visualizadas no mercado.

Para Mintzberg (2007) apud Marcelo Pedroso, 2010, o processo de elaboração da estratégia envolve: planejamento estratégico, visão estratégica, aprendizado estratégico, e investimentos/escolhas estratégicas.

É importante lembrar que a estratégia corporativa é desenvolvida junto com a missão, visão e pensamento estratégico, enquanto que a estratégia de negócios/competitiva é a responsável por indicar o caminho para o alcance dos objetivos.

Independentemente do nível da estratégia (organizacional ou de negócio), a estratégia deve ser monitorada (constantemente), avaliada (em períodos definidos) e revisada e/ou ratificada a cada ano.

Registre-se, também, que o planejamento precede a estratégia de negócios e utiliza a análise racional; a estratégia vem depois, como uma espécie de síntese a indicar o caminho para alcançar os resultados.

FIGURA 17 – UMA VISÃO DE GESTÃO ESTRATÉGICA

GESTÃO ESTRATÉGICA	
ELABORAÇÃO da Estratégia	
Análise da Missão, Visão e Diagnóstico Estratégico	Análise, Teste de Viabilidade e Escolha da Estratégia
ALINHAMENTO: Plano >> Estratégia >> Execução COMPATIBILIDADE: Ações de Curto Prazo X Objetivos de Longo Prazo	
IMPLEMENTAÇÃO da Estratégia	
BSC — Comunicação da Estratégia / Definição de Metas/Indicadores	Execução dos Projetos e Ações do Planej. Estratégico
AVALIAÇÃO dos Resultados	
BSC — Monitoramento dos Resultados	Análise Estratégica dos Resultados Aprendizado Organizacional Estratégico

Fonte: Paludo, Augustinho. Administração Pública, 11ª ed., JUSPODIVM, 2024.

A Gestão estratégica é a gestão que se preocupa com os aspectos essenciais para o futuro da organização: ela não se preocupa somente com a vitória de hoje; mas em manter essa conquista no futuro, no amanhã.

Gestão estratégica é o conjunto de decisões estratégicas que determinam o rumo e o desempenho da organização no longo prazo.

A gestão estratégica orienta a integração dos esforços das diversas áreas da organização, e direciona-os para o alcance dos objetivos estratégicos. Essa gestão refuta o individualismo – pessoal ou de setores – em prol de um alinhamento capaz de assegurar o alcance de resultados satisfatórios para a organização e para os demais interessados (stakeholders).

A gestão estratégica representa uma evolução da gestão empresarial, construída a partir de experiências e do conhecimento adquirido, e focada no que é mais essencial para a organização: a implementação de planos/projetos/ações estratégicos, capazes de assegurar o alcance dos objetivos e a sustentabilidade da empresa no longo prazo.

Essa gestão indica o rumo/direção para onde a organização deve ir: exige o pensar estrategicamente, exige análise das consequências futuras das decisões e ações hoje tomadas. É focada na sustentabilidade e em resultados, e a ela compete selecionar os projetos prioritários a serem implementados.

A gestão estratégica é mais ampla que o planejamento estratégico: compreende o ciclo de gestão administrativa (planejamento, execução e controle estratégicos), a gestão de projetos estratégicos e o aprendizado organizacional estratégico. Compreende, ainda, a visão sistêmica da organização, o pensar de forma estratégica (considerar a estratégia a ser adotada), o gerenciar a implementação, e a avaliação da estratégia – com vistas a transformar o planejamento estratégico em realidade, proporcionando o alcance dos objetivos organizacionais.

Para o CNJ, a Gestão estratégica é a forma pela qual a organização dá vida ao seu planejamento estratégico; no entanto, a gestão estratégica também orienta a gestão tática, que por sua vez orienta e acompanha a gestão operacional.

O pensamento estratégico representa o que a alta administração pensa; reflete seus desejos estratégicos: sua empresa do amanhã; e ajuda a construir a visão estratégica e imaginar cenários e estratégias para torná-la realidade – com muita criatividade, mas os meios para alcançar a visão são definidos no planejamento estratégico.

A gestão estratégica no século XXI, **influenciada pela governança**. combina a inovação com a gestão do conhecimento, integrados ao planejamento estratégico e a estratégia organizacional; e, no meio público, tem foco no interesse público-social, e aplicabilidade no âmbito dos três poderes: legislativo, executivo e judiciário, mas sua efetividade ainda representa um desafio para organizações públicas e privadas.

Uma forma encontrada para melhorar a gestão estratégica foi às reuniões periódicas (mensais/bimestrais), em que se avaliam a evolução da implementação e dos resultados obtidos, a partir de indicadores integrados de gestão, fornecidos por sistemas de informação gerencial.

Registre-se que a aplicação dos conceitos e técnicas de gestão estratégica no meio público requer adaptação ao interesse público-social e não pode contrariar os princípios e normas vigentes.

Planejamento estratégico é diferente de gestão estratégica: o primeiro é uma metodologia de planejamento gerencial de longo prazo, enquanto que Gestão Estratégica é uma evolução da gestão, encarregada dar a direção e de gerir, em todas as áreas da empresa, as ações mais importantes para o futuro da organização – desde a tomada de decisão, a sua implementação e o aprendizado organizacional estratégico.

Uma ferramenta utilizada na gestão estratégica para gerenciamento da implementação da estratégia é o BSC – Balanced Score Card; ele fornece informações medidas por indicadores financeiros e não financeiros, nas principais áreas da empresa: financeira, clientes, processos internos, aprendizado e crescimento.

FIGURA 18. DINÂMICA DA GESTÃO ESTRATÉGICA

Fonte: Paludo, Augustinho. Administração Pública, 11 ed., JUSPODIVM, 2024.

2.2.2 Planejamento estratégico em órgãos e entidades públicas

Ao falar de planejamento e de planejamento estratégico, Jackson de Toni (2003) assim enfatiza

> A grande questão consiste em saber se a organização é arrastada pelo ritmo dos acontecimentos do dia a dia, como a força da correnteza de um rio, ou se ela sabe aonde chegar e concentra suas forças em uma direção definida (TONI, 2003).

Por mais que os gestores dos órgãos e entidades públicas se esforcem e tenham boas intenções, a realidade tende a ser mais complexa do que o diagnóstico e as soluções apresentadas pela sua equipe e/ou por representantes da sociedade. Se os gestores públicos pretendem transformar uma realidade em outra, alterar a qualidade dos serviços ou melhorar os resultados significativamente, é necessário ultrapassar os conceitos de planejamento tradicional e de planejamento orçamentário, e praticar o planejamento estratégico com grande ênfase.

O planejamento estratégico é uma metodologia de planejamento gerencial de longo prazo, criada nos Estados Unidos em meados de 1960. Sua **principal funcionalidade** é estabelecer a direção a ser seguida pela organização. É um formato de planejamento que foca maior grau de interação com o ambiente, ou seja, tem em vista uma melhora na relação entre a organização e o ambiente externo no qual ela encontra-se inserida.

O planejamento estratégico traz em si o fato de que **é preciso inovar, ousar e avançar**, pois os princípios gerais da cultura democrática moderna de autonomia local e de descentralização política, administrativa e orçamentária (embora necessárias) já não são mais suficientes – nem para a solução dos grandes problemas em nível governamental e nem para a melhoria dos órgãos e entidades públicas.

Na perspectiva do planejamento estratégico, os gestores públicos devem inovar e construir uma rede de Governança local. Isso inclui novos mecanismos de coordenação, maior número de atores na sua elaboração, o empreendedorismo dos interessados e a sustentabilidade das políticas resultantes. O planejamento, visto estrategicamente, é a ciência e a arte de acrescentar maior governabilidade às organizações (TONI, 2003).

Por isso, no contexto da Governança, a elaboração desse planejamento deve contar com a participação de usuários, cidadãos e outros representantes da sociedade civil para a identificação dos problemas e oportunidades mais relevantes e para definição das melhores soluções a serem implementadas.

Nenhum gestor público conseguirá fazer apenas com sua equipe o que seria possível realizar com a participação e com o apoio dos usuários, dos cidadãos e demais representantes da sociedade. No enfoque participativo, o planejamento não é monopólio dos gestores e de sua equipe, mas um processo que envolve múltiplos e variados atores na sua construção.

No entanto, essa participação não pode e não deve ser retórica, mas real. Usuários, cidadãos e segmentos da sociedade não devem ser tratados simplesmente no plano opinativo. Os problemas por eles apresentados e as possíveis soluções devem ter predominância no momento das decisões, visto que ninguém conhece melhor o problema do que quem nele está inserido, e ninguém deseja tanto a solução como aquele que dela obterá benefício.

O planejamento estratégico se coaduna com as práticas democráticas e modernas, e, a partir delas, com a transferência de responsabilidade objetiva no processo de implementação para equipes de linha e diretores[7] das diversas áreas funcionais. Esse planejamento representa uma oportunidade para transformar os órgãos e entidades públicas e aperfeiçoar o seu funcionamento em benefício dos usuários-cidadãos.

Registre-se que o planejamento estratégico dos órgãos, entidades e unidades da administração pública federal **não se confunde** com o Plano Plurianual-PPA e nem com o planejamento de longo prazo, que, basicamente, projeta para o futuro as mesmas situações tidas no passado. Ele assemelha-se ao planejamento estratégico utilizado pelas organizações privadas; o que muda é o foco, a forma, a amplitude e a complexidade de sua aplicação, tendo em vista as particularidades da administração pública.

O planejamento estratégico aponta o caminho a ser seguido pela organização, como forma de responder às mudanças no ambiente. É o **planejamento mais amplo e abrangen-**

---

7. Na administração pública federal, a figura do gerente é, geralmente, substituída pela do diretor (diretor de RH, diretor de Finanças, diretor de Informática etc.).

te da organização e é de responsabilidade dos níveis mais altos da empresa. Ele é projetado para o longo prazo, tendo seus efeitos e consequências estendidos por vários anos à frente. Envolve a empresa em sua totalidade, abrange todos os recursos e áreas de atividade e preocupa-se em atingir os objetivos em nível organizacional e com a sustentabilidade.

Para obter êxito, esse planejamento exige forte comprometimento e participação da cúpula da organização em todas as fases do processo – desde sua concepção, mas especialmente na elaboração e implementação, visto que se trata do plano maior, do direcionamento fundamental ao qual todos os demais planos estarão subordinados, e ao qual toda a ação da organização deverá se submeter.

O planejamento estratégico **exige uma mudança cultural** do "eu" (área/setor) para o "nós" (organização), e se torna uma conquista para os órgãos e entidades públicas, pois aumenta a visão da empresa sobre o futuro e possibilita alcançar melhores resultados, antecipando-se às mudanças futuras e aproveitando as oportunidades identificadas.

O planejamento estratégico compreende o processo de formulação das estratégias que a organização utilizará para direcionar e fortalecer seu desempenho e sua posição competitiva, e como essas estratégias são desdobradas em planos de ação e metas para todas as áreas da organização; e também examina como o processo de formulação e operacionalização das estratégias pode ser reavaliado e melhorado. Esse processo de construção da estratégia é baseado na análise conjunta das forças e fraquezas internas à instituição, e das ameaças e oportunidades evidenciadas pelo ambiente externo. A estratégia deve ser condizente com as competências próprias e os recursos de cada organização e deve balizar um comportamento global, compreensivo e sinérgico de todos os seus componentes.

No contexto atual, esse planejamento é orientado e conduzido pela Governança, mas é elaborado pela alta administração auxiliada pela administração tática, com a participação de todos os colaboradores da organização.

Portanto, o planejamento estratégico guiado pela Governança tem a função de, por meio da estratégia orientar a gestão das organizações e por meio dos objetivos estratégicos direcionar os órgãos e entidades públicas para a obtenção de resultados que atendam às necessidades dos usuários, dos cidadãos e da sociedade, e, ao mesmo tempo assegurem a sustentabilidade da instituição no longo prazo.

Características do planejamento estratégico

O planejamento estratégico apresenta as seguintes características fundamentais:[8]

- O planejamento estratégico está relacionado com a adaptação da organização a um ambiente mutável. Está, portanto, sujeito a incertezas no que se refere aos eventos ambientais. Por se defrontar com a incerteza, tem suas decisões baseadas em julgamentos, e não em dados concretos.

- O planejamento estratégico é orientado para o futuro e seu horizonte de tempo é o longo prazo. É mais voltado para os problemas do futuro do que para aqueles de hoje: a consideração dos problemas atuais é dada apenas em função dos obstáculos e barreiras que eles possam provocar, em relação a um lugar no futuro que se deseja alcançar.

---

8.   Adaptado de Idalberto Chiavenato (2006), com ampliação.

- O planejamento estratégico é compreensivo. Ele envolve a organização como uma totalidade, abarcando todos os seus recursos, no sentido de obter sinergia das capacidades e potencialidades da organização, com vistas a obter um comportamento global, compreensivo e sistêmico.
- O planejamento estratégico é um processo de construção de consenso. Em face da diversidade de interesses e necessidades dos parceiros envolvidos, esse planejamento oferece um meio de atender a eles na direção futura que melhor convenha a todos.
- O planejamento estratégico é uma forma de aprendizagem organizacional. Como está orientado para a adaptação da organização ao contexto ambiental, o planejamento constitui uma tentativa constante de aprender a ajustar-se a um ambiente complexo, competitivo e mutável.
- O planejamento estratégico contribui para a maior eficiência, eficácia e efetividade das ações da organização. As ações decorrentes desse planejamento, devem melhorar a eficiência e maximizar os resultados positivos com vistas ao pleno alcance dos objetivos estabelecidos.

Registre-se que o planejamento estratégico dos órgãos e entidade públicas **não é o mesmo** das empresas privadas e deve ser alterado em alguns aspectos. É preciso compatibilizar os instrumentos de planejamento legalmente definidos com os condicionantes organizacionais e com a lógica de atuação dos administradores públicos. Veja-se, por exemplo, algumas distinções nesse sentido, identificadas na literatura, que foram publicadas na *Public Administration Review,* conforme segue.

I. Fatores ambientais			
Tema			**Proposição**
I.1	Grau de exposição ao mercado	I.1.a	Menor exposição ao mercado repercute em menor incentivo para a redução de custos, eficiência operacional e no desempenho.
		I.1.b	Menor exposição ao mercado resulta baixa eficiência alocativa (reflexo nas preferências do consumidor, proporcionado pelo atendimento da demanda etc.).
		I.1.c	Menor exposição ao mercado significa menos disponibilidade de indicadores e de informação do mercado (preços, lucros etc.).
I.2	Limitações jurídicas formais (tribunais, legislação, hierarquia)	I.2.a	Mais limitações aos procedimentos, esferas de atuação (menos autonomia dos gestores fazerem escolhas entre alternativas).
		I.2.b	Maior tendência à proliferação de procedimentos e controles formais.
		I.2.c	Maior número de fontes externas de influência formal, e mais fragmentadas.
I.3	Influências políticas	I.3.a	Maior diversidade de intensidade de influências externas informais sobre as decisões (negociação, opinião pública, reação de grupos de interesse).
		I.3.b	Maior necessidade de apoio de "terceiros interessados": grupos de usuários, autoridades formais favoráveis etc.

II. Interações da Organização com seu Meio Ambiente		
II.2	Coercitividade (inevitável natureza "coercitiva" e "monopolística" de muitas atividades governamentais)	II.1.a	É mais provável que a participação no consumo e no financiamento dos serviços seja de natureza inevitável ou obrigatória em muitas atividades governamentais (o governo tem poder de sanção e detém faculdades coercitivas únicas).
	Alcance de impactos	II.2.a	Maior impacto, maior importância simbólica das ações dos administradores públicos (maior amplitude dos interesses, como o "interesse público").
II.3	Controle público	II.3.a	Maior controle público incidente sobre servidores e agentes públicos e sobre suas ações.
II.4	Expectativas públicas exclusivas	II.4.a	Maiores expectativas públicas de os servidores e agentes públicos atuarem com maior justiça, sensibilidade, responsabilidade e honestidade.
III. Estruturas e processos Internos		
	Complexidade de objetivos, normas de avaliação e de decisões	III.1.a	Maior número e diversidade de objetivos e normas.
		III.1.b	Maior amplitude e intangibilidade dos objetivos e normas.
		III.1.c	Maior tendência de que as normas entrem em conflito (maiores interações).
III.2	Relações de autoridade e papel do administrador	III.2.a	Menor autonomia e flexibilidade ao tomar decisões, por parte dos administradores públicos.
		III.2.b	Autoridade mais fraca e fragmentada sobre os subordinados e sobre os níveis inferiores da hierarquia (1. Os subordinados podem apelar a autoridades superiores. 2. Limitações do sistema de méritos).
		III.2.c	Maiores relutâncias para delegar, mais níveis de revisão e maior uso de regulamentos formais (devido às dificuldades de supervisão e de delegação, resultantes do item III.l.b).
		III.2.d	Os altos gestores são mais expostos e exercem papéis mais políticos.
III.3	Desempenho da organização	III.3.a	Maior cautela e rigidez, menos poder de inovação.
		III.3.b	A rotação mais frequente dos altos gestores, por eleições e por nomeações políticas, resulta em maiores rupturas na implementação de planos.
III.4	Incentivos e estruturas de incentivos	III.4.a	Maior dificuldade de implantar incentivos por desempenho eficiente e eficaz.
		III.4.b	Menor valoração dos incentivos econômicos pelos servidores.
III.5[a]	Características pessoais dos servidores e agentes públicos	III.5.a	Variações de traços de personalidade e necessidades por parte dos gestores governamentais, como elevadas necessidades de dominação e de flexibilidade, maiores necessidades de realização.
		III.5.b	Menor satisfação no trabalho e menor compromisso com a organização.

Fonte: Rainey, Backoff e Levine (1976), com adaptações.

NOTA: [a] III.5.a e III.5.b representam resultados de estudos empíricos particulares, e não pontos de acordo entre os autores.

Como bem destaca Paludo (2020), o gestor e a administração pública podem e devem melhorar suas práticas a partir da utilização de técnicas consagradas pela iniciativa privada, no entanto, não podem simplesmente aplicar as práticas privadas sem uma adaptação adequada à realidade pública.

Diante de condições como essas, torna-se obrigatória a adaptação de algumas premissas do planejamento estratégico aplicado em organizações privadas quando se pretende utilizá-lo em ambiente de organizações públicas. Em face disso, apresentaremos particularidades importantes para sua utilização no ambiente de órgãos e entidades públicas.

O planejamento estratégico deve apresentar como **resultado final** uma instituição pública fortalecida, coesa, sólida e sustentável, seguindo firme na direção da melhoria da eficiência operacional, da prestação dos serviços e da efetividade de suas ações, consolidando assim a sua missão e a sua visão.

Registre-se, ainda, que a organização deve ter um bom sistema de informação que permita acompanhar e controlar a implementação do plano, monitorar o alcance das metas (aferidas por indicadores) e avaliar os resultados.

2.2.2.1 Etapas do planejamento estratégico

Não há consenso sobre o número, a sequência-padrão nem quanto aos termos utilizados para a definição das etapas do planejamento estratégico em nível organizacional. Alguns autores preferem realizar primeiro o diagnóstico institucional, enquanto outros começam pela definição da missão. Alguns se concentram na análise interna e externa e na definição da estratégia, outros utilizam de três a cinco etapas.

Independentemente da nomenclatura e das etapas utilizadas, todos descrevem os mesmos assuntos, com maior ou menor nível de profundidade e detalhamento – e algumas particularidades. Neste livro preferimos ampliar essas etapas para facilitar a compreensão do processo de elaboração e implementação do planejamento estratégico, adotando a seguinte sequência:

1. contratação de profissional experiente;

2. conscientização;

3. definição da missão, da visão e dos valores;

4. diagnóstico institucional;

5. definição de questões, objetivos e estratégias;

6. desmembramento dos planos;

7. implementação;

8. avaliação;

9. revisão.

Essas etapas do planejamento estratégico pensado para órgãos e entidades públicas brasileiras não constituem uma série sequencial rígida, mas um processo didático que auxilia a sua compreensão.

FIGURA 19 – PROCESSO DE PLANEJAMENTO ESTRATÉGICO

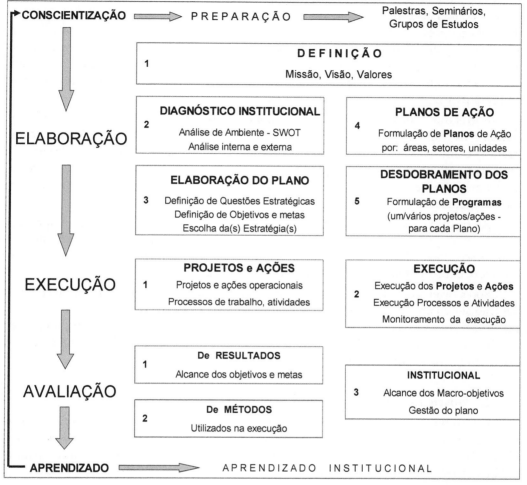

Fonte: Elaborado pelos autores.

1. Contratação de profissional experiente

As instituições públicas, por mais que tenham bons profissionais em seus quadros de pessoal, dificilmente possuem servidor com qualificação, legitimidade e liberdade de ação suficientes para conduzir um processo importante e complexo como o planejamento estratégico. Note-se que, na condução desse processo de planejamento, há necessidade de se repensar a organização em, praticamente, todos os aspectos. Isso, fatalmente, levará a situações em que interesses de grupos internos sejam afetados e facilmente surgirão problemas que "não devem" ser levantados nem enfrentados.

A figura de um agente de planejamento externo (consultor ou equipe), neste ponto, abre possibilidades de mexer e repensar a realidade da organização, com menores restrições de ordem política para sugerir mudanças.

O planejamento estratégico não é, pois, aventura para principiantes. Tentar realizar esse planejamento sem uma base profissional altamente qualificada para conduzir o processo é condenar a instituição a soluções medíocres, e afetar sua credibilidade perante os colaboradores e a sociedade. Notem quantos casos de fracassos em tentativas impensadas de implementar o planejamento estratégico – bem como de outras ferramentas gerenciais, como gestão por processos, gestão de projetos, qualidade total etc. – acabam por gerar os injustificáveis argumentos, do tipo: "aqui isso não dá certo porque é coisa de empresa privada", "aqui é tudo diferente" etc.

Entretanto, normalmente os inábeis aplicadores são incapazes de apontar as diferenças e os motivos pelos quais ocorreram insucessos. Para evitar situações constrangedoras como esta, além de conhecer profundamente as bases teórico-conceituais e as práticas do planejamento estratégico em nível de órgãos e entidades públicas, deve-se, efetivamente, repensar suas estruturas e como as coisas são feitas, para se abrir a soluções mais eficientes.

Além disso, os gestores públicos devem, – ao invés de se especializar a apresentar desculpas para insucessos – demonstrar elevada capacidade técnica e gerencial para indicar soluções e coragem para implementá-las, bem como liderança na condução do processo, e transparência na demonstração dos resultados.

Sob a orientação da Governança, e uma vez contratado esse profissional ou equipe,[9] deverão ser chamados a colaborar ativamente deste planejamento, desde a conscientização inicial até a avaliação final e sua revisão, além da alta direção e das demais lideranças dos órgãos e entidades públicas, todos os servidores que possuem qualificação na área de planejamento e administração.

2. Conscientização

No ambiente da administração pública, torna-se indispensável a conscientização de todo o quadro de servidores quanto à importância do planejamento estratégico e dos benefícios que ele poderá trazer para a instituição, com reflexos positivos tanto para o público interno quanto para o externo.

Haja vista a estabilidade dos servidores públicos, não resta ao gestor ou dirigente máximo do órgão ou entidade outra solução que não seja a de conquistar o apoio e o comprometimento da maioria dos servidores para a construção e implementação do plano. Dificilmente, pois, um plano terá sucesso na área pública se não contar com o comprometimento das lideranças e o apoio dos servidores.

A cada tentativa de mudança, de algo novo, lideranças e servidores ficam logo apreensivos, e até terem certeza de que não correrão riscos não darão o seu apoio; e se acreditarem que serão prejudicados com a implementação do plano, além de não auxiliar, se puderem, tentarão boicotá-lo. Esta tem sido a prática, infelizmente, evidenciada em tentativas de implementação de inovações e mudanças na administração pública.

---

9. Não se pretende supervalorizar esse profissional ou avaliar contratações de consultorias a preços abusivos, mas afirmar que sem esse profissional a chance do processo fracassar é enorme.

Dessa forma, é essencial que a Governança, por meio da alta administração, encontre, além das formas aqui sugeridas, outros meios para conscientizar as lideranças e todos os demais servidores.

É preciso transparência para a obtenção de apoio; é preciso demonstrar para todos o que o plano propõe e quais são os resultados esperados. A informação é a chave para se obter o apoio, o envolvimento e o comprometimento de todos.

Lideranças intermediárias e servidores operacionais, se engajados, sentir-se-ão participantes do processo. Isto abrirá espaços profícuos para que tragam soluções até então não pensadas pela alta direção, que poderão contribuir para a efetiva melhoria da eficiência operacional e da prestação dos serviços públicos, fortalecendo, em última instância, a própria instituição.

Registre-se que é preciso transparência para a obtenção de apoio; é preciso demonstrar para todos o que o plano propõe e quais são os resultados esperados. Nesse momento, a informação é a chave para se obter o apoio, o envolvimento e o comprometimento de todos.

Podem ser utilizados, para tal, *workshops,* palestras, divulgações escritas, mensagens via Intranet etc. No entanto, é essencial que a Governança, por meio da alta administração, encontre, além dos meios aqui sugeridos, outras formas para conscientizar as lideranças e todos os demais servidores.

Seja qual for a estratégia de conscientização adotada, no contexto interno é imprescindível a existência de eventos presenciais de curta duração com a presença da alta administração: um evento presencial de uma hora, com a palavra da alta direção, vale mais que dezenas de páginas escritas ou mensagens via Intranet.

Por fim é preciso lembrar que no contexto da Governança deve haver espaço para que usuários, cidadãos e a sociedade participem desse processo, indicando sugestões de alterações e aperfeiçoamentos, bem como o que esperam como resultados.

3. Definição da Missão, da Visão e dos Valores

A terceira etapa do planejamento estratégico consiste na definição da missão (razão de ser), da visão (ideal desejado) e dos valores fundamentais do órgão ou entidade pública. Esses enunciados serão os pilares de todo o desenvolvimento do planejamento, visto que são os pilares da própria organização. Ignorá-los seria desprezar o motivo de a organização existir e não ter a mínima ideia de onde se espera chegar com as ações pretendidas.

Essas definições são construídas mediante forte influência da Governança por meio da alta direção. A missão, a visão e os valores devem unir, motivar e impulsionar todos os colaboradores para um futuro melhor – o futuro idealizado para o órgão ou entidade pública.

A missão e a visão organizacional, apesar de serem conceitos distintos, são complementares e interligados como duas faces da mesma moeda: a missão reflete a razão da existência do ente público e a visão descreve a sua imagem de futuro.

• Missão

Nesta etapa, tem-se como preocupação principal determinar qual a razão da criação do ente público e o que justifica a sua continuidade, explicitando aonde se quer chegar.

A missão de órgãos e entidades públicas deve expressar, com clareza, o propósito fundamental de sua existência e o que se faz. A missão é a razão de ser da organização: expressa sua essência e deve ser orientada para o futuro, como uma identificação a ser seguida e não como algo a ser alcançado.

Para Almeida (2009), a missão é a razão de ser da entidade e serve para delimitar seu campo de atuação e indicar as possibilidades de expansão de suas ações. Oliveira (1993) tem praticamente o mesmo conceito, mas prefere utilizar o termo "propósito fundamental e único" para definir a missão. No entendimento de Andion e Fava (2002), a missão da empresa "consiste na sua razão de ser, na sua identidade".

A missão expressa a identidade do órgão ou entidade pública. Ela exerce a função orientadora e delimitadora da ação organizacional no longo prazo. A **missão deve servir de guia** atemporal para a identificação das competências que serão importantes para que a organização alcance seus objetivos.

A missão exerce a função orientadora e delimitadora da ação organizacional no longo prazo; ela é mais que uma proposta atraente: mesmo sendo genérica, deve ser suficientemente clara para permitir sua compreensão e internalização pelos funcionários, e seu reconhecimento pela sociedade, clientes e fornecedores.

No processo de construção da missão os órgãos e entidades pouco poderão inovar, visto que ela não pode se afastar da finalidade precípua para a qual a instituição foi criada e que fundamenta a continuidade de sua existência. Mesmo assim, a construção da missão organizacional **não deve ser vista como uma obrigação burocrática**, mas como uma ferramenta estratégica: é a primeira referência para definição dos objetivos estratégicos e direcionamento do processo de alocação dos recursos.

No processo de definição da missão, deve-se iniciar com a análise e revisão dos propósitos atuais do órgão ou entidade pública para identificar se continuam relevantes para o futuro, e se novos fatores poderão alterar essa relevância; considerando os interesses dos stakeholders.[10]

É importante que a proposta de missão seja submetida a críticas e sugestões internas, para que sua definição formal contemple toda a essência das atribuições relevantes da instituição pública, representando, desde o início, motivo de orgulho para todos os líderes e servidores da instituição.

Em seguida ocorre a definição formal da missão, que não pode ser ampla demais para cair no generalismo, nem restrita a ponto de minimizar a razão da existência da organização. A missão definida deve valorizar o órgão ou entidade pública perante a sociedade, servidores, usuários e cidadãos.

Por fim, a missão deve ser sintetizada numa frase, escrita de forma clara, sucinta e mediante o uso de palavras de fácil compreensão – e deve ser comunicada a diretores,

---

10. Stakeholders são todos os direta ou indiretamente interessados na organização: funcionários, clientes, fornecedores, acionistas, concorrentes, comunidade, governos, ambientalistas, mídia, grupos de interesse.

gerentes, servidores e público externo e demais stakeholders – a fim de que todos a entendam do mesmo modo como a instituição a definiu. Dessa forma, ela transmitirá a imagem da organização tanto para o público interno quanto para o externo do que a organização é e o que pode e deve fazer para cumprir a sua função social.

Em regra, além dos meios eletrônicos, a missão é colocada em locais bem visíveis dentro da organização, para que possa ser vista por todos aqueles que, de alguma forma, têm relações com o ente público.

• Visão

Estabelecer uma situação futura ambiciosa, positiva, ideal e possível, que, se realizada, proporcione à instituição o reconhecimento de sua grandeza, é papel que deve ser desempenhado por todos os órgãos e entidades públicas, independentemente do seu tamanho ou da sua importância social. Afinal de contas, cada uma destas instituições, independentemente do tamanho, tem a obrigação de demonstrar que é e que será sempre útil para a sociedade.

No estabelecimento da visão, olha-se para o futuro e define-se como se espera que o ente público seja visto e reconhecido pela sociedade, pelos servidores, pelo usuário-cidadão e demais stakeholders. É, pois, com base neste ideal de futuro que serão direcionadas todas as estratégias e executadas, concretamente, as metas para alcançar os objetivos definidos em cada plano: estratégico, tático e operacional.

Para Albuquerque, Medeiros e Feijó (2008),

> definir a visão nada mais é que lançar um olhar para o futuro e enxergar a realidade a ser construída, com a convicção de que, mesmo havendo inúmeros obstáculos a serem transpostos, a tarefa é factível e a vontade e disposição para alcançar os resultados são de tal forma consistentes que não se pode ter dúvidas quanto à viabilidade de sucesso do empreendimento.

Cada órgão ou entidade pública deve comunicar de forma clara e objetiva como sua instituição pública se projeta para o futuro; primeiro a todas as lideranças, servidores e demais colaboradores, e, num segundo momento toda a sociedade. A visão deve ser capaz de explicitar como a organização pode representar um meio importante de melhoria do ambiente interno para seus colaboradores, melhoria das condições de vida para o usuário-cidadão, e de sustentabilidade para a instituição.

Orientada pela Governança, a alta administração desempenha papel fundamental na definição da visão; contudo, ela não deve ser fruto da opinião pessoal, mas deve traduzir o consenso dos membros da instituição sobre o futuro que se deseja. Ela deve descrever com clareza um futuro ideal para o órgão, entidade ou unidade pública, com a convicção de que as dificuldades poderão ser superadas e o sucesso poderá ser alcançado.

A visão não é adivinhação: é um misto de racionalidade e desejo que procura explicitar o que a instituição quer atingir. Deve ser positiva e expressar uma situação futura ambiciosa – quase um sonho, mas não impossível de ser concretizada a ponto de se tornar uma ilusão para o ente público.

Para a construção da visão deve-se ter em mente os problemas que poderão surgir, e deve-se ter consciência de que não basta torcer para que as coisas deem certo; é preciso lutar para que isso aconteça. Todos os colaboradores devem envolver-se com ela para enfrentar e superar os problemas que virão, com vistas à transformação da visão em uma realidade.

Embora sintetizada numa frase, a visão do ente público projeta e antecipa sua autoimagem de futuro, que deve refletir o que a instituição gostaria de ser, independentemente de sua limitação atual. Deve manifestar com convicção que a autoimagem projetada é empreendimento nobre e que merece ser concretizado a partir de cada ação executada diuturnamente por todos que, de alguma forma, para ela contribuem com seus esforços.

• Visão e Cenários

O futuro é incerto e imprevisível, mas com certeza diferente do presente. Para amenizar essa incerteza utiliza-se a técnica de "cenários". Cenários são projeções de ambientes futuros, que são futuros potenciais. Trabalha-se com mais de um cenário, haja vista as incertezas que o permeiam.

> Os cenários representam distintas reflexões, limitadas pela qualidade da informação disponível, sobre possíveis 'arranjos' econômicos, institucionais, políticos, sociais etc., capazes de influenciar positiva ou negativamente a execução das ações planejadas no futuro (TONI, 2003).

Para Mietzner e Reger (2004), cenários são a descrição de uma situação futura e o curso de eventos que permitem as pessoas se moverem adiante da situação presente, para o futuro. Para Chiavenato (2007) cenários "são estudos do futuro para se construir diferentes imagens ou visões alternativas favoráveis ou desfavoráveis do ambiente futuro".

> Os cenários são ferramentas utilizadas no planejamento, construídos para permitir uma simulação da viabilidade futura dos projetos e ações que se pretende implementar, ou para criar trajetórias próprias rumo ao futuro desejado.

Cenários permitem identificar oportunidades e ameaças, concatenar, imaginar futuros e visualizar alternativas possíveis, facilitando a tomada de decisão – com vistas a optar pelo caminho mais viável para alcançar a situação futura pretendida. São uma forma de organizar de maneira lógica o maior número de informações possíveis sobre o futuro. Trata-se de uma técnica qualitativa. A projeção, a predição e a imaginação fazem parte desse processo.

Cenário é diferente de previsão; cenário trabalha com incertezas e por isso resulta em caminhos diferentes, enquanto as previsões são baseadas em algo racional e apontam para um caminho/resultado determinado.

Mesmo apoiado em informações múltiplas, os cenários são construídos com base em incertezas, por isso resultam em diferentes futuros. Essa técnica utiliza três tipos de cenários: o otimista corresponde ao futuro que a organização gostaria de encontrar; o intermediário é aquele que a organização se prepara para encontrar; e o pessimista corresponde ao cenário que a organização não gostaria de encontrar.

A organização direciona seus planos tendo como referência o cenário intermediário, mas deverá também ter um plano "B", para o otimista e o pessimista, que permita ao órgão ou entidade adaptar-se a uma nova realidade diferente da prevista: quer seja para contingência, quer seja para expansão.

A visão estratégica do futuro, por meio dos cenários, orientará a atuação da organização e demandará uma atitude para enfrentar as dificuldades e aproveitar as oportunidades que virão.

Segundo Martinho Almeida (2009), "em uma organização onde as pessoas têm a visão estratégica não é necessário que se determine tudo o que elas devem fazer, pois a visão orienta as ações".

• Valores

Valores são virtudes desejáveis ou características básicas positivas que se quer adquirir, preservar e incentivar (UNICAMP, 2004).

Estabelecer com clareza princípios ético-normativos, que, uma vez internalizados e incorporados na cultura dos órgãos e entidades públicas, traduzam um sentido comum e reforcem os laços entre servidores, diretores e o ente público, é dever da alta administração das instituições públicas – alinhado com as orientações da Governança.

Valores são princípios, crenças, normas e padrões que orientam o comportamento e a atuação da organização, e que devem ser internalizados e incorporados em sua cultura. Valores são virtudes, são bens desejáveis que traduzam um sentido comum, uma visão única a ser compartilhada por diretores, gerentes e funcionários.

Valores refutam o individualismo e reforçam os laços entre os funcionários e suas organizações, aumentam a lealdade, favorecem a comunicação, são guias genéricos para a decisão e a ação, reforçam o otimismo e são a chave para a construção de uma consistência organizacional.

Os valores são essenciais para o pensamento estratégico e não devem ser reduzidos a simples proclamação de palavras de efeito, mas por representarem os credos organizacionais devem ser disseminados como guias para as relações internas e externas.

Os valores informam como cada membro deve se comportar no desempenho das atividades e nas demais situações do dia a dia.

Os valores são definidos por palavras como: ética, honestidade, excelência, compromisso, responsabilidade, transparência, trabalho, valorização das pessoas, accountability etc.

Uma vez definidos esses valores pela alta direção dos órgãos e entidades públicas, sob olhar atento da Governança, os principais gestores devem externalizar sua prática, servindo de motivação e de exemplo a ser seguido pelas demais lideranças e servidores.

4. Diagnóstico Institucional

Identificar o que está bom e deve ser mantido (pontos fortes) e o que não está bom e deve ser melhorado (pontos fracos) é essencial para a eficiente e eficaz prestação dos serviços em órgãos e entidades públicas.

O diagnóstico atual define a realidade existente na instituição pública. Nesse momento, busca-se analisar o ambiente interno da organização, com seus pontos fortes e fracos e o ambiente externo com as ameaças e oportunidades que os órgãos e entidades públicas terão que lidar.

Praticamente todas as organizações utilizam como ferramenta a **análise Swot** para construir um mapa situacional, com base na identificação das forças e fraquezas da organização e das oportunidades e ameaças existentes no ambiente.

O resultado dessa análise servirá de base para a definição dos objetivos e para a escolha das estratégias que deverão ser seguidas para que a organização alcance esses objetivos.

• Análise Interna[11]

A análise interna é restrita, controlável, e identifica os pontos fortes e os pontos fracos dos órgãos e entidades públicas. Consiste na análise do estoque de recursos, conhecimentos e competências – positivas ou negativas – e de sua validade atual. Devem ser claramente identificadas as práticas atuais da entidade, e o seu modo de fazer.

Pontos fortes são competências, fatores ou características positivas (incluindo quadro de pessoal) que cada órgão ou entidade pública possui e que favorecem o cumprimento de sua missão, devendo ser considerados na elaboração das estratégias.

Pontos fracos são as deficiências, fatores ou características negativas que se encontram presentes nos órgãos e entidades públicas e prejudicam o cumprimento de sua missão, devendo ser objeto de programas específicos para eliminá-las ou minimizá-las.

Mapear as deficiências, as competências e os recursos, e ordená-las de acordo com o critério de importância, representa o primeiro passo para definir estratégias para saná-las a partir de ações concretas e incisivas.

Nessa etapa é feita a avaliação do desempenho em relação a todas as áreas funcionais para identificar quais as competências, fatores ou características que possui para atingir seus objetivos. Identificam-se os pontos fortes e também as carências de cada área.

Podem ser utilizadas as técnicas de *brainstorming*, de análise de processos, árvore de problemas etc., visando criar uma imagem comum sobre as forças, fraquezas e problemas da organização.

As forças e as fraquezas são sempre medidas em comparação com outros órgãos e entidades públicas, locais, nacionais ou internacionais.

Nesse momento, o *benchmarking*[12] surge como a principal ferramenta a ser utilizada. O *benchmarking* consiste em identificar as instituições públicas de excelência ou organizações privadas com processos de trabalho correlatos aos do ente sob análise, e quais

---

11. Os gestores de altos escalões dos entes públicos, em grande parte, tendem a mostrar-se resistentes em realizar essa análise porque temem revelar que suas práticas são inadequadas e, assim, perder prestígio e poder. Não raro, na prática, são identificadas tentativas de influenciar no diagnóstico com vistas a maquiar as deficiências.
12. O benchmarking também é utilizado na avaliação interna, comparando práticas entre as diferentes áreas da instituição.

as técnicas, métodos e estratégias utilizaram e utilizam para inovar e fortalecer suas áreas funcionais, seus processos e a prestação dos serviços como um todo.

De posse dessa identificação, devem-se comparar as competências e as práticas dessas empresas com as práticas atuais da organização e verificar o que, onde e como devem ser melhoradas. O objetivo é identificar e reproduzir, com as adaptações necessárias, as melhores práticas de sucesso dessas organizações.

O objetivo final dessa análise é encontrar meios para neutralizar os pontos fracos da organização mediante o uso de ações corretivas, e fortalecer os pontos fortes que ela possui, buscando criar certa proteção (para as fraquezas) e aproveitar as oportunidades identificadas (relacionadas aos pontos fortes).

Nesse contexto, a construção das competências necessárias para as novas práticas – tanto as de defesa como aquelas para aproveitamento de oportunidades e alcance dos objetivos – é quase mais importante que os próprios planos e os meios definidos para implementá-los.

• Análise Externa

Para Almeida (2009), a análise do ambiente externo é a etapa mais importante do planejamento estratégico, pois é quando são prospectadas alternativas para que as organizações se capacitem, por um lado, a melhorar seus níveis de eficiência e eficácia a partir da identificação de inovações e, por outro, a se protegerem de riscos que possam representar ameaças reais. No entanto, acreditamos que tanto a análise interna como a externa são importantes e complementares, e que não é possível afirmar que uma seja mais importante que a outra.

A análise externa é ampla, lida com o incontrolável, e refere-se ao conhecimento do ambiente em que a organização está implexa, que é indispensável para pautar a definição de cada estratégia a ser utilizada.

A análise externa dos órgãos e entidades públicas deve se concentrar nas ameaças e oportunidades capazes de afetar diretamente a prestação dos serviços ao cidadão-usuário ou o alcance dos resultados pretendidos.

Ameaças são dificuldades para bem prestar esse serviço, com qualidade e a tempo, ou entraves que dificultam o alcance dos resultados. Oportunidades são novas formas de fazer ou de economizar, que, aliadas aos pontos fortes internos, possibilitarão melhor prestar esses serviços ou prestá-los com menor custo, bem como alcançar os resultados previstos.

As inovações gerenciais implementadas por órgãos e entidades similares e os aparatos tecnológicos utilizados como apoio às atividades e processos deverão ser vistos como oportunidades a serem utilizadas para reduzir custos e melhorar a eficiência e a qualidade na prestação dos serviços públicos, e otimização dos resultados.

Como Elaborar a Análise SWOT

É regra geral utilizar como ferramenta a análise SWOT para construir um mapa situacional com base na identificação das forças e fraquezas da organização e das oportunidades e ameaças existentes no ambiente.

Assim, tentaremos facilitar a compreensão de sua elaboração. Na prática essa análise é visualizada por meio de uma matriz – a Matriz SWOT –, obtida a partir de três etapas (alguns autores consideram quatro etapas, abrangendo também a definição dos objetivos):

a) primeiro analisar o ambiente interno da organização para identificar seus pontos fortes e fracos;

b) em seguida, analisar o ambiente externo (micro e macroambiente), identificando oportunidades e ameaças;

c) elaborar a matriz de combinação.

Na matriz SWOT devem ser combinados os seguintes elementos claramente identificados:

- os pontos fortes com as oportunidades: representam as soluções passíveis de serem aproveitadas;
- os pontos fracos com as ameaças: representam as vulnerabilidades que a instituição deve evitar ou minimizar;
- os pontos fortes com as ameaças: correspondem aos pontos de defesa contra as ameaças, contra as quais o ente público possui instrumentos para neutralizar seus efeitos;
- os pontos fracos com as oportunidades: são as debilidades do ente público, são oportunidades que poderão não ser aproveitadas por causa das fraquezas presentes na instituição.

FIGURA 20. EXEMPLO DE MATRIZ SWOT

Matriz SWOT		Análise EXTERNA	
		OPORTUNIDADES	AMEAÇAS
Análise INTERNA	FORÇAS	1. Relacione aqui as OPORTUNIDADES identificadas no ambiente externo 1ª... 2ª... 3ª...	1. Relacione aqui as AMEAÇAS identificadas no ambiente externo 1ª... 2ª... 3ª...
		2. Liste aqui os PONTOS FORTES identificados na análise interna 1º... 2º... 3º...	2. Liste aqui os PONTOS FORTES identificados na análise interna 1º... 2º... 3º...
		3.Defina Estratégias apoiada nos Pontos Fortes para aproveitar as oportunidades	3.Utilize os Pontos Fortes identificados para neutralizar as ameaças
	FRAQUEZAS	1. Liste aqui os PONTOS FRACOS identificados na análise interna 1º... 2º... 3º...	1. Liste aqui os PONTOS FRACOS identificados na análise interna 1º... 2º... 3º...
		2. Liste aqui as OPORTUNIDADES que não poderão ser aproveitadas 1ª... 2ª... 3ª...	2. Liste aqui as AMEAÇAS / Riscos que podem afetar a organização 1ª... 2ª... 3ª...
		3.Utilize essas informações para refletir sobre eventuais viabilidades futuras	3.Defina Estratégias para evitar ou minimizar essas ameaças/riscos

Fonte: elaborada pelos autores.

As principais estratégias da organização são aquelas que congregam pontos fortes com oportunidades, em seguida vem as defensivas que congregam pontos fracos com ameaças. Os itens que congregam pontos fortes com ameaças e pontos fracos com oportunidades demandam menos preocupações.

5. Definição de Questões, Objetivos e Estratégias

• Questões estratégicas

Questões estratégicas são as questões críticas para a eficiente e eficaz prestação dos serviços públicos, para a obtenção dos resultados, para a realização da visão e para a consolidação da missão dos órgãos e entidades públicas. Representam desafios para os quais a instituição pública deve encontrar os meios adequados para superar.

As questões estratégicas assemelham-se aos fatores críticos de sucesso do planejamento tradicional. A definição das questões antecede à definição dos objetivos e à escolha das estratégias, e se constitui em momento a partir do qual se inicia a elaboração do plano estratégico propriamente dito. São questões abrangentes e relevantes para o alcance da excelência na prestação dos serviços públicos e otimização dos resultados; por isso, devem ser adequadamente respondidas por meio da proposição de soluções adequadas e ousadas, mas sempre factíveis.

Essas questões abrangem os temas que refletem significativa e diretamente no cumprimento da missão e na concretização da visão de futuro da organização; por isso constituem em preocupações constantes da Governança e da alta direção dos órgãos e entidades públicas. Elas irão, pois, delinear as políticas e influenciar a elaboração das estratégias. Elas apresentam características que as diferenciam das questões operacionais que a organização terá que responder, visto que requerem esforço extraordinário do ente público e de cada área afetada; importam em maior impacto no fortalecimento dos pontos fortes e na eliminação dos pontos fracos/ameaças: são relevantes, inadiáveis e podem definir a própria sustentabilidade da instituição pública.

A elaboração dessas questões pode ser feita em três etapas: primeiro, escreve-se a questão de maneira objetiva; segundo, explica-se por que a questão é fundamental para a organização; terceiro, relacionam-se as consequências de não trabalhar a questão, de não ter uma estratégia adequada como resposta.

Não existe um número ideal de questões estratégicas, mas elas devem abranger os elementos identificados na visão de futuro (cenários) e no diagnóstico da situação atual. O número vai depender da abrangência e da complexidade da atuação da organização, bem como do seu estado atual.

Se no estado atual os órgãos e entidades conseguem atender adequadamente a demanda de seus usuários, cidadãos e demais stakeholders, e encontra legitimidade suficiente perante a sociedade para sua continuidade, certamente, o número de questões estratégicas tende a ser menor.

No entanto, se o "raio-x" do órgão ou entidade pública demonstrar que existe muito a melhorar, as questões estratégicas poderão ser em maior número. Neste caso, é imprescindível a definição de uma clara ordem de prioridades nas questões/desafios a serem enfrentados visando o alcance dos objetivos definidos nos momentos oportunos.

Registre-se que **nem todas as questões serão enfrentadas**: de acordo com a ordem de prioridade, cada órgão ou entidade selecionará de três a cinco questões; pois é preferível enfrentar e resolver determinadas questões do que tentar enfrentar uma quantidade maior e não se capaz de solucioná-las.

Exemplo de questões estratégicas para órgãos e entidades públicas: Devemos fazer parcerias estratégicas para melhorar a qualidade e os resultados da organização? Como conciliar os investimentos necessários com os recursos disponíveis? Como motivar o quadro de servidores sem aumento de salários e benefícios?

Das respostas a essas questões nascem desafios/objetivos como: realizar parcerias estratégicas; buscar novas fontes de recursos; desenvolver programas de motivação e valorização do servidor etc.

• Objetivos, Metas e Estratégias

Após a construção da missão e da visão, da definição dos valores, do diagnóstico institucional e das questões estratégicas é preciso definir objetivos, formular estratégias e traçar planos de ação.

Os objetivos devem expressar o resultado que os entes públicos pretendem alcançar; a transformação da situação atual que se pretende modificar. Devem ser expressos de forma clara, concisa e determinante.

Em regra, as instituições dão prioridade para os objetivos e estratégias que envolvem a combinação de pontos fortes e oportunidades, deixando em segundo plano as estratégias que envolvem pontos fracos e ameaças (ações de defesa). Os objetivos e estratégias devem explorar ao máximo as oportunidades em que a organização seja forte, sem, entretanto, deixar em segundo plano a preocupação de defender-se de ameaças.

Nesta fase do planejamento – sempre considerando as orientações da Governança – a alta administração define objetivos estratégicos válidos para toda a instituição e, com apoio das demais lideranças, são definidos também os objetivos específicos para cada setor ou área funcional.

Os objetivos estratégicos são alvos prioritários e convergentes para o órgão ou entidade pública como um todo, pois, por sua própria natureza, devem estar fortemente atrelados às questões estratégicas e à visão de futuro. Os objetivos específicos devem, necessariamente, contribuir para o alcance dos objetivos institucionais, e todos os objetivos, quer sejam estratégicos ou específicos, devem estar alinhados com a missão, a visão e a estratégia maior da instituição.

Muitos desses objetivos se encontram atrelados às respostas das grandes questões identificadas como críticas para o sucesso organizacional.

a) Definição de objetivos e metas

Um objetivo "é um ponto concreto que se quer atingir, devendo ter parâmetros numéricos e datas a serem alcançadas" (ALMEIDA, 2009). Para esse autor, "a meta é uma segmentação do objetivo", em que o aspecto quantitativo tem uma importância maior, ou seja, "é mais precisa em valor e em data, pois é mais próximo que o objetivo".

É essencial para o sucesso do plano que os órgãos e entidades públicas definam objetivos coerentes, possíveis e compatíveis com as competências, tecnologias e demais recursos da instituição. Sem esse grau de prudência e racionalidade os objetivos e metas dificilmente serão alcançados em sua plenitude.

Definem-se os objetivos institucionais estratégicos, que são as situações que se pretende atingir em nível macro e que devem ser perseguidos por todas as áreas da instituição. Os objetivos gerais não poderão se desviar da missão e da visão da instituição.

Definidos os objetivos gerais estratégicos, definem-se, na sequência, os objetivos funcionais, que são objetivos intermediários, relacionados com as áreas funcionais (financeira, ti, serviços, produção etc.) e que devem estar alinhados e contribuir para o alcance dos objetivos institucionais.

FIGURA 21 – ORGANIZAÇÃO FUNCIONAL

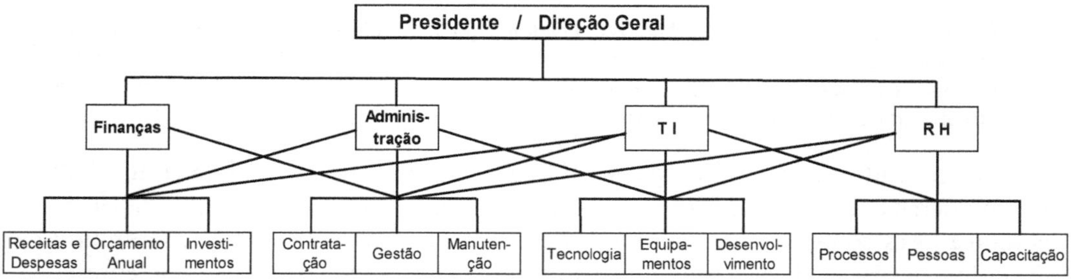

Fonte: Elaborado pelos autores.

A figura acima mostra uma organização funcional, modelo predominante no meio público; no entanto, o modelo é incompleto pois existem outras áreas funcionais não contempladas na figura. As linhas transversais indicam a comunicação direta entre os departamentos.

Os objetivos não devem ser genéricos ou ambíguos. Pelo contrário, devem ser claros e diretos: devem ser mensuráveis, relevantes, delimitados no tempo, espelhar resultados, e serem coerentes com a missão, a visão e a estratégia da organização.

Definem-se as metas, entendidas como partições dos objetivos a serem alcançados no curto prazo, que, mensuradas por indicadores, permitirão identificar o nível de alcance desses objetivos.

O estabelecimento de metas para todos os setores ou áreas funcionais é etapa essencial no planejamento estratégico. De seu cumprimento, ou não, surgirão os primeiros *feedbacks* das ações implementadas, que identificarão objetiva e claramente áreas ou processos eficientes e ineficientes, além de permitir algumas correções necessárias de forma a não comprometer o alcance dos objetivos estabelecidos.

Enquanto os objetivos permitirão avaliar o sucesso do plano como um todo, as metas, por sua vez, além de identificar o nível de alcance dos objetivos, possibilitarão avaliar o grau de comprometimento e empenho das áreas envolvidas e de sua equipe de servidores.

Indicadores

Embora não esteja claro o momento exato, sugerimos que o estabelecimento de indicadores e unidades de medida sejam feitos junto com a definição de objetivos e metas. Esses indicadores permitirão acompanhar a evolução do plano, e, ao final do processo, avaliar resultados mais amplos.

Previamente à escolha dos indicadores devem ser estabelecidos os critérios. **Critérios são normas e padrões legais ou técnico-operacionais** que refletem como deveria ser, e servem de base para comparação, julgamento ou apreciação dos resultados (PALUDO, 2019). Os padrões podem ser: absolutos (metas), históricos (comparados ao longo do tempo), normativos (comparação com programas similares), teóricos (estabelecidos na elaboração do programa), negociados (consenso entre os atores envolvidos) (GARCIA 2001, apud TREVISAN e BELLEN 2008).

Primeiro define-se o critério, para em seguida escolher o indicador e a unidade de medida

> Cada critério tem seu indicador. São os indicadores que quantificam, que medem os resultados. Os indicadores são instrumentos que possibilitam identificar e medir aspectos ligados a determinados resultados: os indicadores traduzem os objetivos e metas em medidas concretas que permitem aferir em que grau foram/estão sendo alcançados (PALUDO, 2020, p. 376).

Os indicadores, são uma espécie de "elo" entre a teoria e a realidade; um instrumento operacional para monitoramento da realidade (JANNUZZI, 2002). O ideal é que os indicadores contenham o que o Ministério do Planejamento (2009) denominou de "Propriedades Essenciais": a utilidade para suportar decisões, a validade para representar a realidade que se deseja medir, a confiabilidade assegurada pela origem em fontes confiáveis, e, a disponibilidade de obtenção dos dados para seu cômputo.

Registre-se que é preciso considerar que, quanto mais completo for o indicador, maior será o trabalho a ser despendido na sua apuração; portanto, não é errado optar por um indicador que contenha apenas parte dessas propriedades.

A unidade de medida, por sua vez, **define precisamente "o que" será medido**. É uma grandeza utilizada para quantificar. Para aferir o consumo de água a medida será "metro cúbico"; para aferir o grau de aprovação escolar a medida é "aluno"; para aferir o crescimento populacional a medida será "pessoa". O resultado pode ser um número, índice ou taxa: consumo de 10m3 por residência; aprovação de 95% em 2018; taxa de crescimento de 1,5%.

b) Escolha de estratégias

Preliminarmente, registre-se que essas estratégias são denominadas de **estratégia de negócio e/ou competitiva**, responsáveis por indicar o caminho para o alcance dos objetivos.

Almeida (2009) destaca que os conceitos de estratégia e objetivos estão intimamente ligados, pois "enquanto a estratégia dá o caminho, o objetivo mostra aonde se quer chegar".

A estratégia não é uma decisão isolada, pois compreende um conjunto de decisões e ações com vistas ao alcance dos objetivos. A estratégia é um conjunto de procedimentos para construir viabilidade para o plano, com vistas a assegurar sua realização com máxima eficácia (TONI, 2003). Para Oliveira (2013) "a estratégia deve ser, sempre, uma opção inteligente, econômica e viável".

Precedida da análise da visão, dos objetivos e dos testes de cenários, e considerando as competências, a tecnologia e demais recursos, e a estrutura da organização, escolhe-se a estratégia, que corresponde ao caminho mais adequado a ser percorrido para alcançar os objetivos: **deve representar a melhor opção**, a mais viável e compatível para cada órgão ou entidade pública.

Podem ser escolhidas uma ou mais estratégias ou, ainda, serem utilizadas diferentes estratégias para cada área da organização, desde que mantenham harmonia entre si – e estejam em harmonia com a estratégia geral/corporativa da instituição.

No ambiente dos órgãos e entidades públicas, a definição de estratégias tende a ser condicionada por um maior número de restrições em relação ao que ocorre, por exemplo, em organizações privadas. Há, pois, limitações de ordem financeira por não ser possível defini-las somente com base em custos, pois poderia comprometer a prestação dos serviços que, pela própria natureza, são deficitários, mas imprescindíveis. Nem podem, em muitos casos, ser exploradas livre e ilimitadamente possibilidades de diferenciação na configuração de formas de prestar serviços, visto que a administração pública deve tratar todos com equidade.

A estratégia tem como **finalidade** principal mostrar as condições que viabilizam a execução dos projetos e ações pretendidas: mostrar o caminho por onde seguir, o que e como fazer. A configuração da estratégia, por meios sistemáticos de prospectar linhas racionais de agir, busca formas de expressar objetiva e intencionalmente a vontade de fazer, e, mediante exercícios de predição e simulação de futuro, identificar recursos e competências que, quando aplicados, permitam antecipar o desenho de projetos viáveis a partir do aproveitamento de oportunidades relevantes e disponíveis para a organização em determinados momentos no tempo.

A estratégia não resulta em ação imediata, mas no delineamento objetivo de uma direção a ser seguida, priorizando recursos e competências, identificando caminhos viáveis, e apontando e/ou eliminando incompatibilidades.

Uma escolha é definida como "estratégica", visto que, uma vez escolhida, ela interfere em toda a organização e torna-se difícil voltar atrás para optar por outro caminho.

Em órgãos e entidades públicas nem sempre a estratégia escolhida é aquela que maximizará os resultados; pois a maximização de resultados implica investimentos, riscos e esforços extras do ente público, que nem sempre se revelam no melhor caminho – ou nem sempre a entidade pode realizar esses investimentos ou está disposta a correr os riscos inerentes: há, portanto, situações em que a estratégia privilegiará o menor dispêndio de recursos e o menor esforço da entidade para prestar os serviços públicos aos usuários e cidadãos.

A organização deve formular estratégias e implementá-las, comunicando-as aos colaboradores e às partes interessadas (FNQ, 2016). Assim, é fundamental traduzir a estratégia em linguagem facilitada e comunicá-la detalhadamente às equipes de implementação e a todos os stakeholders; essa comunicação pode ser feita mediante a utilização do BSC.

6. Desmembramento dos Planos

Como resultado concreto das etapas já percorridas, tem-se o plano estratégico. O plano é o produto do planejamento. O plano contém os principais enunciados do planejamento. Ele ordena os objetivos gerais e os decompõem em objetivos específicos.

O plano é o elo entre o processo de elaboração do planejamento e a sua implementação. O plano identifica e ordena as ações necessárias para atingir os objetivos, e, em regra, traz consigo o mapa estratégico da organização.

Maximiano (2000) ensina que os planos das organizações precisam ser "explicitados, formalizados e escritos, para documentação, comunicação, definição de responsabilidades, atendimento de exigências legais, avaliação e aprovação". Assim, os planos deverão ser disponibilizados (impressos ou na versão digital) para as lideranças de todas as áreas da organização.

O plano, por si, não constitui garantia de sucesso, no entanto, sem ele as chances de sucesso diminuem drasticamente. Da mesma forma definir objetivos possíveis, coerentes e eficazes não bastam: "O planejamento deve definir os meios suficientes, necessários, potentes e eficazes, além de coerentes entre si, para a consecução dos objetivos propostos" (ZEREDO; CARVALHO, 2003).[13]

Assim, no momento do desmembramento dos planos deve ser assegurado que os órgãos e entidades públicas disponham de meios suficientes para a sua implementação.

Finalizado o processo de elaboração do plano estratégico, concretizado num documento que contém todas as etapas do processo de planejamento, deve-se agora desmembrar esses planos em nível tático para todas as áreas da organização.

O plano estratégico é genérico e não especifica os meios para sua execução -por isso necessita ser desmembrado para se tornar operacional. Os planos táticos ou setoriais são menos genéricos e são constituídos para cada área funcional da organização (finanças, produção, recursos humanos etc.).

Nesse detalhamento do plano é obrigatória a participação de cada uma das áreas envolvidas. Quem mais conhece, por exemplo, de Recursos Humanos são o diretor e os servidores da área de Recursos Humanos; quem mais conhece de orçamento e finanças são o diretor e os servidores que lá trabalham etc. Assim, não há que se desmembrar um plano que envolva determinada área sem que representantes dessa área façam parte desse projeto operacional.

Esses planos devem estar alinhados com a missão, a visão, os objetivos gerais e a estratégia adotada. Podem ser organizados em forma de programas, contendo documentos que detalhem para cada área as políticas, diretrizes, metas e medidas instrumentais. Os programas contêm um conjunto de ações e projetos a serem executados e se preocupam em alcançar um objetivo específico do plano estratégico.

Em seguida, os planos setorizados devem também ser desmembrados em planos operacionais que descrevam "como" a organização deve fazer para implementar os planos de cada área funcional. Esses planos correspondem a "projetos operacionais", ações e atividades a serem executadas com responsabilidades definidas, prazos de execução e metas de resultados esperados.

---

13. Luis Zeredo foi Diretor Vice-Presidente da Associação Brasileira dos Analistas de Inteligência Competitiva, e integrante da Universidade de Brasília (UnB); Marcos Carvalho foi Diretor Executivo da Associação Brasileira dos Analistas de Inteligência Competitiva, e integrante do Banco do Brasil S.A.

Esses projetos operacionais não devem ser elaborados somente com a participação dos servidores da área envolvida: isso, pois, levaria às mesmas soluções, muitas vezes já ultrapassadas ou, pior que isso, aos mesmos erros. Servidores e dirigentes de outros setores deverão participar e sugerir novas formas de fazer. Se for o caso, o profissional contratado também deverá opinar sobre a elaboração e o conteúdo dos planos operacionais. A multiplicidade de opiniões amplia a visão e as chances de se encontrar soluções inovadoras e melhores que as atuais.

É essencial a análise de viabilidade dos projetos, que não se restringe a uma simples previsão, mas a simulações de situações futuras e criação de alternativas viáveis, considerando a capacidade e os recursos de cada ente público. A técnica de "cenários" pode e deve ser utilizada também nessa etapa.

O projeto operacional deve descrever detalhadamente as ações e atividades a serem realizadas, de modo que, na execução, cada equipe saiba exatamente quem deve fazer o quê, como e quando deve ser feito.

Os planos operacionais também deverão ser disponibilizados (impressos ou eletronicamente) para todas as lideranças da organização (bem como para as equipes responsáveis pela sua execução – se for o caso) para serem consultados e servir de guia a orientar sua execução.

Da concretização de cada uma das fases do processo de planejamento, deve resultar em um modelo de leitura da organização no curto, médio e longo prazos, com possibilidades de, de acordo com tais perspectivas temporais, ter uma visão objetiva do que deve ser feito pelos gestores de cada um dos seus níveis atividades, por meio, respectivamente, dos planos estratégico, tático e operacional. Esta estrutura pode ser visualizada graficamente na figura a seguir.

FIGURA 22 – INTER-RELACIONAMENTO DOS PLANOS NO PLANO ESTRATÉGICO.

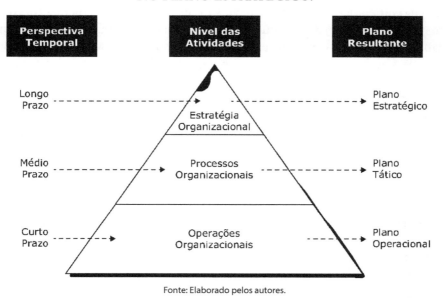

Fonte: Elaborado pelos autores.

Registre-se que o alinhamento **plano ° objetivo ° estratégia ° execução** é indispensável para o sucesso do plano. Alinhamento significa harmonia e coerência entre objetivo, estratégia, plano de ação e metas – com – a estrutura, competências, tecnologias e demais recursos disponíveis – mais o apoio e envolvimento da alta administração, diretores e gerentes, e o engajamento/comprometimento das equipes de implementação.

Definidos os planos e assegurado seu alinhamento, sob pena de não passarem de belos exemplares guardados e esquecidos em gavetas, devem ser iniciados os procedimentos rigorosos e sistemáticos de implantação, acompanhamento e avaliação.

7. Implementação

Após o desmembramento dos planos gerais em planos setoriais, e desses em planos operacionais, agora é o momento de agir, de colocar em prática as estratégias formalmente registradas em papéis, com a responsabilização efetiva de quem as deve conduzir e executar.

A implementação corresponde à execução dos planos operacionais (que podem ser projetos individuais) e dos programas (conjunto de ações e projetos), ambos compreendendo conjuntos de atividades. Concomitante com a implementação do plano, os órgãos e entidades públicas continuarão executando os processos de trabalho gerencial, de apoio (secundários) e finalísticos (principais).

A execução do plano em órgãos e entidades públicas será sempre um momento crítico, haja vista as variáveis que o envolvem. Pode, pois, faltar disponibilidade orçamentária para a execução do plano; o plano pode ter sido mal elaborado e se tornar inviável na prática; os servidores e os gestores, individualmente, podem não estar comprometidos com os objetivos do plano; podem surgir situações não previstas inicialmente. Frente a condições como estas, mesmo tecnicamente bem definido, o plano pode resultar em insucesso.

Além das dificuldades típicas da execução, o processo de implementação, em regra, encontra resistência dentro das instituições públicas, haja vista trazer consigo algum tipo de mudança. As mudanças podem ser terríveis para aqueles gestores que transformam o trabalho de suas áreas mais em um conjunto ritualístico de atividades para ocupar pessoas e alocar recursos, do que um conjunto de meios dimensionados racionalmente para viabilizar a execução dos serviços certos e com a qualidade certa para atender o que, efetivamente, os usuários-cidadãos necessitam.

Novamente, a informação é essencial para o sucesso dessa etapa e do plano. Demonstrar os benefícios que virão com as novas formas de fazer – para os servidores, para a instituição e para a sociedade – é uma forma excelente de motivar as equipes e facilitar a implementação das mudanças.

Esses planos e programas traduzem-se em ações, projetos ou processos de trabalho, que contemplam uma série lógica de atividades para gerar um resultado (bem ou serviço). A forma de realização dessas atividades é fornecida pelos procedimentos e o método explica a técnica específica para cada tarefa.

Planos que impliquem apenas melhorias internas (de tempo e serviços) não demandam grandes ações. Nesse caso, utiliza-se a análise dos processos de trabalho. Os processos, além dos gerenciais, podem ser principais ou secundários: os principais são os que resultam na entrega de um produto ou serviço, e os secundários (ou de suporte) são os que servem de suporte para a realização dos processos principais. E a partir dessa análise identificam-se os gargalos e pontos de otimização.

A implementação, sem dúvida, é o ponto mais crítico do planejamento estratégico, visto que até agora se trabalhava apenas com definições e conceitos -trabalhava-se "no papel" e agora isso tudo deverá tornar-se realidade por meio da execução. Aqui os objetivos e metas, após integrarem os planos setoriais, são desmembrados em planos operacionais de acordo com as estratégias definidas.

Nessa etapa de execução, uma das ferramentas utilizadas é a matriz do tipo 5W2H. Ela auxilia na estruturação do plano de ação, pois contém um conjunto de elementos que estabelece e deixa claro: **o que** será feito; **quem** irá fazer; **quando** deve ser feito; **onde** deve ser feito; **por que** fazer (justificativa); **como fazer**/qual método a utilizar para implementar o plano; e **quanto custa**. A compilação desses dados traduz-se num cronograma operacional utilizado para o acompanhamento da execução. Essa fermenta maximiza a clareza das atividades, em seus vários aspectos, minimizando as dúvidas relacionadas.

A implementação, como um todo, deve ser acompanhada por uma equipe constituída pela alta direção da organização, cujo papel é acompanhar e avaliar a implantação e resolver problemas identificados na execução. O monitoramento em tempo real – comparando com o cronograma operacional – permite verificar a sua consistência e adequabilidade, bem como identificar a necessidade de sua reformulação ou de substituição de recursos ou competências alocadas para sua execução.

Ousadia, inovação e superação são palavras necessárias que nem sempre são bem acolhidas em órgãos e entidades públicas; ou melhor, são facilmente acolhidas no discurso e não o são na prática. Os gestores e lideranças têm receio de que novas ideias demonstrem a ineficiência e a baixa qualidade das práticas atuais e, assim, percam *status* e poder. Como consequência, acabam rechaçando as novas iniciativas de melhorias.

Nesse ponto, é indispensável a atuação das diretorias no sentido de abrir espaço para a inovação que resulte em aumento da qualidade ou da eficiência, bem como para, posteriormente, reconhecer e premiar o esforço que possibilitou alcançar melhores resultados.

O apoio da alta administração na fase de execução é essencial. Esse apoio gera motivação e comprometimento das equipes de trabalho envolvidas, o que pode aumentar consideravelmente as chances de sucesso em sua implementação.

Um **sistema de recompensas** vinculado ao alcance das metas vem sendo utilizado pela maioria das organizações privadas de sucesso: isso aumenta a motivação e fortalece o comprometimento das equipes com a correta implementação de projetos e ações. Em órgãos e entidades públicas esse "sistema de recompensas" também é possível.

Os órgãos e entidades públicas podem estabelecer reconhecimentos formais averbados na ficha funcional; concessão de "dia de folga"; patrocínio de curso escolhido pelo servidor etc.; e, para os três maiores destaques no ano (pessoas ou equipes), poderão ser concedidos: passagens aéreas (ida e volta) para uma viagem nacional, e, premiação em dinheiro, em valores razoáveis e de acordo com a disponibilidade orçamentária existente.

Contudo, **a escolha e a premiação não podem ser feitas somente pelo gestor máximo e a equipe de lideranças**, pois estes tendem a utilizar critérios pessoais em detrimento dos critérios técnicos – o que em vez de se tornar fator de motivação poderia se tornar motivo de desmotivação. Assim, deverão ser considerados, ao menos, dois critérios: i) avaliação objetiva e quantitativa do desempenho do servidor (selecionando 50% de líderes e 50% de não líderes), e, a partir da lista elaborada pelo critério anterior, ii) votação para escolha dos premiados, dentre uma lista com os – dez a trinta – melhores avaliados (50% de líderes e 50% de não líderes), e com a possibilidade de participação de todos os servidores da instituição na votação para a escolha final.

Se os planos operacionais forem corretamente executados, possibilitarão o alcance dos objetivos funcionais, concorrerão para a realização dos objetivos gerais, solucionarão as questões estratégicas, e contribuirão para o alcance da visão e para a consolidação da missão institucional.

8. Avaliação

Alguns autores se referem a essa etapa como "controle e avaliação". No entanto, há diferença entre controle e avaliação: o controle consiste na verificação da conformidade, proposição de ações corretivas e tem foco retrospectivo. A avaliação visa ao aperfeiçoamento da gestão, avalia resultados e tem foco prospectivo.

A avaliação formal tem a característica de ser um processo bidimensional, pois tem um caráter valorativo, visto que envolve um juízo de valor acerca dos fatos, e outro técnico, pois segue uma série de critérios e procedimento previamente estabelecidos. Ela permite julgar os processos e produtos de diversos modos: enfatizando critérios como: eficiência, eficácia, efetividade, economicidade, legalidade etc.

Conforme afirmamos na etapa 5; primeiro são estabelecidos objetivos e metas, em seguida vem os critérios, depois vem o indicador e a unidade de medida, e ao final do processo, faz-se a avaliação.

Compara-se o desempenho e os resultados alcançados com os critérios/padrões de referência previamente estabelecidos: compara-se o que foi realizado com o que foi planejado para verificar se objetivos e metas foram atingidos e se as necessidades dos usuários-cidadãos foram atendidas. Verifica-se também os custos, a conformidade com as normas, e claro, a capacidade gerencial de realizar de maneira eficiente, eficaz e econômica as ações, programas e projetos previstos.

FIGURA 23 – FLUXO PARA O PROCESSO DE AVALIAÇÃO DE RESULTADOS

Fonte: Paludo, Augustinho. Administração Pública, 12ª ed., JUSPODVM, 2024.

O conteúdo apresentado nessa figura é simplificado, contendo apenas o passo a passo essencial, mas pode ser utilizado como guia de apoio na construção de um fluxo mais amplo para o processo de avaliação de resultados em órgãos e entidades públicas.

A avaliação trará o *feedback* dos resultados – indispensável tanto para a tomada de decisão atual quanto para orientar as ações futuras. Ela permite estipular ações corretivas, bem como valorizar e incentivar práticas bem-sucedidas. A avaliação deve servir para que se analisem as causas e os efeitos dos desvios entre o programado e o realizado, de forma que os gestores possam recomendar mudanças e ações corretivas.

A **finalidade essencial** da avaliação é servir de instrumento para a promoção da aprendizagem institucional. Atingir um resultado não basta, é preciso construir um ciclo de melhoria contínua e acumular conhecimentos para utilizá-los no futuro.

No processo de avaliação estratégica, a ideia é medir o desempenho atual comparando com as expectativas previamente fixadas, e analisar as mudanças e eventos que podem provocar impacto na sequência de ações.

A avaliação permite acompanhar as políticas de longo prazo, traçando um panorama de sua evolução. Ela serve também para indicar o sucesso no alcance dos objetivos propostos e para avaliar a sua sustentabilidade no longo prazo.

No que se refere as pessoas, o desafio a ser enfrentado pelos gestores públicos é a diferenciação entre o servidor comprometido, que traz resultados positivos para a instituição, e o servidor ineficiente. Enquanto não houver uma maior valorização dos servidores que, efetivamente, contribuem para a concepção de soluções eficientes e que as apliquem eficazmente, pouco se avançará na melhoria dos serviços prestados.

Aperfeiçoar mecanismos gerenciais que permitam bases consistentes para a designação de funções e cargos comissionados com base em maiores níveis de racionalidade técnica, que concilie competências adequadas em função da necessidade de conhecimentos técnicos exigidos por cada tipo de serviço, é uma solução que se encontra disponível, embora nem sempre utilizada.

9. Revisão

Para manter o plano e a estratégia atualizados, em harmonia com o ambiente, e com foco no alcance dos objetivos organizacionais – o planejamento estratégico deve ser **reavaliado** anualmente e **revisado** a cada dois anos.

A revisão do plano estratégico deve incorporar as recomendações para a correção de falhas e as possibilidades de melhorias identificadas nas etapas de monitoramento e avaliação. É uma oportunidade para correções de rumo, ajustes necessários e inovação.

Mesmo sabendo-se que sempre há o que melhorar, registre-se que essa revisão não é obrigatória: se as reuniões de acompanhamento indicarem que tudo está indo bem, então, a avaliação é suficiente e a revisão pode esperar.

Atingir um resultado não basta, é preciso construir um ciclo de melhoria contínua e acumular conhecimentos para utilizá-los no futuro.

FIGURA 24 – DINÂMICA DO PLANEJAMENTO ESTRATÉGICO

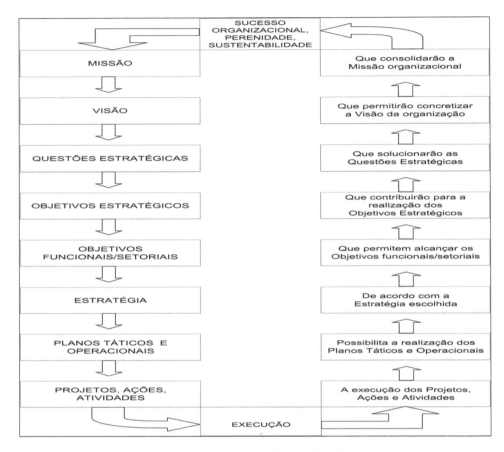

Paludo, Augustinho. Administração Pública, 12ª ed., JUSPODVM, 2024.

O planejamento estratégico deve ter como reflexo uma instituição pública fortalecida, coesa, sólida, seguindo firme na direção da melhoria da eficiência operacional, da prestação dos serviços, e da efetividade de suas ações.

2.3 BALANCED SCORECARD[14]

Passou o tempo em que as organizações utilizavam apenas indicadores financeiros para avaliar seus resultados ou decidir sobre investimentos no longo prazo. O aumento da competitividade entre as empresas privadas (e por que não dizer entre as nações?), e a introdução desses conceitos no meio público a partir da reforma gerencial de 1995, fez nascer a necessidade de se medir os demais fatores envolvidos na produção de bens ou na prestação de serviços, visto que tudo pode se tornar um diferencial competitivo quando conhecido, medido e avaliado.

---

14. O conteúdo de Balanced Scorecard foi extraído do livro: Paludo, Augustinho. Administração Pública 9ª edição, 2020, JUSPODIVM, com pequenas adaptações e complementações.

As instituições e gestores públicos que utilizavam somente indicadores tradicionais para divulgar seus gastos e avaliar seu desempenho, agora, por força das novas tecnologias e da maior cobrança por resultados, também se voltam para instrumentos mais amplos de medição de seus esforços, utilizados ainda como suporte à tomada de decisões de curto prazo ou estratégicas.

Embora importantes, os indicadores financeiros não revelam o esforço despendido por áreas ou setores não diretamente envolvidos na produção ou na prestação de serviços, bem como não conseguem explicar o porquê de tantas oscilações na eficiência, eficácia e qualidade dos serviços prestados.

A dificuldade em ampliar esses indicadores consiste na subjetividade que acompanha os indicadores não financeiros. Por exemplo: como medir ativos intangíveis ou invisíveis, como o capital intelectual, as grandes ideias, o *know-how*, esforços etc.?

Se voltarmos no tempo, veremos que os indicadores financeiros foram trazidos pela contabilidade ainda no período industrial – necessitando, portanto, de aperfeiçoamento.

Procurou-se, então, buscar novos métodos e novas ferramentas que possibilitassem a medição e a avaliação de resultados através de indicadores não financeiros. Não somente novas ferramentas foram incorporadas, mas o próprio modo de gestão das organizações foi alterado. Nesse contexto, uma das ferramentas utilizadas para melhorar a interação da empresa com o ambiente, e para direcionar as ações no longo prazo, foi o planejamento estratégico (visto no item 3.2.1), e um dos modelos de gestão que surgiram foi o *Balanced Scorecard* – BSC.

De acordo com os mentores do BSC, Robert Kaplan e David Norton (2000), as medidas financeiras tradicionais são mantidas, mas outros fatores que contribuem para o desempenho financeiro e a medição de resultados são incluídos, dentre eles "clientes, produtos e serviços inovadores, tecnologia da informação e banco de dados, além de capacidades, habilidades e motivação dos empregados".

O *Balanced Scorecard* pode ser entendido como um **modelo de gestão estratégica** que alinha missão, visão e estratégias a um conjunto equilibrado de indicadores financeiros e não financeiros. As decisões cotidianas devem ser tomadas nesse contexto maior, que integra todas as áreas da organização, criando meios para catalisar esforços, motivar pessoas, e promover o consenso e o espírito de equipe.

A atuação das organizações é medida pelos indicadores, e os indicadores do BSC analisam as variáveis críticas do desempenho organizacional. Para Idalberto Chiavenato (2004)

> A ideia predominante é: o que se faz é o que se pode medir. O que uma organização define como indicador é o que ela vai obter como resultado. O BSC busca ações equilibradas em todas as áreas que afetam o negócio da organização como um todo, permitindo que os esforços sejam dirigidos para as áreas de maior competência, e detectando e indicando as áreas de incompetências. É um sistema focado no comportamento e não no controle.

Segundo Kaplan e Norton, o Balanced Scorecard é um mecanismo para a implementação da estratégia, não para sua formulação. Alinhamento e foco são as palavras de ordem. Alinhamento com a missão, visão e objetivos; e foco na implementação das estratégias, na satisfação do cliente, na melhoria dos processos e no aprendizado e crescimento organizacional.

Registre-se que o BSC não é utilizado para elaboração do planejamento estratégico, mas em sua gestão: ele interliga as definições da elaboração com a implementação e a avaliação; e que o BSC não está preocupado apenas com o longo prazo, mas também com o curto prazo: com a implementação da(s) estratégia(s).

O BSC corresponde a um **sistema de avaliação de desempenho** organizacional que contempla indicadores financeiros e não financeiros, que fornecem uma visão equilibrada das diversas áreas da organização, com vistas a avaliar a sua eficácia e efetividade. O BSC associa os indicadores a um sistema gerencial, que vincula "o desempenho operacional de curto prazo aos objetivos estratégicos de longo prazo".

Além disso, a depender de como fora construído, o BSC pode medir inclusive a contribuição individual de cada funcionário da organização. Segundo Kaplan e Norton (2004), as empresas têm utilizado o *Balanced Scorecard* para alinhar os objetivos individuais e da unidade com a estratégia adotada pela empresa; vincular os objetivos estratégicos com as metas de longo prazo e com os orçamentos anuais; e revisar periodicamente a estratégia, focando o aprendizado e a melhoria desta.

O alinhamento adequado da estratégia com os objetivos, segundo Christiane Ogassawara (2009), necessita de três mecanismos: comunicação e educação, para tornar comum a todos a estratégia e o comportamento necessário a fim de que os objetivos organizacionais sejam alcançados; estabelecimento de metas, em que os objetivos gerais são transformados em objetivos pessoais e do grupo; sistemas de compensação, em que o alinhamento necessita ser motivado por meio de sistemas de recompensas.

O BSC ainda se traduz num sistema de comunicação: os autores consideram as perspectivas como sendo um "sistema de comunicação" utilizado para comunicar as estratégias da organização a todos os interessados, direta ou indiretamente, em sua implementação e monitoração.

O BSC prioriza o equilíbrio organizacional a partir de quatro perspectivas:

- **Perspectiva financeira:** nesta perspectiva as medidas financeiras são valiosas e demonstram as consequências econômicas das ações consumadas. Os acionistas terão uma clara percepção da gestão da empresa através dos resultados obtidos. Os objetivos financeiros devem estar vinculados à estratégia da empresa, no sentido de medir se a execução da estratégia está proporcionando o lucro esperado. Os indicadores e medidas financeiras utilizados para avaliar o comportamento da organização podem ser: lucratividade, retorno sobre o investimento, fluxo de caixa etc.

  Registre-se que na atividade privada, a perspectiva financeira é a mais importante.

- **Perspectiva dos clientes:** aqui é analisado como a organização é vista pelo cliente e como ela pode atendê-lo da melhor maneira possível. As empresas devem definir o mercado de atuação, devem identificar claramente quem são seus clientes e em qual segmento devem concentrar sua atuação. Os indicadores devem mostrar se os produtos e serviços estão de acordo com a missão da organização e se atendem às necessidades dos clientes. Devem ainda indicar tendências de mercado, a fim de que a empresa desenvolva soluções que gerem valor para os clientes. Esses indicadores e medidas podem ser: satisfação do cliente, retenção de clientes, participação no mercado etc.

- **Perspectiva dos processos internos:** refere-se aos processos de negócios em que a organização precisa ter excelência. É onde a estratégia é mais fortemente aplicada. São processos finalísticos ou de operações, com impactos diretos nos resultados financeiros e na satisfação dos clientes (produção de bens ou prestação de serviços aos clientes), e processos de suporte à realização das demais atividades (aquisição de materiais, pagamento de pessoal, comunicação etc.).

São os processos internos que criam valor para os clientes, que podem aumentar a produtividade e trazer melhores resultados para proprietários, acionistas e demais interessados. Os indicadores devem mostrar se os processos estão alinhados, se possuem qualidade intrínseca, se estão gerando valor, e se estão direcionados à satisfação das necessidades dos clientes. Os indicadores e medidas podem ser: qualidade, produtividade, inovação, logística, comunicação interna etc.

- **Perspectiva do aprendizado e crescimento:** aqui se analisa a capacidade da organização para melhorar continuamente e se preparar para obter sucesso no futuro. Essa perspectiva abarca os principais ativos intangíveis: pessoas, sistemas/informação e clima/motivação: as **pessoas**, sua capacidade de aprender, de se desenvolver e gerar crescimento para a organização; as informações/conhecimentos armazenados a ser utilizados para inovações e melhorias; o clima/motivação e a cultura, que devem refletir um ambiente organizacional adequado ao aprendizado e ao crescimento. Os indicadores e medidas podem ser: treinamentos, competências, motivação, desenvolvimento de novos métodos etc.

A perspectiva do aprendizado e crescimento constitui a base para a sustentabilidade da empresa no longo prazo. Para Vera Osorio (2003), "a causa fundamental para o sucesso está relacionada às pessoas da organização, enfocadas pelo BSC na perspectiva de aprendizado e crescimento". Nesse pensamento, encontram-se diversos outros autores.

Essas perspectivas utilizadas no BSC não são estanques, mas inter-relacionadas, ou seja, há uma relação de causa e efeito entre elas, "uma união de esforços para alcançar o resultado almejado". Essas relações de causa e efeito são essenciais para o entendimento das medidas apresentadas pelo BSC. As relações devem ocorrer do geral (*top-down*) para o particular; inicia-se o processo definindo os resultados pretendidos "referentes aos clientes e de natureza financeira, passando para os processos de negócio e para a infraestrutura, que são os vetores de mudanças". É dessa relação "entre os vetores e os resultados desejados que se formam as hipóteses que definem a estratégia" (Christiane Ogassawara, 2009).

FIGURA 25 MODELO GRÁFICO DO BALANCED SCORE CARD

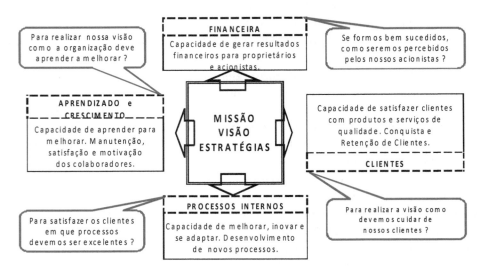

Fonte: Adaptado de Kaplan e Norton, 2004.

As perspectivas devem ser adaptadas à realidade de cada empresa ou ente governamental, e não se limitam às quatro contidas no BSC original, visto que podem ser ampliadas ou reduzidas. Ainda cabe ressaltar que o BSC não necessariamente deve ser aplicado em toda a empresa, podendo ser aplicado em uma ou duas áreas apenas; no entanto, sua utilização parcial resultará numa análise parcial também.

O BSC em pouco tempo alcançou um grau elevado de sucesso: é consenso entre os autores que o BSC é o modelo de gestão estratégica mais utilizado pelas organizações privadas de sucesso e instituições públicas modernas – no mundo inteiro.

Evolução

A metodologia inicial do BSC foi aprimorada mediante a inserção de "mapas estratégicos", com o objetivo de melhorar a visualização da estratégia e as "relações de causa e efeito entre as perspectivas, proporcionando a integração dos objetivos de cada uma delas de acordo com o foco de metas financeiras e dos clientes" (Christiane Ogassawara, 2009). O mapa estratégico, segundo Vera Osório (2003), "cria referencial comum e compreensível para todas as unidades de negócio sobre a estratégia da organização e também possibilita demonstrar as relações de causas e efeitos entre as medidas adotadas".

Para Mateus Rocha (2016) "O mapa estratégico tem a função de realizar a tradução da estratégia em objetivos e seus respectivos meios de medição, os indicadores. É o elo de ligação entre a estratégia e o BSC".

Sintetizando: o mapa estratégico é a representação gráfica/visual do BSC, que facilita a comunicação da estratégia a todos os interessados.

Cite-se também, como aprimoramento, o papel da liderança, que mais do que antes é tida como essencial, principalmente na condução do processo de mudança que o BSC propõe, mas também no que se refere à comunicação e motivação.

Ainda como aprimoramento temos o *feedback* institucional, que proporciona o aprendizado estratégico organizacional em nível de alta direção, visto que os executivos devem avaliar continuamente se os objetivos e as estratégias definidas continuam sendo válidos.

Síntese e crítica

Podemos então concluir que o BSC pode ser utilizado para três finalidades principais: como um sistema de medição, como sistema de gerenciamento estratégico e como sistema de comunicação.

As críticas relacionadas ao *Balanced Scorecard* são: primeiro, no sentido de que as relações de causa e efeito são muito vagas e não há como afirmar se realmente determinadas causas levaram a determinados efeitos e vice-versa; segundo, a partir da definição da estratégia e estabelecimento do mapa estratégico, a estratégia e as métricas tornam-se rígidas e, portanto, inadequadas às constantes mutações no ambiente; terceiro, há pouca interação e inovação em relação ao ambiente externo.

Adaptação do BSC aos Órgãos e Entidades Públicas

A utilização do BSC no meio público insere-se tanto no contexto da nova Administração Pública iniciada com a reforma gerencial de 1995, quanto no contexto do planejamento estratégico – amplamente utilizado pelos órgãos públicos no âmbito federal.

O BSC despertou particular atenção no meio público, haja vista que na prestação de serviços os indicadores tradicionais de desempenho se mostraram insuficientes e ineficientes. A atribuição de responsabilidades e a cobrança por resultados (mediante a utilização de indicadores) inserem-se no bojo da reforma gerencial de 1995 – agora o BSC também permite avaliar redução de tempo, qualidade e satisfação do cidadão-usuário.

Segundo Kaplan e Norton, o BSC "pode proporcionar foco, motivação e responsabilidade em empresas públicas e instituições sem fins lucrativos". Além dos aspectos já abordados, Vera Osório (2003) acredita que o BSC no meio público possibilita "maior integração do orçamento na elaboração dos planos e expressa a importância do aprendizado e do crescimento institucional dos profissionais como um grande diferencial para a sustentabilidade da organização ao longo do tempo".

Embora Kaplan e Norton tenham sugerido um modelo para o setor público, até o momento não foi padronizado um modelo de BSC para a área pública: o que existem são diversos modelos semelhantes sendo adaptados à realidade de cada ente público.

Diga-se, inicialmente, que a missão de construir o BSC não é fácil. Algumas instituições sólidas tentaram e desistiram, e outras o construíram, mas os resultados ainda deixam muito a desejar. Muitas organizações gastaram recursos preciosos na elaboração do BSC (e do planejamento estratégico) para enfeitar mesas e bibliotecas, haja vista que a grande maioria das estratégias não são implementadas.

Na teoria[15] afirma-se: nós temos um BSC em funcionamento; na prática, são poucas as organizações públicas que efetivamente construíram o planejamento estratégico e o BSC, e que possam comprovar através de resultados (verdadeiros)[16] um salto de eficiência/eficácia na gestão decorrente da utilização dessas ferramentas. Não obstante a crítica, o BSC aliado ao planejamento estratégico sempre produz alguns resultados positivos.

Outra questão, até o momento sem resposta, que tem dificultado a implantação com sucesso do BSC no meio público, é o sistema de incentivos que o BSC propõe como motivador – que vincula a remuneração do servidor à realização da estratégia. No entanto esse sistema de incentivo pode ser aplicado em órgãos e entidades públicas, conforme demonstrado, com meios práticos, na etapa 7 do planejamento estratégico.

Quanto às perspectivas utilizadas, os próprios Kaplan e Norton sugerem que as perspectivas do BSC devem funcionar como modelo e não como camisa de força. Assim, é possível alterar ou inserir perspectivas de acordo com a natureza e função social de cada ente público.

Mas algumas questões já podem ser vistas claramente. A mudança radical aqui é em relação à perspectiva mais importante: no meio público o cumprimento da missão institucional (prestar serviços à sociedade) é a principal perspectiva, e deve estar no topo do BSC. Para os indicadores, os termos mais adequados são Orçamentários e Não Orçamentários.

B S C	Perspectiva Mais Importante	Iniciativa Privada ⟹	Financeira
		Entes Públicos ⟹	Cumprimento da Missão
	Indicadores	Iniciativa Privada ⟹	Financeiros e Não-Financeiros
		Entes Públicos ⟹	Orçamentários e Não-Orçamentários

A perspectiva financeira/orçamentária é deslocada para a base do BSC, visto que no meio público ela é condição indispensável, e não resultado final. Mas ao mesmo tempo em que é deslocada, ela condicionará a atuação pública, pois não se pode realizar nenhuma despesa que não se encontre aprovada no orçamento anual. Recursos orçamentários adequados contribuem para o alcance dos objetivos de todas as demais perspectivas. Assim, a perspectiva financeira se torna um meio de obtenção dos recursos necessários ao cumprimento da função social de competência dos órgãos e entidades públicas.

A perspectiva do cliente também é mais bem definida como cliente-cidadão ou cidadão-usuário, visto que, no contexto público, o cidadão é o centro: como financiador, como usuário e como titular da coisa pública – o que exige, no mínimo, equidade no tratamento.

---

15. O BSC "virou moda" e todos querem ter o seu, independentemente dos custos inerentes a sua construção, ou dos resultados obtidos.

16. Digo "verdadeiros" porque facilmente se pode "maquiar" resultados. Também pode haver uma equipe brilhante e eficiente, que já vinha obtendo excelentes resultados – mas agora os resultados são tidos como decorrentes dessas técnicas, e não da equipe que já era competente.

A perspectiva fiduciária sugerida por Kaplan e Norton, não é obrigatória, mas, se utilizada, reflete os objetivos dos interessados, como os contribuintes ou doadores (que fornecem recursos para o custeio da máquina pública). Se forem bem atendidos, eles poderão contribuir para o aumento da arrecadação de recursos.

Quanto aos processos internos, os conceitos e práticas privadas são bastante semelhantes ao que se encontra no meio público.

No que concerne à perspectiva de aprendizado e crescimento cabe ressaltar que existe maior dificuldade em se tratar com as pessoas/servidores no meio público, haja vista a existência de normas legais específicas que, por um lado, garantem estabilidade ao servidor público, e, por outro, acabam por dificultar a flexibilidade necessária às inovações – além da cultura existente no meio público, que em regra é refratária a mudanças. No entanto, são as pessoas que poderão tornar as organizações públicas excelentes ou não. Mariani (2002) considera que a valorização do servidor é condição essencial nesse processo, e que a qualidade dos servidores e sua motivação são condições necessárias à realização dos objetivos das demais perspectivas.

Portanto, o BSC pode e deve ser utilizado no meio público, como efetivamente vem ocorrendo, desde que adaptado a realidade pública.

FIGURA 26 – MODELO DE MAPA ESTRATÉGICO DO BALANCED SCORE CARD.

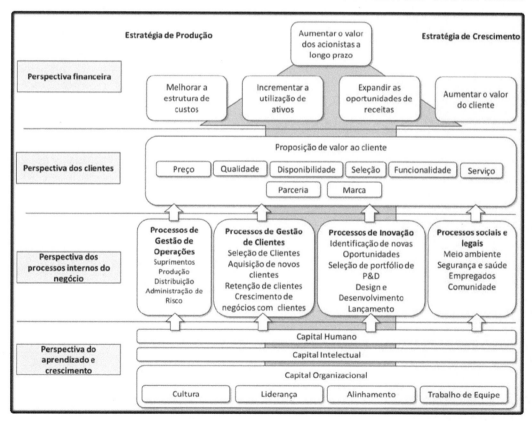

Fonte: Kaplan (2009) apud Mateus Rocha (2016).

3

ALERTA, CRÍTICAS E REFLEXÃO

3.1 ALERTA AOS GESTORES PÚBLICOS

É grande a rotatividade de altos gestores na administração pública brasileira – alguns por terem mandato de prazo fixo, outros pela volatidade da vontade política que antecede e sustenta sua designação. Com a extinção do mandato, e com a frequente mudança nas forças políticas, ocorrem também as mudanças dos altos gestores públicos.

Contudo, das autoridades de alto escalão não temos receio; elas já acumularam capitais (políticos, sociais, financeiros etc.) suficientes e, com base nisso, já conquistaram sua fatia de poder e de bem-estar – portanto, agora como gestores máximos das instituições públicas tentarão fazer o melhor possível para colocar seu nome na história.[1] O que preocupa são os "assessores diretos": um grupo de pessoas que, de alguma forma, cercam as grandes autoridades, atuam de forma "orquestrada" e influenciam suas decisões.

Sabendo-se que não há organizações sem pessoas, **cabe então aos gestores** o reconhecimento e a valorização de suas equipes técnicas, das lideranças em geral, e das pessoas que detém o conhecimento nos órgãos e entidades públicas, não se deixando levar pelas "falsas" facilidades surgidas a partir de dificuldades plantadas por quem não detém o conhecimento e nem o compromisso com o retorno social àqueles que são os detentores do poder estatal: o povo, o *shareholder* do Estado, mitigando-se, assim, a supremacia do interesse público que deve ser a essência norteadora das ações de todos os servidores, independentemente dos cargos e níveis ocupados, pois acima deles está, reprise-se, o interesse público.

Registre-se, assim, que a informação primária é sempre necessária, mas ela pode ser distorcida no meio do caminho para atender interesses pessoais ou corporativos de "assessores". O problema, portanto, pode não estar – e normalmente não está – em metodologias e em instrumentos de Governança, gestão e planejamento, mas no modo como são utilizados para atingir objetivos – **ou para impedir que alguns objetivos sejam alcançados**.

Nesse sentido, a preocupação dos gestores da alta administração deve estar, além de garantir as condições técnicas de concepção e execução de planos, em encontrar meios de **mapear e controlar a influência de interesses pessoais ou de propósitos contraditórios** em relação às diretrizes definidas pela Governança e/ou alta administração e que servem de base para a elaboração do planejamento estratégico, para as decisões secundárias e para as equipes de coordenação e execução.

Os insucessos da Governança, da Administração e do Planejamento são, pois, mais dependentes da escolha adequada de assessores e demais lideranças comprometidos com

---

1. Essa é opinião pessoal dos autores, e, é claro, existem exceções – tanto para autoridades como para "assessores".

a organização, do que do próprio conteúdo ou das metodologias e técnicas que lhes são subjacentes e perenes. Eis um ponto em que é necessário **conciliar** a arte da política e da administração, com as lideranças, as equipes, os recursos, as técnicas e as metodologias que, embora distintos, paradoxalmente são simbióticos na materialização do interesse público, uma vez que os objetivos institucionais devem ser comuns visando o atendimento ao já mencionado interesse público.

É certo, por um lado, que, na Governança e na administração, a arte sem técnica e sem método é mero devaneio, e, por outro, que é a mais pura ingenuidade pretender aplicar métodos e técnicas negando a existência de forças políticas e de interesses pessoais, por vezes contraditórios, que permeiam a organização.

Dessa forma, a qualidade dos assessores e principais lideranças, assim como do aparato profissional de suporte à aplicação das metodologias de concepção e execução de planos organizacionais, e a confiabilidade em suas ações quanto à aderência às diretrizes traçadas pela Governança e alta administração, são **condicionantes** que levam a boas ou más experiências da Governança, planejamento e administração.

Portanto, é preciso cautela e critérios para escolha de "assessores", e, **é imperioso que as decisões não se apoiem na pessoalidade dos interesses de eventuais "aconselhadores"**, mas que sejam ouvidos profissionais e técnicos que detém conhecimentos e que não necessariamente pertençam aos quadros de assessores e principais lideranças da organização – visto que, sendo mais isentos a interesses pessoais ou corporativos, podem mais livremente manifestar os prós e os contras das iniciativas, mudanças e deliberações.

3.2   CRÍTICAS A ELABORAÇÃO DO PLANEJAMENTO ESTRATÉGICO

Planejar é considerar as condições presentes mirando o futuro. É o processo por meio do qual são definidos os propósitos globais da organização (a missão), os objetivos estratégicos e a forma de alcançá-los. O resultado da função planejamento é um plano estratégico a ser executado. Nessa linha, considerando o processo de mudança e controle, o planejamento se reveste de mecanismo de controle ao mesmo tempo em que se constitui em prática pedagógica com significativo potencial de interferência na constituição da dinâmica organizacional inovadora.

Na implementação de planos estratégicos, os sistemas de gestão podem ser limitados a rotinas formais, sustentadas em informação e em procedimentos usados por gestores para manter ou alterar modelos em atividades organizacionais. Nesta perspectiva, a ênfase é centrada em rotinas formais e procedimentos operacionais.

Entretanto, a atenção excessiva concentrada na execução de planos estratégicos em tais bases pode condicionar as organizações a agirem mecanicamente, levando-as a ignorar acontecimentos não planejados que emergem durante a execução e, assim, a insistir no percurso pré-planejado, que pode passar a ser completamente inadequado às reconfigurações e mudanças dos contextos interno e externo, que podem ocorrer no tempo.

Nessa linha, muitos processos de planejamento se transformam em rituais e os planos resultantes em elementos simbólicos, como verdadeiros totens. Em realidade não muito diferente desta, infelizmente, nos últimos 20 anos o planejamento estratégico tornou-se modismo em muitas instituições públicas. Mais do que realmente ter um planejamento estratégico para pautar uma gestão estratégica em direção ao futuro, **o que se quer, na verdade, é encobrir gestões burocráticas e ritualísticas**, com a afirmação: nós temos um planejamento estratégico!

Muitos órgãos públicos acreditam ter feito o planejamento estratégico apenas porque definiram sua missão, a visão e os objetivos estratégicos ou gerais. Deram um passo importante, sem dúvida, mas o planejamento estratégico é muito mais que isso. Se não for desmembrado em planos táticos, e se esses não se transformarem em planos operacionais, e se os planos operacionais, projetos, ações e atividades que viabilizam o alcance dos objetivos não forem executados adequadamente e, ainda, se não forem corretamente identificados os produtos/serviços e estabelecidos os indicadores que possam medir o seu desempenho, então o planejamento não passará de ficção, jamais servirá de meio de intervenção para realizar inovações e mudanças, com capacidade de influenciar positivamente na realidade da organização.

Além disso, o planejamento estratégico é compreensivo (envolve toda a organização) e não pode se restringir a mero "planejamento de gabinete", elaborado por quem carece de conhecimentos substantivos do que deve ser alterado na organização e sobre que técnicas e metodologias devem ser adequadamente utilizadas. "Planos de gabinete" não passam, pois, de exercícios retóricos **inócuos quanto à geração de resultados reais** – ainda que, na prática, o "marketing institucional" selecione e divulgue apenas alguns itens que "deram certo" para "maquiar" os verdadeiros resultados do plano.

Com frequência o planejamento estratégico vem sendo precária e inconsistentemente elaborado pelas altas autoridades e diretores, que, embora muitos estejam munidos dos melhores ideais, não possuem conhecimentos sobre esse planejamento e sequer compreendem seus significados mais amplos. Nestas situações, fatalmente, as grandes definições da instituição esvaziam-se em conteúdo e esmorecem na prática.

Muitos planejamentos estratégicos possuem algum detalhamento, mas são apenas *pró forma*. **A instituição continua desempenhando suas atividades, praticamente, da mesma forma que antes**. Há demagogia na definição dos valores. Eles são traduzidos por palavras de impacto, que em nada refletem a realidade das organizações, visto que nem a alta direção os pratica.

Aliás, nesse quesito, até mesmo os planejamentos mais bem elaborados ou conduzidos por profissionais com experiência deixam a desejar, pois, na grande maioria, os valores definidos não correspondem ao que se verifica no dia a dia dos órgãos e entidades públicas que os elaboraram.

Além de contratar profissionais qualificados para conduzir o processo, devem-se também identificar no interior do órgão, entidade ou unidade – não somente as lideranças formais, mas também os profissionais que possuem conhecimentos nessa área para auxiliá-los.

Muitos contratam consultorias/assessorias para a elaboração desse planejamento, mas no momento das decisões importantes – aquelas capazes de influir significativamente na melhoria da eficiência, qualidade e custos – **desprezam as soluções apontadas, e utilizam o planejamento elaborado apenas para justificar as mesmas práticas recorrentes**, agora sob o pretexto de que "estão amparadas num planejamento estratégico".

Um planejamento estratégico mal formulado pode comprometer toda a organização. O planejamento mal formulado, carregado de elitismo intelectual, mata o bom planejamento e condena a instituição, dirigentes e funcionários ao não cumprimento do princípio maior: atendimento à supremacia do interesse público. Significa, ainda, despender recursos e esforços em vão e direcionar os órgãos e entidades públicas para caminhos tortuosos não condizentes com a missão estatal de promover o devido retorno à sociedade visando o bem comum.

Planejar mal é um erro tão grave como não planejar. Planejamento não é futurologia, não é simples declaração de intenções, não é um elenco de desejos pessoais.

Influir tendenciosamente no planejamento estratégico – para mudar muito pouco ou não mudar nada – é perder uma oportunidade única de conhecer profundamente a instituição e mudar as coisas em favor da sociedade. É perder uma excelente oportunidade de motivar e engajar os servidores, de melhorar a prestação de serviços, e de obter o devido reconhecimento perante a sociedade.

Em muitos entes públicos, o planejamento estratégico é elaborado apenas formalmente, para impressionar politicamente dirigentes superiores e/ou para dar falsa imagem à sociedade de que, efetivamente, há preocupação dos gestores com o futuro da organização, e para não "fazer feio" perante outras instituições que o utilizam como ferramental eficiente para atender aos anseios da sociedade quanto à prestação de serviços públicos de qualidade.

Nesses casos, **a solução é recomeçar** todo o processo, coordenado por profissional ou equipe com conhecimento e experiência suficientes para – com a participação da alta administração e com espaço para o envolvimento de todos, para críticas e sugestões – torná-lo instrumento útil e confiável para a melhoria da eficiência, da eficácia e da efetividade dos serviços prestados pelo ente público.

A experiência acadêmica e profissional nos permitem afirmar que – parte significativa dos planejamentos estratégicos em órgãos e entidades públicas **são elaborados de forma a não atender aos verdadeiros fins que deveriam norteá-los** em atendimento dos anseios da sociedade, eivados em muitas das vezes de pessoalidades, comprometendo, assim, possibilidades de mudanças significativas para melhorar a instituição e seus resultados.

Neste caso, antes de reiniciar o processo – é preciso substituir os gestores e as principais lideranças – para que novos gestores e lideranças, comprometidos com a instituição e com o interesse público-social possam assumir o comando dos órgãos e entidades públicas e utilizar do planejamento estratégico e de suas ferramentas para melhorar a instituição, os serviços e os resultados.

3.3 CRÍTICAS A IMPLEMENTAÇÃO DA GOVERNANÇA

Conforme já afirmamos neste livro, cremos que a maioria dos Altos Gestores têm boas intenções, assim como a equipe de liderança. No entanto, somente a boa intenção não basta: dentre outros fatores, é preciso ter conhecimentos específicos acerca da Governança.

Sem entender **o que é** a Governança, **para que serve** e **quais os benefícios que ela trará** para os órgãos e entidades públicas, os gestores ficarão reféns de "aventureiros internos e externos", cujos resultados serão: ou a Governança não será implementada ou ela será implementada de forma inadequada como vem ocorrendo com frequência no meio público brasileiro.

Parte dos gestores públicos e de sua equipe de lideranças nem conseguem entender o conceito polissêmico de Governança, mas o termo é frequentemente utilizado, quando não é tida como implementada e seus princípios obedecidos.

O **erro mais comum** é confundir a Governança com a administração/gestão, embora outros, de forma ainda mais agravante, a confundem com ferramenta, minimizando todo o seu potencial e a colocando a Governança num papel secundário no âmbito institucional.

Outro ponto em que gestores públicos cometem erros e/ou são levados a cometê-los por "aventureiros ou assessores" é que **Governança se refere ao governo**, pois somente na condição de "governo" é que a Governança Organizacional Pública terá o poder e a competência necessários para decidir, direcionar, orientar e controlar os órgãos e entidades públicas, e exercer as demais funções que lhes são atribuídas.

Assim, torna-se temerário e de difícil aceitação o "fracionamento" e a utilização exagerada do termo Governança como se verifica atualmente nas organizações. Como é possível dizer "Governança de compras", "Governança de RH", entre outras, se a Governança vem de governo e **"compras, RH, entre outros" são exemplos típicos da gestão e/ou gerenciamento**?

Essas constatações – que podem ser verificadas mediante uma simples pesquisa nos portais da internet de Órgãos e entidades Públicas brasileiras –, acaba comprometendo o que a Governança poderia proporcionar de bom para as organizações, e, mais uma vez, minimiza as possibilidades de melhorar significativamente a gestão e os resultados das instituições públicas.

O que temos visto é que gestores públicos e suas equipes de lideranças – para não "ficar para trás" perante outras instituições implementam a Governança "de qualquer forma", em sua maioria com a finalidade de transmitir a falsa impressão de que a sua instituição pública está na vanguarda das principais mudanças e atualizada quanto aos novos instrumentos e ferramentas.

Essa prática, mitiga logo de cara, a verdadeira Governança Organizacional Pública, impedindo que ela auxilie na transformação dos Órgãos e Entidades e produza seus frutos.

Outro ponto relevante nesta discussão acerca da implementação da governança, escondido e dificultado "a sete chaves", é que não localizamos a efetivação de canais claros que assegurem às partes interessadas o direito de participar dos órgãos e entidades públicas, fazendo com que suas sugestões cheguem até a alta administração, de forma a serem consideradas na tomada de decisão.

No geral os canais participativos são pífios e meramente formais, e as manifestações apresentadas por usuários e cidadãos são "desconstruídas" em instâncias inferiores, para que nem cheguem até quem poderia considerá-las em suas decisões.

Para esconder esses e outros erros, as vezes intencionais, entra em ação o "marketing institucional" que, frequentemente, distorce a realidade, pois **seleciona para divulgação apenas o que a instituição quer divulgar**, visando, assim, dar a impressão (as vezes falsa) que está tudo bem, que a instituição está utilizando conceitos e práticas modernos, gerando bons resultados.

Registre-se, ainda, que o avanço da Governança não é medido pelo que os gestores públicos pensam, nem pode ser avaliado exclusivamente pelos critérios dos órgãos de controle, mas pelo grau de reconhecimento da sociedade quanto aos serviços, ações e resultados da organização. O julgamento quanto ao sucesso da Governança pública não é dito pelo Governo nem por organizações internacionais, mas pelos próprios cidadãos (OCDE 2002 apud GPGP 2018), ou como afirma (IVANYNA e SHAH, 2019), a qualidade da Governança é medida pelo impacto que exerce na qualidade de vida dos cidadãos.

Para obter essa medição e assim certificar-se que os órgãos e entidades estão no caminho certo, os indicadores de Governança devem estar centrados nos usuários e cidadãos; naquilo que estes consideram importante, e não apenas nos critérios definidos pela burocracia ou pelos órgãos de controle. Esse fato reforça a necessidade de decidir, monitorar e medir ouvindo as pessoas e as partes interessadas.

Por fim, apesar da crítica, das amarras legais e da influência política que sempre irão existir nos Órgãos e Entidades Públicas, acreditamos que existem profissionais públicos comprometidos (gestores, lideranças e assessores), e **acreditamos que a Boa Governança Organizacional pública** fortalecerá a administração pública e contribuirá para evitar desvios de conduta, melhorar os serviços e obter bons resultados: para a instituição, para os usuários, para a sociedade e para o Estado.

Assim, sempre é tempo de rever conceitos, aprofundar conhecimentos e dar o melhor de si para melhorar os Órgãos e Entidades públicas, obtendo resultados que sejam bons para a instituição e, ao mesmo tempo, que contribuam para melhorar o bem-estar de toda a população.

3.4 QUESTÃO PARA REFLEXÃO

Na filosofia aristotélica o homem em sentido lato sensu é por natureza um animal político (Zoon Politikon), haja vista suas necessidades sobre coisas e sobre o relacionamento social, pois, do contrário, conforme evidenciado pelo respeitado pensador: "o homem solitário é (seria) uma besta ou um deus".

Mas o que tem a ver a filosofia política aristotélica com o escopo desta obra e por que ela é trazida a lume neste ponto do livro? A resposta é simples! Para pensarmos acerca de eventuais exacerbações políticas nas decisões e formação de equipes na administração pública, o que pode prejudicar ações de Governança e da gestão pública e, consequentemente, pela pessoalidade, mitigar a eficiência, a economicidade e resultados esperados pelos titulares da coisa pública: o povo, que como vimos ao longo deste livro, são os verdadeiros "shareholders" do Estado.

Nesse sentido, não obstante a política e ideologia serem então inerentes à natureza humana, não sendo possível então se falar em homem (lato sensu) sem ideologia, é relevante entendermos que a administração pública, em respeito à priorização da "supremacia do interesse público", na formação de suas equipes de gestão com a nomeação para cargos e/ou funções em comissão, deve privilegiar a racionalidade e impessoalidade, em detrimento à personificadas ideologias subjetivas.

Como pressuposto então a impessoalidade e a competência técnica devem sempre prevalecer às preferências e relacionamentos políticos-ideológicos pessoais, pois para além da pessoalidade do gestor que tem o poder de nomeação, está a (res)pública, estão os princípios aplicáveis à governança e a administração pública e muitos servidores em condições técnico-profissionais habilitados ao esperado reconhecimento e aptos à promoções em direção às melhores entregas pelo/para Estado.

Contudo, nas últimas décadas uma nova ideologia surgiu no meio público: a ideologia religiosa da autoridade máxima dos órgãos e entidades públicas. Algumas são quase neutras enquanto outras tentam impor o seu pensamento e direcionar a atuação das instituições públicas segundo suas crenças, não raro prejudicando a racionalidade, a meritocracia e a impessoalidade.

Assim, deixamos aqui uma questão para reflexão dos legisladores, políticos, gestores, profissionais públicos e pesquisadores: sem desmerecer a ideologia política enquanto elemento intrínseco existencial do homem (lato sensu) em sua subjetividade, **até que ponto a influência ideológica (política ou religiosa) pode mitigar os resultados esperados e entregues pela Administração Pública à sociedade, e o que é possível fazer para mudar esse cenário e amenizar possíveis influências contrárias ao interesse público?**

REFERÊNCIAS

ABNT PR 2030, 14 de dez. de 2022. Disponível para compra em https://www.abntcatalogo.com.br/pnm.aspx.

ALBUQUERQUE, Claudiano; MEDEIROS, Marcio; FEIJÓ, Paulo H. *Gestão de Finanças Públicas*. 2. ed. Brasília: Cidade, 2008.

ALMEIDA, K. D.; BARBOSA, M. F. N. Gestão do desempenho na administração pública federal. *Gestão & Regionalidade*, v.35, n.106, p.67-85, set./dez. 2019.

ALMEIDA, Martinho I. R. *Manual de planejamento estratégico*. 2. ed. São Paulo: Atlas, 2009.

ANDION, Maria C.; FAVA, Rubens. *Caderno Gestão Empresarial*. Curitiba: FAE, 2002.

ANDRADE, Nilton A.; AGUILAR, Adélia M.; MORAIS, Eduardo M.; PEREIRA, Robison C. M.; FONSECA, Viviani R. *Planejamento governamental para municípios*. 2. ed. São Paulo: Atlas, 2009.

ARAUJO, Vinícius de C. A conceituação de governabilidade e governança, da sua relação entre si e com o conjunto da reforma do Estado e do seu aparelho. *Texto Enap*, 2002.

ARAUJO, W. P. de. *Transparência na gestão pública*: as políticas de apoio ao produtor rural. 125 f. Dissertação (Mestrado em Agronegócios) – Universidade de Brasília, Brasília, 2012.

AZEVEDO, J. L. S.; RIBEIRO, L. O.; CAPPI, L. G. A.; COSTA, M. T.; COSTA, N. L. O. *Comunicação positiva: os impactos midiáticos na construção social*. 2015. p.277-318. (Artigo online). Disponível em: http://sinus.org.br/2015/wp-content/uploads/2017/01/2.3-AC-PP.pdf. Acesso em: 01 fev. 2020.

BERTALANFFY. V. L. *Teoria geral dos sistemas*. Petrópolis: Vozes, 1975.

BANCO MUNDIAL. *Good governance and the World Bank*. 2002. Disponível em: https://www.worldbank.org/en/topic/governance/. Acesso em: 30.12.2019.

BANCO MUNDIAL. *What is governance?* 2008. Disponível em: http://www.worldbank.org/en/topic/governance. Acesso em: 31.out. 2020.

BANCO MUNDIAL. *Governance and the Law*. 2017. Disponível em: https://www.worldbank.org/en/topic/governance/. Acesso em: 30.12.2019.

BOBBIO, N. *A teoria das formas de governo*. 2.ed. Brasília: Universidade de Brasília, 1981.

BOCHENEK, Antônio C. Corrupção sistêmica no Brasil: Enfrentamento e dificuldades. *Revista Jurídica da FANAP*, ano, V, n.01, jan./jun. 2018.

BRASIL. Constituição da República Federativa do Brasil de 1988. Disponível em: http://www.planalto.gov.br. Acesso em: 2.ago.2020.

BRASIL. Ministério do Planejamento e Orçamento. Manual Técnico de Orçamento 2024. Disponível em: https://www1.siop.planejamento.gov.br/mto/doku.php/mto2024. Acesso em: 25. out. 2024.

BRASIL. Ministério do Planejamento e Orçamento. Manual de Elaboração do PPA 2024-2027. Disponível em: https://www.gov.br/planejamento/pt-br/assuntos/plano-plurianual/arquivos/manual-tecnico-do--plano-plurianual-2024-2027/manual-do-ppa-2024-2027-1.pdf.

BRASIL. Ministério do Planejamento, Orçamento e Gestão. *Manual de Avaliação do PPA*. Disponível em: http://www.sigplan.gov.br/v4/appHome/. Acesso em: 18.04.2012.

BRASIL. Ministério do Planejamento, Orçamento e Gestão. *Modelo de Gestão do PPA 2008-2011*. Disponível em: www.planejamento.gov.br. Acesso em: 04.11.2012.

BRASIL. Ministério do Planejamento, Orçamento e Gestão. Histórico Orçamentário. Disponível em: http://www.planejamento.gov.br/orcamento/ conteudo/sistemaorcamentario/historico.htm. Acesso em: 16.03.2012.

BRASIL. Senado Federal. *Sistema Orçamentário*. Disponível em: http://www.senado.gov.br/sf/orcamento. Acesso em: 04.11.2012.

BRASIL. GPGP – *Guia da Política de Governança Pública do Governo Federal*. Brasília, 2018. Disponível em: http://www.cgu.gov.br/ noticias/2018/12/governo-federal-lanca-guia-sobre-a-politica-de-governanca-publica. Acesso em: 05.11.2019.

BRASIL. TCU – Tribunal de Contas da União. *Referencial básico de governança-2*. 2014. Disponível em: https://portal.tcu.gov.br/data/files/E8/14/13/3D/ 43B0F410E827A0F42A2818A8/2663788.PDF. Acesso em: 05.11.2019.

BRASIL. TCU – Tribunal de Contas da União. *10 passos para a boa governança*. 2014. Disponível em: https://portal.tcu.gov.br/governanca/passospara boagovernança. Acesso em: 05.11.2019.

BRESSER-PEREIRA, L. C. *A reforma do estado dos anos 90*: lógica e mecanismos de controle. Lua Nova [online], São Paulo, n.45, 1998.

BRESSER-PEREIRA, L. C. Do Estado patrimonial ao gerencial. In: SACHS, I.; PINHEIRO, P. S.; WILHEIM, J. (Org.). *Brasil*: um século de transformações. São Paulo: Cia. das Letras, 2001.

BURSZTYN, I. et al. Notas para el estudio de la atención primaria en contextos de sistemas de salud segmentados. *Revista de Salud Pública*, v.12, n.1, p.77-88, abr. 2010.

CALAME, P. Repensar a gestão de nossas sociedades 10 princípios para a governança, do local ao global. *Cadernos de Proposições para o Século XXI*. São Paulo: Pólis – Instituto de Estudos, Formação e Assessoria em Políticas Sociais, 2004. 117p.

CHIAVENATO, I. *Administração*: teoria, processo e prática. 4.ed. Rio de Janeiro: Campus; Elsevier, 2007.

CIPFA. *Chartered Institute of Public Finance and Accountancyl*. Working with good governance in the public sector: five lessons and two wishes. September, 2017. Disponível em: https//www.ifac.org/ knowledge-gateway/contributing-global-economy/discussion/working-good-governance-public-sector-five. Acesso em: 13 dez. 2019. (Original em Inglês).

CJF. Conselho da Justiça Federal. *Manual de Governança da Justiça Federal*. Brasília, 2015. Disponível em: https://www.cjf.jus.br/observatorio2/temas/ governanca/ciclo-da-gorvenanca-justica-federal/manuais_documentos_igovjf/ manual-de-governanca-da-justica-federal/view. Acesso em: 05.11.2019.

CORREIO, M. N. O. P.; CORREIO, O. V. O. Práticas de governança pública adotadas pela administração pública federal. *Revista Administração Pública e Gestão Social*, Viçosa, v.11, n.2, 15.p, 2019.

COSTA, Eliezer A. *Gestão estratégica*. São Paulo: Saraiva, 2006.

COSTA, F. L. *Brasil*: 200 anos de estado; 200 anos de administração pública; 200 anos de reformas. *RAP*, Rio de Janeiro, v.42, n.5, p.829-974, set./out. 2008.

DE SÁ, R. A. M. et al. Estatuto da metrópole: a governança interfederativa. *URBE. Revista Brasileira de Gestão Urbana*, Curitiba, v.9, n.2, p.203-215, maio/ago. 2017.

DECRETO 2.829 de 1998. *Estabelece normas para a elaboração e execução do Plano Plurianual e dos Orçamentos da União*. Disponível em: http://www.planalto.gov.br/ccivil_03/decreto/D2829.htm. Acesso em: 08.01.2012.

REFERÊNCIAS **161**

DECRETO 6.601 de 2008. *Dispõe sobre a gestão do Plano Plurianual 2008-2011 e de seus programas*. Disponível em: http://www.planalto.gov.br/ccivil_03/_Ato2007-2010/2008/Decreto/D6601.htm. Acesso em: 08.01.2012.

DECRETO 11.398, de 21 de janeiro de 2023. Altera a Estrutura Regimental do Ministério do Planejamento e Orçamento. Disponível em: http://www.planalto.gov.br/ccivil_03/_ato2023-2026/2023/decreto/D11398.htm.

DECRETO FEDERAL 9.203, de 22 de novembro de 2017. *Dispõe sobre a política de governança da administração pública federal direta, autárquica e fundacional*. Disponível em: https://www.planalto.gov/legislação. Acesso em: 01.11.2019.

DECRETO-LEI 200 de 1967. *Dispõe sobre a organização da Administração Federal, estabelece diretrizes para a Reforma Administrativa*. Disponível em: http://www.planalto.gov.br/ccivil_03/ Decreto-Lei/1965-1988/Del0205.htm. Acesso em: 08.01.2012.

DIAS, L, A. L. M. *Critérios para avaliação da ilicitude na publicidade*. 2010. 331 f. Tese (Direito) – Departamento de Direito Civil, Faculdade de Direito da Universidade de São Paulo (USP), São Paulo, 2010.

DICIONÁRIO *Aurélio da Língua Portuguesa*. Organizador Aurélio Buarque de Holanda Ferreira. 5.ed. Positivo, 2014.

DICIONÁRIO *Houaiss da Língua Portuguesa*, Organizador Instituto Antonio Houaiss. 1.ed. Objetiva, 2009.

DI PIETRO, M. S. Z. *Direito administrativo*. 29.ed. São Paulo: Atlas, 2016.

DRUCKER, Peter F. *Administração*. São Paulo: Pioneira, 1975.

EISSMANN, J. C.; STEFENON, S. F.; ARRUDA, P. A. A. Gestão estratégica como ferramenta para a governança corporativa: um estudo de caso. *Revista Espacios*, Caracas, Venezuela, v.38, n.16, 2017. (Original em espanhol).

EVANS, P.; RAUCH, J. E. Burocracia e crescimento: uma análise internacional dos efeitos das estruturas do Estado "weberiano" sobre o crescimento econômico. *Revista ENAP*, Brasília, n.65, 2014.

EYERKAUFER, M. L.; FABRE, V. V.; SEDLACEK, A. C.; CONÇALVES, M. B. Aspectos inovadores da nova gestão pública para a governança de riscos e desastres. *1º Congresso Nacional de Mestrados Profissionais Em Administração Pública*. Anais... Florianópolis: UFSC, dez. 2016. 12 p.

FEITOSA, L. V. S.; COSTA, C. E. S. Inovações no setor público: A resistência à mudança e o impacto causado no comportamento do indivíduo. *V SINGEP*. São Paulo. Anais... São Paulo, 20, 21 e 22 nov. 2016.

FERNANDES, J. H. C. *O que é um sistema?* 2003. Disponível em: https://cic.unb.br/~jhcf/MyBooks/ic/1.Introducao/AspectosTeoricos/oqueehsistema.html. Acesso em: 28 dez. 2019.

FERREIRA, G. J. B. C. Governança corporativa aplicada ao setor público: o controle interno como um dos núcleos de implementação. *Revista Controle do TC-CE*, v.14. n.1, p.39-73, jun. 2016. doi:10.32586/rcda.v14i1.315

FLINT, R. Warren. *The sustainable development of water resources*. Water resources update, Issue 127, p. 41-51, Feb. 2004.

FNQ. Fundação Nacional da Qualidade. *Modelo de excelência em gestão*. 2016. Disponível: em https://www2.fnq.org.br/aprenda/metodologia-meg/modelo-de-excelencia-da-gestao. Acesso em: 31.12.2019.

FRANZ, N. M. *Gestão participativa, práticas de governança e o desenvolvimento sustentável em cidades turísticas de pequeno porte. 2018*. 206 f. Dissertação (Mestrado profissional) – Programa de Pós-Graduação Stricto Sensu do Instituto Superior de Administração e Economia do Mercosul (ISAE), Curitiba, 2018.

FRIEDMAN, M. (1962). *Capitalism and freedom*. Chicago, IL: University of Chicago Press.

GIACOMONI, James. *Orçamento Público*, 17. ed. ampl., rev. e atual. São Paulo: Atlas, 2017.

GIES, David L.; OTT, J. Steven; SHAFRITZ, Jay M. *The nonprofit organization: essencial readings*. Pacific Grove, CA: Brooks/Cole, 1990.

GIRARDI, Jeferson; OLIVEIRA, Antonio Gonçalves. A governança na Administração Pública Federal para a mitigação da corrupção: uma análise de conteúdo da política pública. *RAGC*, v.7, n.27, p.59-72/2019.

GONÇALVES, A. A. et al. A governança de tecnologia da informação e comunicação em organizações de saúde pública: estudo de caso do Instituto Nacional de Câncer. *RISTI*, n.E17, p.231-243, jan. 2018.

GOUVEA JR., A. O conceito de modelo e sua utilização nas ciências do comportamento: breves notas introdutórias. *Rev. Estudos de Psicologia*, Campinas: PUC, v.16, n.1, p.13-16, jan./abr. 1999.

GOVERNO da Alemanha. *Código federal de governança corporativa pública* – aplicado as empresas privadas em que o governo participa e também as empresas públicas. 2009. Disponível em: https://www.bundesfinanzministerium.de/ Content/DE/Standardartikel/Themen/. Acesso em: 05.11.2019. Tradução livre deste mestrando. Acesso em: 05.11.2019. Original em Alemão.

GRAHAM JR., Cole Bease; HAYS, Steven W. *Para administrar a organização pública*. Rio de Janeiro: Zahar, 1994. 280 p.

GRANJEIRO, J. Wilson. *Administração pública*. 12. ed. Brasília: Westcon, 2006.

GRIN, Eduardo J. Governança participativa, eficácia gerencial e legitimidade política nos governos locais. *XIII Congreso Internacional del CLAD sobre la Reforma del Estado y de la Administración Pública*. Buenos Aires: nov. 2008.

HAMMER, Michael. *Além da reengenharia* – como organizações orientadas para processos estão mudando nosso trabalho e nossas vidas. Rio de Janeiro: Campus, 1997.

HARTEN, Bruno A. *Missão Organizacional*, uma Questão de Discurso? Dissertação, FGV-RJ, 2013.

HEIDEMANN, F. G.; SALM, J. F. *Políticas públicas e desenvolvimento*: bases epistemológicas e modelos de análise. Brasília: Universidade de Brasília, 2009.

IBGC. Instituto Brasileiro de Governança Corporativa. *Código das melhores práticas de governança corporativa*. 5.ed. 2016. Disponível em: https://conhecimento.ibgc.org.br/Paginas/Publicacao. aspx? PubId=21141. Acesso em: 02.12.2019.

IBGP. Instituto Brasileiro de Gestão e Pesquisa. *Conceitos de governança no setor público*. Disponível em: https://forum.ibgp.net.br/conceitos-de-governanca-no-setor-publico/. Acesso em: 02.12.2019.

IFAC. International Federation of Accountants. *Governance in the public sector: a governing body perspective*. Study, 13, New York, 2001. Disponível em: http://www.ifac.org/sites/default/files/publications/files/ study13-governance-in-th.pdf. Acesso em: 13.12.2019. Original em Inglês.

IFAC; CIPFA. *The international framework: good governance in the public sector*. New York, 2014. Disponível em: https://www.ifac.org/knowledge-gateway/ contributing-global-economy/publications/ international-framework-good-governance-public-sector. Acesso em: 13.12.2019. Original em Inglês.

IRIGARAY, Hélio Arthur Reis; Stocker, Fabricio; Anders, Renata. Saúde Planetária: um passo além do Environmental, Social e Governance (ESG). *Cadernos EBAPE.BR*, v. 21, n. 4, p. e89629, 2023.

IMASATO, T.; MARTINS, P. E. M.; PIERANTI, O. P. *Administrative reforms and global managerialism: a critical analysis of three Brazilian state reforms*. Canadian Journal of Administrative Sciences, v.28, n.2, p.174-187, 2011.

INSTITUTO DE PESQUISAS ESPACIAIS. *Engenharia de Sistema, Planejamento e Controle de Projeto*. 2.ed. Belo Horizonte: Vozes, 1972.

IVAN, B. C. *A relação entre gestão de política pública e governança*. GIGAPP Estudios Working Papers, n.72, p.345-359, 2017.

REFERÊNCIAS **163**

IVANYNA, M.; SHAH, A. *Indicadores de governança centrados no cidadão*. Special, CESifo Forum, n. 1, p. 59-71, 2011. Disponível em: http://documents.worldbank.org. Acesso em: 30.12.2019.

JONES, Edward David. *Organización y administración de empresas industriales*. 2. ed. Barcelona, España: Editorial Labor, 1934.

KAH, H. K. *Governança de recursos, conflito e insegurança no Golfo da Guiné no século XXI*. Tradução: Maurício Gurjão Bezerra Heleno. Tensões Mundiais, p.165-191, mar. 2014.

KAPLAN, Robert S.; NORTON, David P. *Organização orientada à estratégia*. Rio de Janeiro: Campus/Elsevier, 2001.

KAPLAN, Robert S. *Mapas estratégicos*: convertendo ativos intangíveis em resultados tangíveis. Rio de Janeiro: Campus/Elsevier, 2004.

KISSLER, L.; HEIDEMANN, F. G. Governança pública: novo modelo regulatório para as relações entre Estado, mercado e sociedade? *Revista de Administração Pública*, Rio de Janeiro, v.40, n.3, p.479-99, maio/jun. 2006.

KOTLER, Philip. *Administração de marketing: análise, planejamento, implementação e controle*. São Paulo: Atlas, 1994.

KUNZLER, C. M. A teoria dos sistemas de Niklas Luhmann. *Revista Estudos de Sociologia*, Araraquara, v.9, n.16, p.123-136, 2004.

LE GOFF, J. *História e memória*. Tradução e editoração: Editora da Unicamp. 1990. 476p. Disponível em: https://www.ufrb.edu.br/ppgcom/ images/Hist%C3%B3ria-e-Mem%C3%B3ria.pdf. Acesso em: 24.12.2019.

LEI 4.320, de 1964. *Estatui Normas Gerais de Direito Financeiro para elaboração e controle dos orçamentos e balanços da União, dos Estados, dos Municípios e do Distrito Federal*. Disponível em: https://www.planalto.gov.br/ccivil 03/Leis/L4320.htm. Acesso em: 18.04.2008.

LEI 10.180, de 2001. *Organiza e disciplina os Sistemas de Planejamento e de Orçamento Federal, de Administração Financeira Federal, de Contabilidade Federal e de Controle Interno do Poder Executivo Federal*. Disponível em: http://www.planalto.gov.br/ccivil_03/Leis/LEIS_2001/L10180.htm. Acesso em: 16.03.2008.

LEI 13.844, DE 18 DE JUNHO DE 2019. *Estabelece a organização básica dos órgãos da Presidência da República e dos Ministérios*. Disponível em: http://www.planalto.gov.br/ccivil_03/_ato2019-2022/2019/Lei/L13844.htm Acesso em 09.nov.2019.

LEI COMPLEMENTAR 101, de 2000. *Estabelece normas de finanças públicas voltadas para a responsabilidade na gestão fiscal e dá outras providências*. Disponível em: https://www.planalto.gov.br/ccivil_03/Leis/LCP/ Lcp101.htm. Acesso em: 09.02.2008.

LINCZUK, L. M.; OLIVEIRA, A. G. A governança como instrumento para a sustentabilidade da (res)pública: da aplicação no mundo corporativo à Administração Pública. *Revista Mineira de Contabilidade*, Belo Horizonte, ano 13, n.48, p.25-30, out./nov./dez. 2012.

LOPEZ, F.; SILVA, T. M. Filiações partidárias e nomeações para cargos da burocracia federal (1999-2018). *Revista de Administração Pública*, Rio de Janeiro, v.53. n.4, p.711-731, jul./ago. 2019.

LORENTE, C. S. S. *Chamamento público para parcerias com a sociedade civil*. 2017. 179 f. Dissertação (Mestrado em Ciências) – Programa de Pós-Graduação em Direito da Faculdade de Direito de Ribeirão Preto da Universidade de São Paulo, Ribeirão Preto, 2017.

LUSTOSA, M. M. A. *Humanidade, desenvolvimento e alimentação*: que futuro é esse? 2012. 206 f. Dissertação (Mestrado em Engenharia de Produção) – Programa de Pós-Graduação em Engenharia de Produção, COPPE, da Universidade Federal do Rio de Janeiro (UFRJ), Rio de Janeiro, 2012.

LYNN JR, Laurence E; HEINRICH, Carolyn J; HILL, Carolyn J. Studying Governance and Public Management: Challenges and Prospects. *Journal of Public Administration Research and Theory*, April 2000, DOI: 10.1093/oxfordjournals.jpart.a024269. disponível em: https://www.researchgate.net/publication/241759250_Studying_Governance_and_Public_Management_Challenges_and_Prospects. Acesso em: 01.11.2020.

MADHANI, P. M. *Corporate governance and disclosure*: public sector vs private sector. SCMS Journal of Indian Management, v.11, n.1, p.5-20, mar. 2019. Disponìvel em: https://papers.ssrn.com/sol3/papers.cfm?Abstractid =2422224. Acesso em: 27.12.2019.

MARQUES, M. C. C. Aplicação dos princípios da governança corporativa ao sector público. *Revista de Administração Contemporânea*, Curitiba, v.11, n.2, p.11-26, abr./jun. 2007.

MARTINS, H. F.; MOTA, J. P.; MARINI, C. *Modelos de negócio na esfera pública*: o modelo canvas de governança pública. EBAPE.BR, Rio de Janeiro, v.17, n.1, jan./mar. 2017.

MATIAS-PEREIRA, J. *Governança no setor público*. São Paulo: Atlas, 2010. 288p.

MAUSS, C. V.; BLEIL, V. C.; VANTI, A. A. O Xbrl na gestão pública como forma de evidenciação e escalabilidade na utilização das informações. *XIII Congresso Brasileiro de Custos*. Belo Horizonte, Brasil, 30 de outubro a 01 de novembro de 2006.

MENDES, A. V. C.; BESSA, L. F. M.; SILVA, S. A. M.; *Gestão da ética: a experiência da administração pública brasileira*. Administração Pública e Gestão Social, v.7, n.1, p.7, jan./mar 2015.

MODELO DE EXCELÊNCIA EM GESTÃO PÚBLICA: *Fundamentos da gestão pública contemporânea.* Disponível em: http://www.gespublica.gov.br/sites/default/ files/documentos/modelodeexcelencia-emgestaopublica2014.pdf. Acesso em: 07.01.2020.

MORAIS, M. P. B. *Avaliação de desempenho de unidades operacionais em uma organização de alta confiabilidade*. 84 f. Dissertação (Mestrado em Sistemas de Gestão) – Escola de Engenharia, Universidade Federal Fluminense, Niterói, RJ, 2016.

MOREIRA, V. L. *A qualidade do atendimento e os serviços prestados*: um estudo sobre a relação de satisfação dos alunos do curso de administração pública na Escola Superior de Ciências Sociais Unidade da Universidade do Estado do Amazonas (UEA). Dissertação (Mestrado em Administração), FGV, Rio de Janeiro, 2008.

MOTTA, R. G.; CORA, M. A. J. Uma crítica ao discurso da gestão da qualidade total. Conferência realizada na PUC-SP, EnANPAD, 01 a 04 de outubro de 2017.

NESPOLO, D.; DIAS, D. T. A.; MILAN, G. S. Uma revisão bibliográfica sobre a relação entre a auditoria e a governança corporativa. *Revista Global Manager*, v.11, n.2, 2011.

NEVES, G.; GUIMARÃES, A.; GUIMARÃES JR. A. *As bases para um novo modelo de administração pública orientada para resultados*: evolução dos paradigmas, novos princípios e dimensões operacionais de funcionamento. In: X CONSAD, Brasilia-DF, 5 a 7 de julho de 2017.

NOVATO, V. O. L. *O burocrata de médio escalão na implementação de políticas públicas*: o caso REUNI na Universidade Federal de Goiás. 2019. 85 f. Dissertação (Mestrado em Administração), UFGO, Goiânia, 2019.

OCDE. Organização para a Cooperação e Desenvolvimento Econômico. *Draft policy framework on sound public governance*. Paris, 2018. Disponível em: http://www.oecd.org/corporate/corporate-governance-factbook.htm. Acesso em: 30.12.2019.

OCDE. Organização para a Cooperação e Desenvolvimento Econômico. *Relatório de avaliação da gestão de recursos humanos no governo*. 2018. Disponível em: https://read.oecd-ilibrary.org/governance/avaliacao-da-gestao-de-recursos-humanos-no-governo-relatorio-da-ocde-brasil_9789264086098pt#page1. Acesso em: 30.12.2019.

REFERÊNCIAS **165**

OGASSAWARA, Christiane H.T. *Balanced Scorecard e o modelo de excelência da gestão da Fundação Nacional da Qualidade.* Dissertação; UFPR, 2009.

OLIVEIRA, A. G. *Uma contribuição ao estudo da contabilidade como sistema de informação ao processo de gestão das micro e pequenas empresas.* 2004. 232f. Tese (Doutorado em Engenharia de Produção), Universidade Federal de Santa Catarina (UFSC), Florianópolis, 2004.

OLIVEIRA, A. G., Carvalho, H. A., & Corrêa, D. P. (2013). Governança Pública e Governabilidade: Accountability e Disclosure Possibilitadas Pela Contabilidade Aplicada ao Setor Público Como Instrumento de Sustentabilidade do Estado. *Revista de Educação e Pesquisa em Contabilidade.* Disponível em: https://doi.org/10.17524/repec.v7i1.256.

OLIVEIRA, Djalma P. R. *Planejamento estratégico: conceitos, metodologia e práticas.* 13. ed. São Paulo: Atlas, 2002.

OSORIO, Vera L.T. *Utilização do Balanced Score Car no aperfeiçoamento da Administração Pública gerencial.* Dissertação, UFRGS, 2003.

OTT, J. Steven; HYDE, Albert C.; SHAFRITZ, Jay M. (Org.). *Public management: the essencial readings.* Chicago: Lyceum Books/Nelson Hall, 1990.

PACHECO, R. S. Mudanças no perfil dos dirigentes públicos no Brasil e desenvolvimento de competências de direção. *VII Congreso Internacional Del Clad Sobre La Reforma Del Estado Y De La Administración Pública,* Lisboa, Portugal, 8 a 11 oct. 2002.

PALUDO, A. V. *Administração geral e pública.* 4.ed. Salvador: JUSPODIVM, 2020, 606p.

PALUDO, A. V. *Administração pública.* 11.ed. Salvador: JUSPODIVM, 2024, 653p.

PALUDO, A. V. *Orçamento público, Afo e Lrf,* 12.ed. Salvador: JUSPODIVM, 2024, 443p.

PALUDO, A. V.; PROCOPIUK, M. *Planejamento governamental.* 2.ed. São Paulo: Atlas, 2014. 226p.

PEDROSO, Marcelo C. *Um modelo de gestão estratégica para serviços de saúde.* Tese, USP, São Paulo, 2010.

PDRAE. *Plano Diretor de Reforma do Aparelho do Estado.* 1995. 68p. Disponível em: http://www.bresserpereira.org.br/documents/mare/planodiretor/planodiretor.pdf. Acesso em: 01.12.2019.

PEREIRA, Marco A. *Gestão Estratégica.* Curso de Gestão Voluntária, 2009.

PINHEIRO, E. R. A. *Controle social: ferramenta de prevenção da corrupção e de fortalecimento da cidadania.* 72 f. Monografia (Bacharel em Ciências Contábeis) – Universidade Federal do Rio Grande do Norte, Centro de Ensino Superior do Seridó - Campus Caicó, Caicó-RN, 2015.

PROCOPIUCK, Mario. *Governança local e redes sociotécnicas de difusão social de TICs nas cidades de Porto Alegre e Curitiba.* 2007. 237 p. Dissertação (Mestrado) – PPGTU – Programa de Pós-graduação em Gestão Urbana, Pontifícia Universidade Católica do Paraná, Curitiba, PR.

PROCOPIUCK, Mario. *Políticas públicas e fundamentos da Administração Pública*: análise e avaliação: governança e redes de políticas, administração judiciária. São Paulo: Atlas, 2013.

PROCOPIUCK, Mario; FREY, Klaus. *Redes de políticas públicas e de governança e sua análise a partir da websphere analysis.* 31º Encontro Anual 2007. Caxambu: ANPOCS – Associação Nacional de Pós-Graduação e Pesquisa em Ciências Sociais, 2007.

RAINEY, Hal G.; BACKOFF, Robert W.; LEVINE, Charles N. *Comparing public and private organizations.* Public Administration Review, Mar./Apr. 1976, p. 236-237.

REIS, J. O. B. *Aproximações entre planejamento estratégico situacional e governança colaborativa: implicações teóricas e práticas.* 2018. 114 f. Dissertação (Mestrado em gestão pública, tecnologias e inovação), Universidade Federal de Lavras, Lavras, MG, 2018.

REZENDE, D. A. *Metodologia para projeto de planejamento estratégico de informações alinhado ao planejamento estratégico*: a experiência do Senac-PR. Ci. Inf., [online], Brasília, v.32, n.3, p.146-155, set./dez. 2003.

REZENDE, F. C. Desafios gerenciais para a reconfiguração da administração burocrática brasileira. *Sociologias*, Porto Alegre, ano 11, n.21, p.344-365, jan./jun. 2009.

RIBEIRO, P. T.; TANAKA, O. Y.; DENIS, J.-L. Governança regional no sistema único de saúde: um ensaio conceitual. *Ciênc. saúde coletiva [online]*, v.22, n.4, p.1075-1084, 2017.

RODRIGUES, C. A. *Governança para resultados*: estudo de caso em uma empresa pública de tecnologia da informação. 2015. Dissertação (Mestrado Profissional em Administração Pública) – FGV, Rio de Janeiro, 2015.

RONCONI, L. F. A. *Governança pública*: um desafio à democracia. Emancipação. Ponta Grossa, v.11, n.1, p.21-34, 2011. Disponível em: http://www.revistas2. uepg.br/index.php/emancipacao. Acesso em: 02 jan. 2020.

SAMPAIO, Tathiana M. *Governança Para Resultados*. Dissertação, FGV, Rio de janeiro, 2017.

SANDER, A. C.; THEIS, V.; SCHREIBER, D. *Análise das contribuições da inovação das práticas organizacionais para a governança corporativa da Empresa Xya S/A*. RASM, Alvorada, ano 4, n.2, p.75-99, jul./dez. 2014.

SANTOS, A. M.; GIOVANELLA, L. Governança regional: estratégias e disputas para gestão em saúde. Ver. *Saúde Pública*, São Paulo, v.48, n.4, p.622-631, 2014.

SAUERBRONN, J. F. R.; LODI, M. D. F. Construção da imagem institucional do poder judiciário: uma análise baseada nas campanhas publicitárias do Conselho Nacional de Justiça. *Cad. EBAPE.BR*, Rio de Janeiro, v.10, n.4, dez. 2012. Artigo 9.

SILVA, Carolina B.H. *Planejamento Estratégico no Setor Público*. Dissertação, USP, 2014.

SILVA, F. A.; MARTINS, T. C. P. M.; CKAGNAZAROFF, I. B. Redes organizacionais no contexto da governança pública: a experiência dos Tribunais de Contas do Brasil com o grupo de planejamento organizacional. *Revista do Serviço Público*, Brasília, v.64, n.2, p.249-271, abr./jun. 2013.

SOUZA, D. S. *Regulação do mercado de capitais e governança corporativa*. 2017. 201 f. Dissertação (Mestrado – Pós-graduação em Direito) – Faculdade de Direito de Ribeirão Preto, Universidade de São Paulo, São Paulo, 2017.

SOUZA, L. M. C. G.; FARIA E. F. Governança corporativa na administração pública brasileira: um processo em construção. *Direito & Paz*, São Paulo, v.10, n.37, p.273-292, 2. sem., 2017.

STOKER, Gerry. Governance as theory: five propositions. *International Social Science Journal*, v. 50, n. 155, Mar 1998. Disponível em: https://www.researchgate.net/publication/227980445_Governance_As_Theory_Five_Propositions. Acesso em 31.11.2020.

STREIT, Rosalvo Ermes; KLERING, Luis R. *Governança Pública sob a Perspectiva dos Sistemas Complexos*. Anpad, 2004. Disponível em: http://www.anpad.org.br/admin/pdf/enapg2004-227.pdf. Acesso em: 31.11.2020.

TAVARES, A. M. B. N.; AZEVEDO, M. A.; MORAIS, P. S. *A administração burocrática e sua repercussão na gestão escolar*. HOLOS, v. 30, n. 2, 2014.

TAVARES, Sergio M.N. *Governança em universidades confessionais no Brasil*: modelo em construção. Educação & Linguagem, 2009, v. 12, n. 19, p. 219-238.

TEIXEIRA, Alex F; GOMES, Ricardo G. Governança pública: uma revisão conceitual. *Rev. Serv. Público*, Brasília, 70 (4), 519-550, 2019.

THAMÉYA, S. et al. A tomada de decisão na administração pública: revisão integrativa. *Humanidades & Tecnologia em Revista* (FINOM), ano XIII, v.19, ago./dez. 2019.

REFERÊNCIAS

TONI, Jackson de. *Planejamento e elaboração de projetos*: um desafio para a gestão no setor público. Porto Alegre, 2003.

TREVISAN, Andrei P.; BELLEN, Hans M.V. Avaliação de políticas públicas: uma revisão teórica de um campo em construção. *Revista do Serviço Público*. Enap, mai.-jun.2008.

UFCE. Universidade Federal do Ceará. *Guia de governança da Universidade Federal do Ceará, 2018.* Disponível em: https://secretariadegovernanca.ufc.br/wp-content/uploads/2018/12/guia-governanca completo-p-01-31-10-2018-v2-rv-01.pdf. Acesso em: 29.12.2019.

VIEIRA, J. B.; BARRETO, R. T. S. *Governança, gestão de riscos e integridade*. Brasília: Enap, 2019. 241p. Coleção Gestão Pública.

WIDYAWATI, L. (2020). A systematic literature review of socially responsible investment and environmental social governance metrics. *Business Strategy Environment*, 29(2), 619-637. https://doi.org/10.1002/bse.2393.

ANOTAÇÕES